ENTFESSELT LAUFEN

Bewegungsmuster neu «verkabeln» –
Mehr Schnelligkeit, Kraft und Stabilität

JAY DICHARRY

KVM — DER MEDIZINVERLAG

Meinen Kindern. Meine Zukunft ist durch euch glücklicher.
Meiner Frau, die immer nach dem Positiven sucht.
Meinen Eltern, die mich unterstützen und mir Möglichkeiten eröffnen.
Meinen Mentoren, die mich antreiben.
Meinen Freunden, die mich so akzeptieren, wie ich bin.
Der Schokolade, weil sie so lecker ist.
Den Musikern meiner Heimatstadt New Orleans. Eure Musik bewegt uns.

ENTFESSELT
LAUFEN

Die Deutsche Nationalbibliothek verzeichnet diese Publikation in der Deutschen Nationalbibliografie; detaillierte bibliografische Daten sind im Internet über http://dnb.d-nb.de abrufbar.

Titel (Original):
Running rewired: reinvent your run for stability, strength & speed
Jay Dicharry

The original English language work has been published by:
VeloPress | 3002 Sterling Circle, Suite 100, Boulder, CO 80301 | USA
Copyright © 2018 VeloPress. All rights reserved.

Bildquelle:
Titelfoto Umschlag: lzf © stock.adobe.com

© KVM – Der Medizinverlag, Dr. Kolster Verlags-GmbH
Ein Unternehmen der Quintessenz-Verlagsgruppe
Ifenpfad 2–4, 12107 Berlin

www.kvm-medizinverlag.de

1. Auflage 2019

Übersetzung: Sarah Henter, San Javier/Spanien
Redaktion: Susanne Ott, Berlin
Satz: Petra Jentschke, Berlin
Gesamtproduktion: KVM – Der Medizinverlag, Berlin
Druck: GZH d.o.o. (www.ghz.hr), Zagreb
ISBN: 978-3-86867-414-9

Printed in Croatia

Wichtige Hinweise:
CrossFit® ist eine eingetragene Handelsmarke von CrossFit, Inc.
Ironman® ist eine eingetragene Handelsmarke von World Triathlon Corporation

Wie jede Wissenschaft ist die Medizin ständigen Entwicklungen unterworfen. Forschung und klinische Erfahrung erweitern unsere Erkenntnisse. Soweit in diesem Werk Anwendungsempfehlungen gegeben werden, darf der Leser darauf vertrauen, dass Autoren, Herausgeber und Verlag große Sorgfalt darauf verwandt haben, dass diese Angabe dem Wissensstand bei Fertigstellung des Werkes entspricht. Für Angaben über Anwendungsformen, -techniken und -häufigkeiten kann vom Verlag jedoch keine Gewähr übernommen werden.

Das Werk, einschließlich aller seiner Teile, ist urheberrechtlich geschützt. Jede Verwertung außerhalb der engen Grenzen des Urheberrechtsgesetzes ist ohne Zustimmung des Verlages unzulässig und strafbar. Das gilt insbesondere für Vervielfältigungen, Übersetzungen, Mikroverfilmungen und die Einspeicherung und Verarbeitung in elektronischen Systemen.

Alle Personenbezeichnungen gelten für weibliche und auch männliche Personen.

INHALT

Einführung:
Wie Sie sich selbst auf Erfolg programmieren　　IX

DIE HINTERGRÜNDE

1 Grundlagen　　1

2 Korrigieren Sie Ihre Vorurteile　　9

3 Mobilität und Stabilität für besseres Laufen　17

4 Ihr Körper ist die Grundlage für gute Form　27

BESSERES LAUFEN DURCH PRÄZISION UND PERFORMANCE

5 Die richtige Haltung　　37

6 Das Geheimnis der Gegenrotation　　61

7 Besserer Antrieb durch Gesäßtraining　　89

8 Persönliche Ausrichtung　　109

9 Springen Sie weiter　　117

DAS «ENTFESSELT-LAUFEN-PROGRAMM»

10 Ein Masterplan für meisterhaftes Laufen 157
- Drill-Workouts 163
- Präzisions-Workouts 171
- Workouts für Leistungsstärke 191
- Workouts für Leistungskraft 221

Danksagung 233
Literatur 235
Index 240
Über den Autor 249

EINFÜHRUNG

Wie Sie sich selbst auf Erfolg programmieren

Da ist dieses Gefühl, das Sie bekommen, wenn das Workout super gelaufen ist, Sie einen neuen persönlichen Rekord bei einem Lauf aufstellen oder wenn Sie Ihrem Freund auf einem Hügel in Ihrer Nähe oder einem hohen Alpengipfel davonlaufen. Es ist ein Erfolgserlebnis… und es fühlt sich gut an, richtig gut sogar. Herausforderungen treiben uns an, und wir trainieren, um dieses Erfolgserlebnis zu erreichen. Jeder, der gerne läuft, weiß, dass das viel harte Arbeit braucht. Aber viele Läufer und Läuferinnen bringt dieses Konzept durcheinander: Am Ende denken sie, dass „viel harte Arbeit" ein hohes Arbeitsvolumen bedeuten muss. Sie nehmen sich vor, möglichst viele Kilometer zu laufen, und verlieren dabei die Qualität ihrer Bewegungsabläufe aus den Augen. Aber auf dem ersten Platz landen nicht diejenigen Sportler, die jede Woche die meisten Kilometer herunterreißen oder am härtesten trainieren. Vielmehr sind Medaillenträger Menschen, die die Grundlagen verinnerlicht haben, was ihnen wiederum erlaubt, konsistent und erfolgreich zu trainieren. Sie brauchen natürlich auch einige Kilometer, um fit zu werden, aber wie können Sie sicher sein, dass Ihr Training Sie auf Erfolg programmiert? Ganz einfach gesagt: Es gibt einige Dinge, die Läufer aller Fähigkeitsstufen außer Laufen noch tun sollten, um sich zu verbessern. Wenn Sie besser laufen wollen, müssen Sie sich besser bewegen.

Gespräche über „besseres Laufen" scheinen stets auf das Thema Form hinauszulaufen, aber bevor wir soweit sind, lassen Sie uns erst einmal einen Schritt zurücktreten und uns die Realität ansehen. Ihre Art zu laufen drückt aus, wer Sie sind und welche Erfahrungen Sie gemacht haben. Sie sind wahrscheinlich weder ein Tarahumara-Indio noch ein Kenianer. Uns alle beeindruckt die perfekte Haltung, die Beinführung und das federnde Gangbild dieser Läufer. Dieses idealisierte Gesamtbild ist nicht das Ergebnis eines Lebens in Höhenlage oder einer tollen Genetik – es wurde vielmehr durch geschickte Bewegung aufgebaut. Es ist der Lebensstil dieser Sportler, der ihre Körper auf eine perfekt ausgerichtete Haltung und effizienten Muskelaufbau ausrichtet. Zuerst als Kinder, die auf den Feldern spielten, dann als Erwachsene, die auf denselben Feldern arbeiteten, und schließlich räumten sie durch viel hartes Training das Feld sozusagen von hinten auf. Wenn wir den Einfluss eines Lebensstils, der um körperliche Aktivität herum strukturiert ist, und progressiven Laufens beachten, können wir nicht mehr sagen, dass die kenianischen und Tarahumara-Kulturen einfach „zum Laufen geboren" wurden. Ihre Körper haben sich vielmehr an das Laufen „angepasst". Andersherum wird es Sie kaum überraschen, dass unser eigener Lebensstil, der sich um moderne Bequemlichkeiten herum abspielt und nur ab und zu Zeit zum Laufen zulässt, nicht dieselben Ergebnisse erzielt.

Training für bessere Bewegung

Bewegungsfähigkeiten sind grundlegend. Professionelle Ballsportathleten verwenden die meiste Trainingszeit darauf, ihren Körper gezielter zu bewegen. Durch Übung bauen sie eine Strategie auf, die jedes Mal, wenn sie auf den Rasen oder das Spielfeld treten, abgerufen werden kann. Sie wissen, wie ihre Bewegungsabläufe aussehen müssen, bevor überhaupt ein Ball ins Spiel kommt. Kampfflieger verfeinern ihre Reflexe, bis sie an einem Punkt angelangt sind, an dem sie vollständig intuitiv fliegen können. Ihre 50kg-Nachbarin bekommt Yogaposen perfekt hin, die Sie nur auf Bildern gesehen haben. Nicht weil sie so stark ist, sondern weil sie so geschickt ist. Sie gehen nicht in ein Fußballspiel, steigen in ein Cockpit oder schicken sich an, einen einhändigen Handstand auf der Yogamatte durchzuführen, bis Sie nicht ein paar grundlegende Fähigkeiten erworben haben. Beim Laufen ist es genau dasselbe: Hocheffiziente Läufer haben die Fähigkeit des Laufens auf ein Spitzenniveau gebracht.

Der legendäre Lauf-Coach Joe Vigil sagte einmal: „Ein Laufcoach zu sein ist ganz schön hart.".

Die Kids, die beim Training auftauchen, sind hochmotiviert, aber es sind dieselben, die nicht athletisch genug für Leichtathletik waren." Diese Kids sind fest davon überzeugt, dass Arbeitswille Talent übertrumpfen kann, wenn sie nur genug Zeit und Entschlossenheit aufwenden. Sie wachen morgens auf, schnüren sich die Schuhe zu und laufen los. Manchmal laufen sie leicht, manchmal hart und manchmal noch härter. Viele laufen sich selbst zugrunde, verpassen ihre eigenen Höchstleistungen oder, was noch schlimmer ist, verpassen das Training wegen Verletzungen. Aber härter bedeutet nicht besser und ein hohes Arbeitsvolumen macht niemanden zum Champion.

Es gibt einige spezifische Fähigkeiten, die Sie sich aneignen sollten. Wiederholung liegt in der Natur des Laufens. Das führt dazu, dass viele von uns einen Körper, der nicht wirklich an optimierte Bewegungen gewöhnt ist, hernehmen und Kilometer herunterreißen. Durch Jahre der Wiederholung bringen Sie Ihrem Körper bei, sich in einer bestimmten Art und Weise zu bewegen und auf eine bestimmte Art und Weise zu laufen. Wenn dann jemand daherkommt und Ihnen sagt, dass Sie Ihre Bewegungsform verbessern oder ganz anders laufen sollen, dann ist das gar nicht so einfach. Sie haben nicht das Muskelgedächtnis aufgebaut, um sich anders zu bewegen. Auch die kleinsten Veränderungen an Ihrer Laufform kommen Ihnen ungewöhnlich und schwierig vor. Sie kommen nicht umhin zu bemerken, dass Ihre Laufform immer noch nicht viel mit der der Kenianer zu tun hat. Und Ihre Zeiten werden auch nicht besser. Viele Läufer und Läuferinnen haben das Experiment selbst gemacht und sind daran gescheitert, was sie zu dem Schluss geführt hat, dass das Ganze nur Zeitverschwendung war. Nun, es gibt einen besseren Weg zu besserem Laufen.

Er beginnt mit einem kleinen Geheimnis: Ihr Körper ist die Grundlage für richtige Bewegungsabläufe. Ein altes Sprichwort sagt:

„Die Form folgt der Funktion." Beim Laufen ist es dasselbe: Ihre Laufform folgt der Körperfunktion. Um besser zu laufen, müssen Sie sich besser bewegen, unter Stress, wenn Sie müde sind und unter der brennenden Sonne, wenn Ihr Erzrivale Ihnen auf den Fersen ist – in solchen Momenten, können Sie sich den Luxus nicht leisten, im Geiste eine 8-Punkt-Liste zu Laufform und Körperbewusstsein durchzugehen. Diese Routine sollten Sie schon längst auswendig gelernt haben. Falls nicht, fangen Sie jetzt damit an.

Denken Sie darüber nach, wo Sie beim Laufen jetzt stehen und wo Sie gerne hinkommen würden.

Wir alle hätten gerne, dass das Laufen geschmeidiger, effizienter und weniger stressig abläuft. Um dieses Ziel zu erreichen, müssen Sie auf eine ausgeglichenere, athletischere Art trainieren – aber immer mit dem Vorsatz, Ihr Laufen zu verbessern. Wir sind alle beschäftigt und noch mehr in unsere vollen Kalender zu packen, kann uns wie eine ganz schöne Herausforderung vorkommen. Aber dieser Prozess wird Ihnen Spaß machen, denn Sie werden merken, wie Sie sich auf eine Weise verbessern, die Sie nie erwartet hätten. Wir werden uns spezifische Strategien anschauen, um Ihre Bewegungen zu verbessern und Ihr Laufen ganz neu zu erfinden.

Selbststudium

Die wissenschaftliche Trainingsforschung entwickelt sich immer weiter. Erst in den letzten 20 bis 30 Jahren haben wir Zugang zu den Werkzeugen und Technologien bekommen, die uns dabei helfen, unseren Körper besser zu verstehen, und zu einem Fortschritt in den Sportwissenschaften geführt haben. Jetzt haben wir Forschungslabore, Leute mit haufenweise Abkürzungen vor ihrem Namen und Trainer, die ganz scharf darauf sind, bessere Trainingsmethoden für ihre Athleten zu finden. Und was ist jetzt anders? Rekorde werden schneller gebrochen als je zuvor. Schauen Sie sich eine beliebige Sportart an, und Sie werden sehen, wie in den letzten drei Jahrzehnten die Leistungen immer besser wurden. Früher liefen die Leute einfach nur. Als wir herausfanden, wie effektiv Intervalle dabei sind, die körperliche Leistungskapazität zu verbessern, wurden sie zur standardmäßigen Praxis. Theorien ändern sich. Die Wissenschaft ändert sich. Und wenn Sie dieses Wissen nutzen und Ihr Training anpassen, dann können sich auch Ihre Zeiten letzten Endes ändern.

Ein paar Dinge müssen Sie allerdings wissen, um das Meiste aus der Trainingswissenschaft herauszuholen. Zum einen konzentriert sich das Gros der Forschung zum Laufen immer noch auf Verletzungsprävention, und es gab definitiv eine Entwicklung bei der Behandlung von Laufverletzungen in den letzten Jahren. Wir haben bessere Informationen, das heißt, Sie können bessere Ergebnisse erzielen. Aber wenn wir uns die Forschungsergebnisse zur Laufleistung anschauen wollen, dann wird es schon schwieriger. Die meisten Laufstudien wurden entweder an Eliteläufern oder College-Kids durchgeführt, die jeden Tag stundenlang Videospiele spielen und Bonuspunkte bekommen, wenn sie bei einer Forschungsstudie mitmachen. Falls Sie weder ein Eliteläufer noch ein Student sind, der gerne rumhängt, dann treffen diese Ergebnisse wahrscheinlich nicht unbedingt genau auf Sie zu. Um die Laufleistung zu entwickeln, müssen wir uns sowohl Forschungsstudien anschauen, die zum Laufen an sich durchgeführt wurden, als auch solche, die nicht direkt damit in Verbindung stehen. Die wissenschaftlichen Felder der Biomechanik, Bewegungskontrolle, allgemeinen Stärke und Kondition und sogar die Bodybuildingforschung stellen einen breit gefächerten wissenschaftlichen Korpus dar, der sich auf die Laufleistung anwenden lässt. Wir werden uns auf diese wissenschaftlichen Ergebnisse beziehen, um zu lernen, wie wir uns besser bewegen können.

Für eine effektive Wirkung müssen die Erkenntnisse aus der Forschung an Ihre individuellen Bedürfnisse angepasst werden. Bei meiner Arbeit als Physiotherapeut und Forscher betrachte ich jeden Läufer und jede Läuferin als eine einzigartige Fallstudie. Zu Anfang stelle ich eine ganz einfache Frage: Wie kann ich dieser Person zum Erfolg verhelfen? Es ist mein Job, Probleme zu identifizieren, die zu den wohlbekannten Läufer-Wehwehchen führen, und die Löcher im Leistungspotenzial eines Läufers oder einer Läuferin zu stopfen. Während meiner Karriere habe ich muskuloskelettale Untersuchungen und High-Tech-Gangbildstudien im Labor bei tausenden Personen durchgeführt. Dieses Buch ist natürlich kein Ersatz für eine Gangbildstudie im Labor, aber es gibt ein Muster bei den Problemen, die Läufer häufig plagen. Ich kann ohne Zweifel sagen, dass Sie davon profitieren werden, Ihre eigenen Unausgeglichenheiten anzugehen, um sicherzustellen, dass Sie bei jedem Lauf in Topform sind. Ich nutze veröffentlichte Forschungsergebnisse zusammen mit meinen eigenen Beobachtungen und habe einige eigene Testläufe im Labor durchgeführt, um zu sehen, welche Art von Anstrengung zu ausdauernderen und besseren Läufern führt. Ich weiß, dass Sie es schaffen werden, die Grenzen Ihrer eigenen körperlichen Leistungskraft zu erweitern, wenn ich es schaffe, Ihnen die Werkzeuge an die Hand zu geben, die Sie benötigen, um einen ausdauernderen Körper zu bekommen, der der Belastung des Laufens besser gewachsen ist.

Laufen versus Üben

Natürlich braucht es Zeit und Übung, um Ihr Handwerk zu perfektionieren. In seinem Buch *Outliers* erklärt Malcolm Gladwill seine Theorie, dass es 10.000 Stunden Übung braucht, um in einer beliebigen Disziplin der oder die Beste zu werden. Es liegt in der menschlichen Natur, sich ganz auf den Gesamtumfang der Übungszeit zu konzentrieren und anzufangen, sich die Trainingsstunden aufzuschreiben. Das ist ein großer Fehler, vor allem, wenn es ums Laufen geht. Dasselbe immer und immer wieder zu üben, verstärkt nur Ihr gegenwärtiges Bewegungsmuster. Indem Sie das Volumen dieser suboptimalen Bewegungen erhöhen, werden Sie super darin, sich falsch zu bewegen. Was Sie üben und wie Sie das tun, macht den Unterschied. Um besser laufen zu lernen, müssen wir uns darüber klarwerden, dass Laufen eine gelernte Fähigkeit ist. Und diese Fähigkeit ergibt sich aus geschulter Bewegung.

Gladwells Buch basierte größtenteils auf der Arbeit des Psychologen Anders Ericsson, der einen zweckorientierten und einen bewussten Übungsstil unterscheidet. Zweckorientiertes Üben ist ein bisschen wie Laufen. Ihr Übungsplan sagt, dass Sie laufen sollen, also laufen Sie. Sie erhöhen das Übungsvolumen, zeichnen Ihre Herzschläge und Kilometerzahlen akribisch auf und verfolgen damit ein bestimmtes Ziel. Aber dieses Ziel ist meist, eine bestimmte Zeit oder Distanz zu laufen. Dieser Ansatz macht Sie aber nicht wirklich zu einem besseren Läufer oder einer besseren Läuferin. Ihr Laufstil wird nicht besser, Sie vermeiden keine Verletzungen. Sie optimieren Ihren Schritt nicht, um Ihr volles Leistungspotenzial zu erreichen. Stattdessen laufen Sie einfach immer mehr und hoffen auf eine wundersame Inspiration, die Ihnen zu einem neuen persönlichen Rekord verhilft. Die meisten von uns wollen einfach nur laufen, aber dadurch wird unsere Leistung nicht unbedingt besser. Dazu müssen Sie Ihren Übungsstil ändern.

Ericsson beschreibt den bewussten Übungsstil als die Durchführung einer bestimmten Tätigkeit mit dem Ziel, die Leistung zu verbessern. Um besser beim Laufen zu werden, müssen Sie den Sport erst richtig verstehen, um die spezifischen Fähigkeiten zu identifizieren, die Ihnen dabei helfen, sich zu verbessern. Und dann brauchen Sie einen formellen Plan, um die Entwicklung in diesen Fähigkeiten anzugehen. Und dann gibt es kontinuierliche Arbeit, um diese Fähigkeiten weiter zu verbessern und zu verfeinern. Für einen Läufer bedeutet bewusstes Üben, spezifische Aktivitäten zur Verbesserung von Ausdauer und Kraftsparen durchzuführen, und dabei geht es nicht immer ums Laufen.

Statt mehr zu laufen, schlage ich Ihnen vor, einen Plan zur Bewegungsverbesserung anzugehen. Durch bewusstes Üben passt sich die Neurophysiologie in Ihrem Gehirn an und verkabelt Ihre Laufstrategie ganz neu. Wir werden besprechen, welche körperlichen und Bewegungsveränderungen für Sie infrage kommen, warum diese nötig sind und wie Sie das Ganze umsetzen können, um zu einem ausdauernderen Läufer oder einer ausdauernderen Läuferin zu werden und Ihre Lauffähigkeit effizient zu erhöhen. Wir werden Ihre Kompetenz in diesen Fähigkeiten aufbauen, indem wir Ihren Körper effektiv auf das neue Bewegungsmuster einstellen, damit Sie besser laufen können. Das ist ein ziemlich großes Versprechen, und da muss ich Sie auch selbst in die Pflicht nehmen: Sie werden mindestens zwei zusätzliche Workouts in Ihrem wöchentlichen Trainingsplan unterbringen müssen. Ich weiß, Ihre Zeit ist Gold. Falls fehlende Zeit Ihr Haupthindernis ist, möchte ich Ihnen versichern, dass sich die Investition lohnt. Praktisch jeder Läufer, den ich jemals kennengelernt habe, hätte mehr davon, ein Lauftraining sausen zu lassen und stattdessen an seinen Fähigkeiten zu arbeiten. Falls Sie Zeit haben, machen Sie diesen Plan einfach zusätzlich zu Ihrem Lauftraining.

Vielleicht sind Sie noch nicht ganz überzeugt. Aber was wäre, wenn ich Ihnen sagen würde, dass Sie Ihren Körper dazu bringen können, sich gut, kontrolliert und so effizient wie möglich zu bewegen? Stellen Sie sich vor, wie es wäre, Ihr Gangbild symmetrischer und weniger belastend zu machen. Ich verspreche Ihnen eine Verbesserung Ihrer Gelenkgesundheit und bessere Laufzeiten. Schwer zu widerstehen – oder? Es gibt keine Abkürzung, um dorthin zu kommen. Aber wenn Sie dazu bereit sind, etwas harte Arbeit zu investieren und konsistent zu trainieren, dann wird dieser Plan von Erfolg gekrönt sein. Die Forschung zeigt, dass Menschen an Ihren Plänen festhalten, wenn Sie das „Warum" dahinter verstehen. Lassen Sie uns also zunächst darüber sprechen, was genau passiert, wenn Sie laufen und wie das *Entfesselt-Laufen-Programm* Sie und Ihr Laufen auf das nächste Niveau bringt.

DIE HINTERGRÜNDE

Grundlagen

Wir alle müssen mehr über unsere Sportart lernen. Für einige von uns ist es schon eine Zeit her, dass wir in einem Klassenzimmer gesessen haben. Aber wahrscheinlich können Sie sich noch daran erinnern, dass man wissen muss, was im Test vorkommt, um ein erfolgreicher Schüler zu sein. Wenn Sie das wissen, wissen Sie auch, wie Sie sich vorbereiten müssen und was Sie am besten lernen sollten. Ok, fangen wir direkt mit den Fragen an: Was wird beim Laufen getestet?

Beim Laufen stellt jeder Schritt Ihren gesamten Körper auf die Probe. Wenn wir die spezifischen Probleme und Herausforderungen verstehen, denen wir als Läufer gegenüberstehen, können wir auf dieser Grundlage arbeiten und einen Plan aufstellen, um besser vorbereitet zu sein. Ich kann mir denken, dass Sie gerne eine Eins auf Ihrem Laufzeugnis hätten, oder? Schauen wir uns einmal an, was Sie tun müssen, um Ihren Körper auf ein besseres Laufen vorzubereiten, um Ihre Ergebnisse zu maximieren. Hierbei geht es um die richtigen Übungen zur richtigen Zeit und in der richtigen Dosis.

WAS WIRKLICH PASSIERT, WENN SIE LAUFEN

Der Nervenkitzel beim Laufen kann uns davon ablenken, was eigentlich bei jedem Schritt mit unserem Körper passiert. Ihr Herz schlägt schneller und pumpt Blut durch Ihren Körper. Ihre Körpertemperatur steigt und Schweiß tropft Ihnen von der Stirn. Sie spüren den Wind im Gesicht, während Sie um die Aschenbahn herum, den Waldweg hinauf oder die Straße hinunterlaufen. Das sind die Bilder, die uns in den Sinn kommen, wenn wir ans Laufen denken. Und sie stimmen auch, aber während Ihr Herz und Ihre Lunge Ihren Motor antreiben, ist Ihr Fahrgestell einer ganz schönen Belastung ausgesetzt.

Ob Sie wollen oder nicht, Ihr Körper ist bei jedem einzelnen Schritt dem 2,5- bis 3-Fachen Ihres Körpergewichts ausgesetzt. Lassen Sie das einmal eine Minute sacken. Wenn Sie aufrecht auf beiden Beinen stehen, belasten Sie jedes Bein jeweils mit der Hälfte Ihres Körpergewichts. Wenn Sie auf einem Bein stehen, dann sind das 100 Prozent des Gewichts auf diesem einen Bein. Und jetzt schnappen Sie sich eine Hantel mit etwa 150 Prozent Ihres Körpergewichts, legen Sie sich das Gewicht auf Ihre Schultern und stellen sich auf ein Bein. Ob Sie wollen oder nicht, das ist die Belastung, die Ihre Knochen, Sehnen, Muskeln, Knorpel und Bänder bei jedem Schritt, den Sie machen, aushalten müssen.

WAS SIE SEHEN
75 KG SCHWERER LÄUFER

WAS IHR KÖRPER SIEHT
75 + 112,5 = 187,5 KG BELASTUNG

ABBILDUNG 1.1 Die wirkliche Belastung beim Laufen
Laufen erfordert mechanische Arbeit. Im Bruchteil einer Sekunde müssen Sie ein beachtliches Gewicht auf- und vorwärts bewegen und dabei die Kontrolle behalten. Sie können diese Gegebenheiten nicht ändern, aber Sie können sich darauf vorbereiten.

Als Läufer sind wir daran gewöhnt zu hören, dass Langstreckenläufe eine niedrige Belastung über einen längeren Zeitraum hinweg darstellen. Das können Sie schon mal vergessen. Vielmehr könnte man sagen, dass Laufen eine starke Belastung Ihres Körpers über einen langen Zeitraum hinweg bedeutet.

Und um es noch komplizierter zu machen: Laufen ist ein Sport mit mehreren Ebenen. Zusätzlich zu dieser vertikalen Krafteinwirkung müssen wir auch noch mit der Krafteinwirkung, die beim Anhalten und Beschleunigen entsteht, klarkommen. Und das sind immerhin 40 bis 50 Prozent unseres Körpergewichts. Dazu kommen noch seitliche Krafteinwirkungen von etwa 15 Prozent unseres Körpergewichts, einfach nur durch die Anstrengung des Laufens. Beim Laufen entsteht eine riesige Belastung, die bei jedem einzelnen Schritt von allen Seiten auf den Körper einwirkt. Kein Wunder, dass Laufen so anstrengend ist!

Diese absolute Kraftweinwirkung auf Ihren Körper ist bis zu einem gewissen Punkt mechanisch. Aber die Reaktion Ihres Körpers darauf ist nicht einfach nur mechanisch. Stellen Sie sich einen Gummiball vor. Wenn Sie einen Gummiball vom Dach werfen, wird er zunächst beschleunigt, bis er auf den Boden fällt. Wenn er mit dem Boden kollidiert, wird die Energie des Aufpralls den Ball ein wenig zusammendrücken, und dann wird der Ball vom Boden abgestoßen und wieder nach oben hüpfen. Der Ball ist passiv. Wie sehr er komprimiert und abgestoßen wird, hängt von der Dichte des Gummis ab, aus dem er hergestellt ist. Das ist eine einfache Illustration dessen, wie ein passives Objekt auf Belastung reagiert. Und jetzt stellen Sie sich vor, wie Sie die Füße heben und mitten im Laufschritt praktisch durch die Luft schweben. Dabei wirkt dieselbe Schwerkraft auf Sie ein, die den Ball beschleunigt hat, und bringt Sie zurück auf die Erde. Aber da hören die Gemeinsamkeiten auch schon auf. Denn Ihr Körper ist nicht passiv. Er ist ein komplexes neuromuskuläres System

ABBILDUNG 1.2 Kräfte, die beim Laufen auf Sie einwirken
Beim Laufen wirken große Mengen an Kraft auf Ihre Knochen, Muskeln und Sehnen ein. Es ist wichtig, diese Kräfte zu kontrollieren.

aus Einzelteilen, die es in Antwort auf die mechanischen Kräfte, die beim Laufen entstehen, aktiv bewegt, anpasst und koordiniert.

IHR BEWEGUNGSSYSTEM

Es gibt drei grundlegende Systeme, die Sie benutzen, um sich aktiv zu bewegen. Sie haben Gelenkstrukturen, Muskeln und ein Gehirn. Für sich alleine können diese Einzelteile nicht viel tun, aber zusammen können sie Weltrekorde brechen.

Gelenkstrukturen: Die mechanischen Teile Ihres Körpers funktionieren wie Türen und Scharniere. Ihre Knochen sind strukturiert und jeder dieser Knochen ist durch ein Gelenk mit einem anderen Knochen verbunden. Die Gelenke sind von Gelenkknorpel überzogen. Knorpel ist ein bedeutsames Material, das die Knochen abfedert und schmiert, während sie sich bewegen. Die Knochen sind wiederum durch Bänder verbunden. All diese unterstützenden Elemente sind wichtig, aber es sind nur passive Seilzüge und Hebel. Das heißt, sie können sich nicht von alleine bewegen. Türen und Scharniere bewegen sich auch nicht selbst.

Muskeln: Hier geht es wirklich zur Sache. Um eine Tür an ihrem Scharnier zu öffnen oder zu schließen, bedarf es einer Krafteinwirkung. Muskeln sind für diese Krafterzeugung in Ihrem Körper zuständig. Sie erlauben den Gelenken, sich gegenseitig zu bewegen oder sich zu stabilisieren, während Bewegungsabläufe an anderer Stelle geschehen.

Gehirn: Wir haben Gelenke, die uns Struktur geben, und Muskeln, die die Kraft haben, die Gelenke zu bewegen. Aber wir brauchen auch noch etwas, um diesen Einzelteilen zu sagen, dass sie sich überhaupt bewegen sollen. Und hier kommt das Gehirn ins Spiel. Genauer gesagt handelt es sich nicht um Ihr

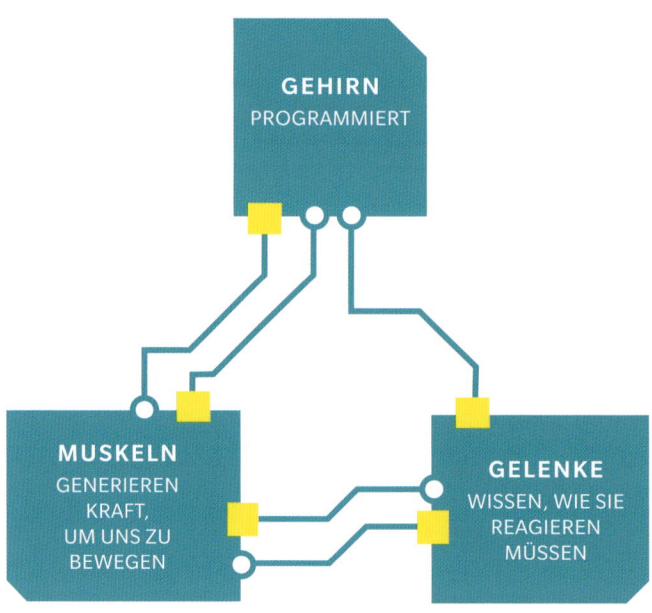

ABBILDUNG 1.3 Unser Bewegungssystem ist auf Kontrolle ausgelegt
Was lernen wir daraus? Gelenke sorgen nicht aktiv für Stabilität. Das tun die Muskeln. Und das Gehirn gibt den Befehl.

Gehirn, sondern vielmehr um Ihr ganzes Nervensystem. Stellen Sie sich das Ganze wie einen Computer vor, der an ein Netzwerk aus Muskeln angeschlossen ist. Aber das Tolle an unserem Nervensystem ist, dass es nicht nur einen An- und Ausschalter hat. Es moduliert die Kraft, die wir generieren. Wenn Ihr Gehirn Ihren Muskeln sagt, dass sie Kraft aufbringen sollen, um die Tür zu öffnen, dann stellt Ihr Gehirn genau ein, wie viel Kraft dafür nötig ist. Als Grundlage dient ihm dazu das Gewicht der Tür, ob die Tür über den Teppich schleift oder im Türrahmen klemmt. Dieses Maß an Kontrolle ermöglicht es uns nicht nur, uns zu bewegen. Es erlaubt uns, es mit Präzision zu tun.

Besserer Körper-Input = Besserer Output

Bei jedem einzelnen Schritt kommunizieren diese Systeme miteinander. Die mechanische Belastung, die Sie in Richtung Erde beschleunigt, löst eine Kette von Ereignissen aus. Ihre Gelenke können sich zwar nicht von alleine bewegen, aber sie spüren Kompression und Bewegung. Sie senden Signale an Ihr neuromuskuläres System und geben so das Zeichen für Aktion. Ihr Gehirn regt Ihre Muskeln dazu an, genau zur richtigen Zeit die richtige Menge Kraft zu generieren. Ihre Muskeln erhalten diese Nachricht und machen die Arbeit, die ihnen aufgetragen wird. Sie ziehen an den Gelenken, um Bewegung zu verursachen. Die einzelnen Teile tauschen sich auch untereinander aus. Ihre Muskeln spüren eine Veränderung ihrer Länge und leiten Informationen an Ihr Gehirn weiter, um sicherzustellen, dass Sie sie nicht überlasten. Die Gelenke geben ebenfalls Informationen an Ihr Gehirn weiter, da die Menge an Muskelkraft, die sie benötigen, sich mit wechselndem Bewegungsumfang ändert. Diese gegenseitigen Rückmeldungen sind im Grunde ein Sicherheitssystem, das überprüft, ob noch alles gut läuft, und gegebenenfalls Abläufe ausgleicht. Wenn das System richtig funktioniert, produziert Ihr Körper eine resultierende mechanische Kraft, die gerade ausreicht, die mechanische Belastung auszugleichen, die versucht, Sie so platt wie einen Pfannkuchen zu quetschen. Wenn alles gut gelaufen ist, haben Sie gerade einen einzelnen Schritt gemacht. Gute Arbeit. Jetzt müssen Sie das heute beim Laufen nur noch ein paar tausend Mal wiederholen.

BEWEGUNGSQUALITÄT PROGRAMMIEREN

Diese drei Systeme fahren wieder und wieder bei jedem Schritt, den Sie laufen, dasselbe Programm ab. Jedes einzelne Element des Systems nimmt Informationen auf, die die Qualität Ihres Schrittes anpassen und gibt diese auch aus. Und das ist es, was bei unserem Verständnis vom Laufen fehlt. Läufer haben einen unerbittlichen Fokus auf Volumen. Mehr Kilometer pro Woche führen logischerweise zu einer erhöhten mechanischen Belastung Ihrer Gelenke. Es ist die Aufgabe Ihres Körpers, eine kontrollierte und effiziente Antwort zu produzieren, die der Herausforderung angepasst ist und Ihren Körper kontrolliert. Ein schlechtes Bewegungsprogramm führt zu schlechter Körperkontrolle. Wenn der Körper von den Anforderungen des Laufens überfordert ist, kommt es schnell zu Verletzungen oder eingeschränkter Leistung. Es ist besonders unser Umgang mit den mechanischen Anforderungen des Laufens, die vorgeben, wie gut unsere Leistungsfähigkeit ist. Die beiden großen Fragen lauten:

1. **Sind Ihre Bewegungen sicher?** Welche Art von Bewegungsfähigkeit und Körperbewusstsein stellen Ihre Laufgrundlage dar?

2. **Sind Ihre Bewegungen effizient?** Könnten Sie die Art, wie Sie sich bewegen, so umprogrammieren, dass Sie müheloser vorankommen und Ihre Form während des Laufens besser halten können?

Ein effizientes Bewegungsprogramm verbessert Ihre Schrittqualität und, auf lange Sicht, Ihre Gelenkgesundheit und Leistungsfähigkeit. Genauso, wie wir unser Laufvolumen anpassen können, können wir auch lernen, die Qualität dieses Volumens zu verbessern. Durch Bewegung und Bewusstsein lernt Ihr Gehirn zu wissen, wann, wie sehr und wie schnell es Ihre Beine bewegen soll. Sie können Ihre Fähigkeiten verbessern, indem Sie den Input, den Ihr Gehirn erhält, besser verstehen und Ihr Bewegungsprogramm so umschalten, dass es Ihre Beine sicherer und effizienter bewegt.

Dynamische Plastizität

Was ist meine Lieblingsspeise? Hafermehlkekse mit Schokostückchen. Vor 5 Sekunden wussten Sie das noch nicht, aber jetzt wissen Sie es. Wissen Sie, wie Sie schwimmen gelernt haben? Wissen Sie, wie sich das Gehirn nach einem Schlaganfall erholt? Die Antworten auf diese Fragen haben eines gemeinsam: neurale Plastizität. Ihr Gehirn ist lernfähig. Und damit meine ich nicht einfach nur Auswendiglernen, sondern wirklich Neues zu verinnerlichen, und zwar in jedem Alter! Wenn Sie etwas lernen, schafft Ihr Gehirn neue Verbindungen von einer Zelle zur anderen. Je mehr Sie üben, desto robuster werden diese Verbindungen. Wie das Sprichwort schon sagt: Übung macht den Meister. Ihre Nerven entwickeln buchstäblich neue Fähigkeiten, indem diese Nervenverbindungen hergestellt werden.

Die Leitungen, die Ihre Systeme miteinander verbinden, sind dynamisch. Sie passen ihre Signale Ihren Bedürfnissen an. Das Laufen auf Asphalt, Beton, Gras und über Unregelmäßigkeiten auf einer Laufbahn stellen unterschiedliche Inputs dar, und sie alle erfordern unterschiedliche Outputs in Form von Muskelaktion und zeitlicher Abstimmung. Wenn Sie Ihre Schrittgeschwindigkeit ändern wollen, sind ebenfalls Modifikationen nötig. Ihr Nervensystem macht alle notwendigen Anpassungen hinter geschlossenen Vorhängen. Dasselbe passiert, wenn Sie sich neue Schuhe kaufen. Ihr Körper führt minimale Änderungen durch, um sich an die neue Umgebung Ihrer Füße anzupassen. All diese Lernprozesse, die Ihr Körper durchführt, um sich an Änderungen anzupassen, sind der Beweis dafür, dass er auch lernen kann, besser zu laufen, indem er sich anpasst. Das *Entfesselt-Laufen-Programm* nutzt das Konzept der neuralen Plastizität, um Ihrem Körper beizubringen, kontrollierter zu laufen, um so eine verbesserte Ausdauer und Leistungsfähigkeit zu erreichen.

Bewegung mit Präzision und Kraft

Viele Coaches werden Ihnen sagen, dass Läufer die für sie effizienteste Laufform selbst auswählen. Na ja, das stimmt nur zum Teil. Lassen Sie uns uns die optimale Form als Plan A vorstellen. Und dann gibt es noch Plan B. Das ist, wenn Sie das Beste aus dem machen, was Sie haben. Die meisten Läufer finden einen Weg, Mängel in ihrer derzeitigen Kombination aus Mobilität, Stabilität, Stärke und Kraft auszugleichen. Anders gesagt: Die Fähigkeit Ihres Gehirns, sich anzupassen, wird von Ihrem Körper und seinen Grenzen außer Gefecht gesetzt. Sie verfeinern und trainieren Ihren Plan B durch Jahre bewussten Übens. Plan B hilft Ihnen auch sicherlich dabei, Ihre Kilometer herunterzureißen. Aber mein Argument ist, dass Plan B eben nur zweite Klasse ist.

Ich will hier niemanden angreifen und Ihnen erzählen, dass alles, was Sie über das Laufen wissen, falsch ist. Aber angesichts der Tatsache, dass Ihr Gehirn umprogrammiert werden und Ihre Laufform sich wirklich ändern kann, warum nicht an Ihrem persönlichen Plan A arbeiten? Bewegungen, die sich heute noch unnatürlich anfühlen, können Ihnen in Fleisch und Blut übergehen. Und das kann auch Plan A, und zwar durch bewusstes Üben. Wenn Sie sich mit Plan B zufriedengeben, dann kann sich Ihre Leistung kaum verbessern, denn Plan B nutzt nicht Ihr volles Potenzial für mehr Ausdauer und Leistungsfähigkeit.

Falls Sie Probleme oder Verletzungen haben, die Ihre Art zu laufen beeinträchtigen, dann ist es jetzt an der Zeit, diese anzugehen. Nehmen Sie Ihre Rücken- und Knieschmerzen und laufen Sie 50 bis

80 Kilometer in der Woche, und das Laufen wird Ihnen nicht gegen Ihre Schmerzen helfen. Fußball, Basketball oder Eishockey übrigens auch nicht. Sich bei bereits bestehenden Problemen einer großen Belastung auszusetzen macht alles nur noch schlimmer. Ihre Verletzungszyklen bedürfen Ruhepausen, die konsistentes Training wiederum unmöglich machen. Durchbrechen Sie den Zyklus. Sie müssen kein Naturtalent sein, um erfolgreich zu sein. Aber Sie müssen Ihre Bewegungsqualität verbessern.

Es gibt noch ein Problem, das ich häufig bei Läufern und Läuferinnen beobachte, die sich nicht optimal bewegen. Viele sagen mir: „Ich kann nicht springen." Und das bedeutet eigentlich: „Ich kann meinen Körper nicht gut genug koordinieren, um genug Kraft in Richtung Boden zu lenken, um mich selbst entgegen der Schwerkraft hoch und vorwärts zu bewegen." Das ist ein Riesenproblem, denn das ist genau das, was wir beim Laufen tun müssen. Die Forschung zeigt sogar, dass Personen, die in einer kürzeren Zeitspanne mehr Kraft in Richtung Boden lenken, schneller laufen; Punkt. Jeder Läufer und jede Läuferin, egal auf welchem Niveau, kann diese Fähigkeit verbessern.

Wir wollen die Geheimnisse des Laufens enthüllen und ein System aufstellen, mit dem Sie Ihre Laufform verbessern können. Ihr Körper ist die Grundlage für gute Form. Verbessern Sie Ihre allgemeine Form und Sie werden dieses Ziel mit Sicherheit erreichen. Indem Sie sich auf die spezifischen Fähigkeiten konzentrieren, die Ihren Laufstil verbessern, können Sie sich präzisierter bewegen und Ihren Sprung stärken. Um sich mit Präzision zu bewegen, brauchen Sie genug Mobilität, um sich unbelastet zu bewegen, und genug Stabilität, um den Weg zu kontrollieren, den Ihr Körper mit jedem Kilometer voranschreitet. Indem Sie Ihre Mobilitäts- und Stabilitätsfähigkeiten verbessern, verringern Sie die „Belastung pro Schritt" und gewährleisten eine gute Körpersymmetrie. Bessere Bewegungen machen Sie ausdauernder, was wiederum ein konsistenteres Training ermöglicht. Ein kräftigerer Sprung führt zu verbesserter Leistung, denn die Fähigkeit, mehr Pep in Richtung Boden zu schicken, führt zu einem schnelleren Schritt. Die Workouts des *Entfesselt-Laufen-Programms* stellen ein Schritt-für-Schritt-Programm dar, mit dem Sie Ihren Körper verändern und Ihre Laufform verbessern können.

DIE HINTERGRÜNDE

Korrigieren Sie Ihre Vorurteile

Stellen Sie sich vor, Sie sind mit Ihrem Kumpel Tom unterwegs auf einem wunderschönen Waldweg. Sie erzählen Tom von dem Urlaub, den Sie planen, aber er hat nur ein Thema: Sein Läuferknie auf der rechten Seite macht ihn wahnsinnig. Er hat den Tipp mit der Faszienrolle ausprobiert, aber das hat nicht geholfen. Letzte Woche hat er sich eine Massage geben lassen, aber das hat auch nicht geholfen. Sie laufen ein Stück weiter hinter ihm her und schauen sich sein Schrittbild an. Dabei merken Sie, dass sein rechtes Knie nach innen einknickt. Sie sagen Tom, er soll sein Bein gerade halten. Aber er hat keine Ahnung, wie er das machen soll. Er überkompensiert also, indem er das Knie jetzt nach außen drückt. Jetzt läuft er auf der Außenseite seiner Füße, die ihm nach einiger Zeit nun auch noch weh tun. So zu laufen fühlt sich seltsam an und ist viel schwieriger als vorher. Tom wird immer frustrierter. Das eigentliche Problem ist aber, dass Toms Hüfte nach innen kippt. Die meisten Leute würden wahrscheinlich annehmen, dass das durch eine Muskelschwäche bedingt ist, und das ist in der Tat eine Möglichkeit. Aber bei einer großen Mehrheit der Menschen, die laufen, liegt der Grund ganz woanders. Kein System funktioniert, wenn es nicht angeschlossen ist.

Bei den meisten Läufern sind die Hüftmuskeln gehemmt oder, wie ich das nenne, „ausgestöpselt". Mal ganz einfach ausgedrückt: Sie können kein Toastbrot machen, wenn der Toaster nicht angeschlossen ist. Bei Ihrer Hüfte ist es genau dasselbe. Sie springt nicht an, wenn Sie ihr nicht beibringen, sich mit Ihrem Gehirn zu verbinden. Personal-Trainer behaupten oft, dass Kniebeugen mit Gewichten alles wieder ins Lot bringen. Dem könnte ich kaum weniger zustimmen. Wenn Ihr Toaster nicht angeschlossen ist, können Sie noch so viel Brot hineinstopfen, es wird Ihr Problem nicht lösen. Wenn Sie Kniebeugen mit einer 100-kg-Hantel auf den Schultern machen, löst das kaum Ihre Körperprobleme. Die Belastung wird lediglich auf andere Muskeln übertragen und Sie kompensieren weiter. Genau dasselbe passiert, wenn Sie zusätzlich zu Ihren gehemmten Hüften auch noch unheimlich viel laufen. Das wird Ihnen nicht helfen, denn Laufen und fehlende Kraft sind nicht das Problem. Ihr Körper ist das Problem. Um den Muskel wieder „einzustöpseln", müssen wir ihm beibringen, wie er funktionieren und sich mit dem Rest des Körpers koordinieren soll.

Vor Kurzem kam eine Läuferin zu mir, die über Hüftschmerzen klagte. Es war nicht so schlimm, dass sie gar nicht mehr laufen konnte, aber sie hatte diese Schmerzen durchgängig. Ihr Coach und ihre Freundinnen und Freunde hatten ihr gesagt, dass sie ihre Gesäßmuskeln stärken müsse, und sie begann daher, jede Woche zu einem „Bauch-und-Po"-Kurs zu gehen. Und was war das Ergebnis nach zwei Jahren? Gar keins. Die Schmerzen hatten sich null verbessert. Ihr Krafttraining konnte das Problem nicht lösen. Um genau zu sein, vergrößerte es die Belastung noch. Ihr Körper hatte gelernt, sich um die Bewegung herumzutricksen und war in der Lage, mehr Gewicht zu bewegen. Aber die Bewegungsabläufe waren nicht besser geworden. Sie hatte eine Menge Zeit investiert, aber nichts von dem, was sie unternommen hatte, hatte ihr dabei geholfen, ihr Schrittbild zu verbessern. Wir gingen erstmal einen Schritt zurück und bereinigten ihre Bewegungsprobleme. Nach drei Wochen war sie symptomfrei und erreichte einen persönlichen Rekord bei einem Halbmarathon. Durch die verbesserten Bewegungsabläufe bemerkte sie auch endlich eine Verbesserung durch das Krafttraining. Wenn Sie sich richtig bewegen, dann geben Sie Ihr Bestes. Und was am wichtigsten ist: Ihr Körper lernt neue Fähigkeiten, die Ihnen helfen, besser zu laufen.

FINDEN SIE SICH NICHT MIT PLAN B AB

Gute Läufer verfügen über ein Gangbild, das instinktiv reibungslos abläuft. Bei jedem Schritt tun sowohl Gehirn als auch Körper Ihr Bestes. Diese Athletinnen und Athleten haben einen „Plan A" entwickelt, der es ihnen erlaubt, sich so effektiv wie möglich zu bewegen und so effektiv wie möglich zu laufen. Diese Personen schauen sich die besten professionellen Läufer an, um ihre eigene Form zu verbessern. Es ist ziemlich frustrierend, wenn wir gute Ratschläge annehmen, die uns aber dann in Wirklichkeit nicht recht weiterbringen. Lassen Sie uns erstmal einen Schritt zurücktreten und uns anschauen, wie unser Körper überhaupt Bewegungsabläufe erlernt. Vielleicht werden Sie dabei bemerken, dass Ihre eigenen, gelernten Bewegungen das eigentliche Problem dabei sind, beim Laufen in Bestform zu kommen. Für optimale Ergebnisse müssen wir qualitativ hochwertige Bewegungsabläufe lernen, aber Ihre Bewegungsqualität ist immer nur so gut, wie Ihr Körper es Ihnen erlaubt.

Fallbeispiel: Unser Freund Tom möchte sein Gangbild bereinigen. Aber sein Körper ist nicht perfekt auf das Laufen vorbereitet. Und sein Lebensstil bei der Arbeit hilft auch nicht gerade. Er sitzt mehr Stunden am Stück in Flugzeugen, als andere Leute nachts schlafen, und danach sitzt er noch ein bisschen mehr, denn er hat ständig Meetings. Sitzen kann die Haltung verschlechtern, indem es die Rumpf- und Hüftmuskeln hemmt bzw. „ausstöpselt". Tom hat auch noch eine alte Verletzung, die sein rechtes Fußgelenk steif macht. Durch die Spannung in seinen Hüften kann er sich nicht richtig abstoßen. So schafft er es nicht, seine Beine weiter vor den Körper zu schwingen und weniger hinter sich her zu schleifen. Dieses veränderte Schrittbild stellt eine Überbelastung der Muskeln dar, die sich rund um sein Knie herum befinden, was dazu führt, dass er sein Bein nicht vollständig strecken kann. Und das bedeutet wiederum, dass das Laufen für den ganzen Körper viel belastender wird. Die Steifheit in seinem rechten Fußgelenk lässt ihn außerdem bei jedem einzelnen Schritt auf der Außenseite des Fußgelenks laufen, wodurch noch mehr Ungleichmäßigkeit entsteht, während er sein Bein vorwärts schwingt.

Tom will seine Kontrolle beim Laufen verbessern. Aber durch die vielen negativen Einflüsse hat sein Körper sich ganz auf Plan B eingestellt. Tom hat sich an das Problem angepasst, indem er sich sein eigenes, adaptiertes Gangbild zusammengeschustert hat. Und damit ist Tom nicht allein. Die Evolution hat uns darauf programmiert, die für uns energiesparendste Art und Weise zu gehen und zu laufen auszuknobeln. Tom hat seine Mankos kompensiert und seinen Gangreflex so angepasst, dass er innerhalb der derzeitigen Einschränkungen seines Körpers so effizient wie irgend möglich wird. Wenn wir etwas kontinuierlich üben, wird unser Körper immer besser darin und so schleifte sich bei Tom mit jedem Lauf dieses kompensierte Gangbild ein, das sich an sein steifes Fußgelenk und seine gehemmte Hüfte anzupassen versucht.

Und dann bat Tom eines Tages einen Freund im Fitnessstudio um Rat. Er bekam alle möglichen Ratschläge, um seine Bewegungsabläufe zu verbessern, und nach ein paar Monaten waren die Bewegungen seiner Hüfte und seines Fußgelenks tatsächlich um Einiges besser geworden. Aber Toms Laufform änderte sich überhaupt nicht. Warum? Sie können Ihre Mobilität verbessern, aber Ihr Körper muss auch wissen, wie er damit umgehen soll. Es braucht Übung, um diese neuen Bewegungen in die Programmierung Ihres Gehirns zu übernehmen. Wenn Sie das erreichen wollen, müssen Sie die Art, wie Sie sich bewegen, neu „verkabeln".

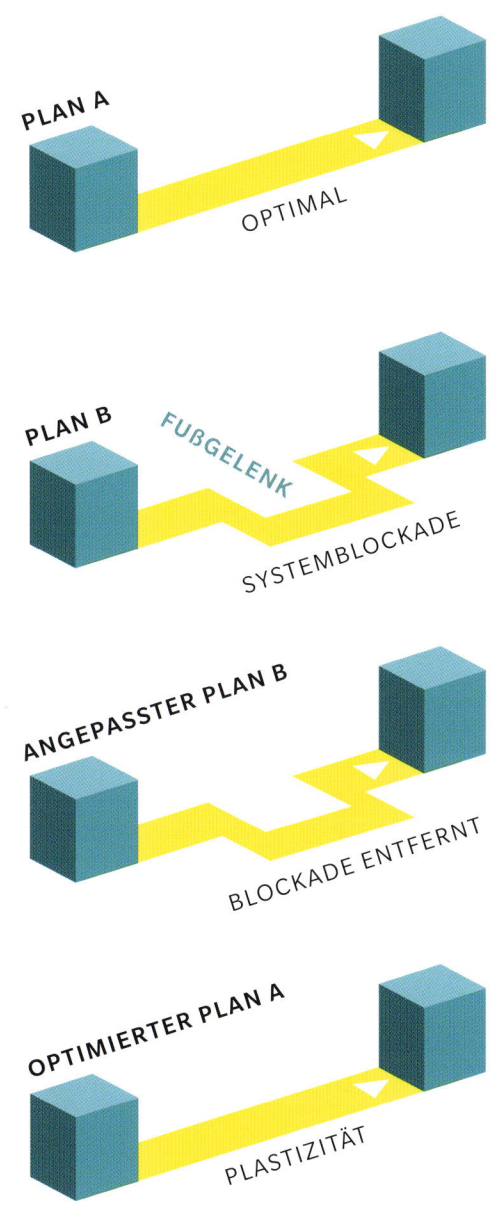

ABBILDUNG 2.1 Übung führt zu Plastizität
Bewegungsblockaden zwingen Sie dazu, sich anders zu bewegen. Sobald eine Blockade einmal aufgehoben ist, müssen Sie die Fähigkeitskontrolle über die neuen Bewegungen üben, um eine Verbesserung beim Laufen zu spüren.

REFLEXARTIGE BEWEGUNGEN NEU „VERKABELN"

Kratzen Sie sich einmal an der Nase. Es ist ganz leicht, tun Sie es einfach. Was ist passiert? Sie haben einen Befehl gelesen. Ihr Gehirn war einverstanden. Es hat eine Nachricht an die Muskeln in Ihrem Arm gesendet, um die Hand zu heben, sie an Ihr Gesicht zu führen, die genaue Lokalisierung Ihrer Nase im Gesicht zu finden und mit den Fingern zu wackeln, um so eine Bewegung zu erzeugen und zu kratzen.

Klingt wie eine Menge einzelner Schritte, nur um sich an der Nase zu kratzen, oder? Dies alles wird durch einen Vorgang gesteuert, den man freiwillige Bewegung nennt. Sie haben sich bewusst dazu entschieden, sich zu bewegen und Ihr Gehirn hat die Aufgabe erledigt.

Und jetzt stehen Sie einmal auf, gehen ans andere Ende des Zimmers und wieder zurück. Wiederum hat sich Ihr Gehirn dazu entschlossen, dass es das wohl hinbekommt. Sie sind aufgestanden und losgegangen. Aber danach sind die Dinge ein wenig anders abgelaufen. Bei jedem Schritt haben Sie Ihre Hüfte gebeugt, das Knie gestreckt, den Unterschenkel nach vorne geschwungen, einen Fuß auf dem Boden abgesetzt, das Fußgelenk bewegt und die Wade angespannt, um den Körper vorwärts zu bewegen, und dann haben Sie das Ganze wiederholt. Das ist alles passiert, ohne dass Sie lange darüber nachdenken mussten. Unser Gang ist kein freiwilliger Ablauf, sondern eher reflexartig.

Reflexartige Bewegungen laufen ohne bewusstes Nachdenken ab. Um genau zu sein werden die Signale, die in Ihrem Körper herumhüpfen und ihm sagen, ob er kriechen, gehen oder rennen soll, von einem speziellen Programm ausgeführt, das man zentrale Mustergeneratoren oder ZMG nennt. Das Wichtigste, was Sie hierzu wissen müssen, ist, dass sich diese ZMG unterhalb des Gehirns im Rückenmark befinden. Das ist der Grund, warum Sie zum Laufen Ihr Gehirn nicht anstrengen und sich konzentrieren müssen. Bewusste Gedanken entstehen in Ihrem Gehirn, deshalb sage ich gerne, dass wir mit dem Unterbewusstsein laufen. Jeder Schritt, den Sie machen, verstärkt Ihr Gangbild, egal ob es das beste für Sie ist oder nicht. Manchmal führen angehäufte Beschwerden und Schmerzen, die Sie sich während Ihrer Laufkarriere angeeignet haben, zu einem Humpeln, das andere an Ihnen bemerken, aber Sie selbst nicht. Für Sie ist es ganz normal geworden. Die ZMG lernen aus all den Übungseinheiten, die Sie für sich wiederholende Bewegungen wie dem Gehen ausführen, und durch Übung entstehen neue Verbindungen. Klar, Sie können diesen

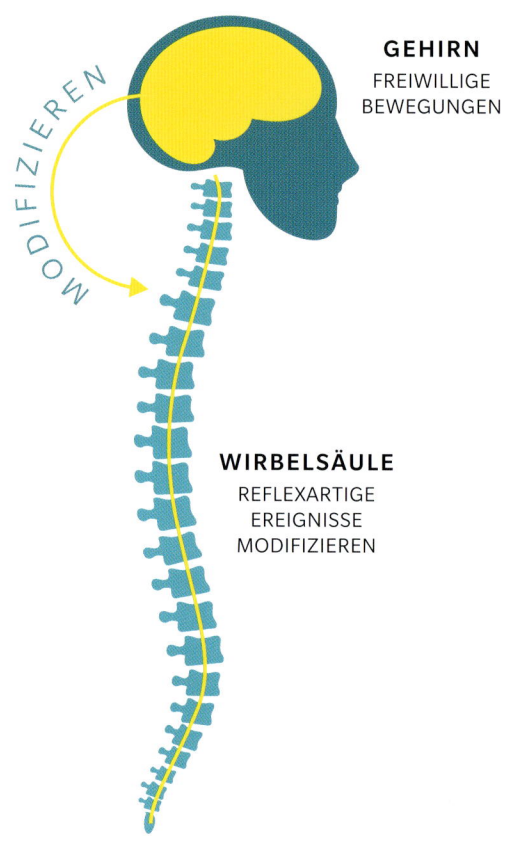

ABBILDUNG 2.2 Unterbewusstes Laufen
Die Anleitung für Ihr Gangbild kommen von den zentralen Mustergeneratoren, die genau unterhalb Ihres Gehirns liegen.

Reflex unterdrücken. Wenn Sie wollen können Sie sich mit dem linken Bein stärker abstoßen als mit dem rechten. Aber dafür müssen Sie dann doch Ihr Gehirn anstrengen, denn Sie würden dadurch Ihr normales Reflexmuster für Ihr Gangbild modifizieren, das die ZMG in Ihrem Rückenmark senden.

Deshalb kann es manchmal so schwierig sein, unsere Laufform zu ändern. Die perfekte Form zu erreichen, wenn Ihr Körper darauf gar nicht ausgelegt ist, bedeutet, gegen Ihre eigenen Körperbewegungen zu kämpfen. Falls Sie je versucht haben, Ihren Laufrhythmus zu ändern, wissen Sie das selbst am besten. Wenn Sie seit acht Jahren 162 Schritte pro Minute laufen und dann auf einmal 180 Schritte hinbekommen wollen, muss sich Ihr Gehirn ganz schön anstrengen. Diesen Übergang können Sie nicht von einem Tag auf den anderen machen. Dasselbe gilt für die Haltung. Wie soll eine Läuferin die richtige Haltung bei einem Halbmarathon beibehalten, wenn sie keine Ahnung hat, wie sie eine neutrale Wirbelsäulenposition im Stehen hinbekommen soll?

Trotzdem gibt es noch haufenweise Lauftrainer, die den Leuten erzählen, dass sie den Bodenkontakt verringern sollen, um schneller zu laufen. Dieser Ratschlag stammt aus einem Experiment, das mit einer Gruppe der besten Läufer der Vereinigten Staaten durchgeführt wurde. Ihnen wurde gesagt, sie sollen ihren Kontakt mit dem Boden bei allen Laufeinheiten verringern. Aber dazu mussten Sie komplett umorganisieren, wie stark Sie sich bei jedem einzelnen Schritt in den Boden stemmten. Sogar diese elitären Körper hatten keine Ahnung, wie sie das anstellen sollten und zwangen sich zu riesigen Veränderungen in Muskelrekrutierung und Intensität. Es war eine komplette Katastrophe, die bei jedem einzelnen Läufer zu Verletzungen führte. Den Bodenkontakt zu verringern, kann Sie schneller machen, aber Ihr Körper muss üben, wie er das richtig machen soll, bevor Sie erwarten können, dass die Veränderung übernommen wird und sich in Ihrem Gangbild spiegelt. Sie können Ihre Laufform verändern, aber gute Form ist nichts, das Sie an einem Tag durch eine Art Schlüsselerlebnis

Neurale Plastizität

Vor ein paar Jahren erlitt ich eine schwere Kopfverletzung und lag eine Zeitlang im Koma. Durch die Schwellung wurden einige Teile meines Gehirns, die normalerweise oben im Schädel liegen, nach unten verschoben, und mein Rückenmark wurde zusammengedrückt. Als ich aus dem Krankenhaus entlassen wurde, konnte ich nicht in einer geraden Linie den Bürgersteig hinunterlaufen. Die Verletzung meines Gehirns und meines Rückenmark machten es mir unmöglich, das Gleichgewicht zu halten und mich zu koordinieren. Ich weiß noch, dass ich über das Gehen nachdenken musste, wie ich es zuvor noch nie getan hatte. Da das normale Reflexsignal, das mein Rückenmark sendete, gestört war, brauchte ich freiwillige Befehle aus meinem Gehirn. Und ich übte das Gehen... sehr oft. Letzten Endes verständigten sich mein Gehirn und die ZMG in meinem Rückenmark und schrieben ein neues Programm. Mein Gehirn hatte wieder Zeit, über andere Dinge nachzudenken, mein Gang wurde wieder automatisch und reflexartig, und ich konnte wieder gerade den Bürgersteig hinuntergehen. Keine Angst, mir geht es wieder gut, aber was ich hiermit zeigen will, ist wie plastisch unser Gehirn wirklich ist:

Es ist tatsächlich möglich, die Art, wie Sie sich bewegen, zu verbessern.

hinbekommen. Ihr Körper muss eine Datenbank mit dem richtigen Muskelgedächtnis aufbauen. Sobald Ihr Körper das einmal richtig hinbekommen hat, ist es einfach, den Ablauf zu wiederholen. Es ist wirklich wie beim Fahrradfahren.

DAS MUSKELGEDÄCHTNIS AUFBAUEN

Als Tom zu mir kam, stellte sich heraus, dass seine äußeren Hüftrotatoren, die für die Steuerung der Hüfte verantwortlich sind, blockiert waren. Während der Behandlung lernte Tom, seine Hüftmuskeln durch isolierte Bewegungen zu fühlen und abzurufen. Anfangs konnte er sich dabei nicht unterhalten. Es war nicht körperlich anstrengend, aber er musste sich mental ungemein konzentrieren. Für die meisten von uns bedeutet die mentale Konzentration, die benötigt wird, um eine neue Bewegung durchzuführen, eine 7 auf einer Skala von 1 bis 10. Hierbei sind wir in der kognitiven Phase unserer Bewegungsverbesserung. In dieser Phase sind die Bewegungen noch nicht gleichmäßig und brauchen haufenweise Hirnleistung. In dieser Anfangsphase funktioniert es meist nicht, einfach zu sagen: „So, und jetzt strecken wir mal das Bein." Tom hat einfach nicht das Muskelgedächtnis, das er benötigt, um diese neue Fertigkeit seinem Gangreflexprogramm hinzuzufügen.

Nach zwei Trainingswochen bewegte Tom seine Hüfte schon geschmeidiger – er hatte ein paar neue Kabel verlegt. Es war nun an der Zeit, einige Übungen für eine vollständigere Körperbewegung hinzuzufügen. Wenn Tom sich jetzt anschickt, seine Hüften geradeaus zu lenken, dann macht er es richtig. Statt seine Knie nach außen zu drehen, so dass das ganze Gewicht auf der Außenseite des Fußes liegt, hält er seine Füße stark und gerade und bewegt sich richtig aus der Hüfte heraus. Tom spürt bereits, dass dieser Bewegungsablauf richtiger ist, aber er muss immer noch darüber nachdenken und muss noch ein wenig daran arbeiten, kontinuierlich so zu laufen. Tom hat keine riesige mentale Datenbank

KOGNITIV
⌄
ASSOZIATIV
⌄
AUTONOM

mit den richtigen Bewegungsabläufen. Sein Plan B ist für ihn immer noch der Normalzustand, und sein Plan A fühlt sich irgendwie gekünstelt an. Denken Sie daran, Laufen ist reflexartig. Um seine Form zu ändern, musste Tom zusätzlichen Input von seinem Gehirn in sein normales Gangbild einfügen, um seinen Körper beim Laufen zu kontrollieren. Und damit befinden wir uns nun in der **assoziativen Phase** der Bewegungsverbesserung. Tom kann die richtigen Bewegungsabläufe auf Kommando abrufen, aber sie sind ihm noch nicht vollständig in Fleisch und Blut übergegangen.

Nach einem Monat des Übens findet Tom die Übungen einfach, beinahe automatisch. Und das merkt man. Er ist nun in der **autonomen Phase.** Seine Muskeln sind in Topform, und Tom hat gelernt, diese Bewegungen in sein Gangbild zu übernehmen. Seine Hüftausrichtung beim Laufen ist nun symmetrisch. Er streckt seine Hüften nun korrekt und hat überhaupt keine Schmerzen mehr. Wir haben ein neuromuskuläres Problem durch neuromuskuläres Training gelöst.

Fassen wir noch einmal zusammen. Tom hatte beim Laufen Schmerzen, was auch zu sichtbaren Schwierigkeiten bei seiner Laufform führte. Das Einknicken seines Beins führte zu einem Abscheren seiner Knieaußenseite, was wiederum zu einem Läuferknie führte. Aber was war das zugrundeliegende Problem, das sein Bein zum Einknicken brachte? Wir wissen, es fehlte ihm nicht an Muskelkraft. Muskeln brauchen etwa 6 bis 8 Wochen um

ABBILDUNG 2.3 Krafttraining für die Systemintelligenz
Mit der Beinstreckmaschine kann eine intramuskuläre Verbesserung der isolierten Muskelstärke erreicht werden, aber es gibt funktionellere Bewegungsübungen, wie etwa einbeinige Kniebeugen, die intramuskuläre Stärke und Koordination aufbauen und so Ihren Lauf verbessern.

größer zu werden (Hypertrophie) und mehr Kraft zu produzieren, aber Tom ging es schon nach nur vier Wochen besser. Was ist also passiert?

Toms Beine knickten nach innen weg, da die Muskeln in seiner Hüfte, die das Gelenk stabilisieren und bewegen, nicht korrekt mit seinen ZMG verbunden waren. Daher konnte er seine Hüfte einfach nicht geradeaus bewegen, obwohl er wusste, dass dies das Problem war. Präzise Bewegungen benötigen Koordination – sowohl zwischen den Muskeln als auch innerhalb eines Muskels.

Intramuskuläre Koordination können wir uns wie ein Selbstgespräch des Muskels vorstellen. Ein Muskel besteht aus vielen Fasern, die sich zusammenziehen, um eine Muskelkontraktion zu erzeugen, die wiederum zu einer Bewegung führt. Wenn der Muskel gehemmt (oder „ausgestöpselt") ist, dann bekommen nicht genügend dieser Fasern das Signal, sich anzustrengen. Um das wieder in Ordnung zu bringen, sind sehr spezifische, manchmal sogar isolierte Bewegungen notwendig, um den Fasern innerhalb des Muskels beizubringen, miteinander zu kommunizieren und so eine gleichförmigere Kontraktion zustande zu bekommen. Diese Trainingsmethode zielt auf Muskelintelligenz ab.

Intermuskuläre Koordination bezieht sich auf die Kommunikation zwischen den Muskeln. Sie können Trainieren wie ein Bodybuilder und acht Sätze auf der Beinstreckmaschine hinlegen und so Ihre intramuskuläre Koordination und Stärke erhöhen, bis Ihre Oberschenkelmuskeln nicht mehr in Ihre Jeans passen. Aber diesen einen Muskel zu trainieren wird Ihnen nicht dabei helfen, besser zu laufen. Beim Sport agieren Muskeln nicht isoliert, wie sie es tun, wenn Sie auf der Beinstreckmaschine trainieren. Was Sie wirklich trainieren müssen, sind Bewegungsabläufe, nicht Muskeln. Diese Trainingsmethode zielt auf Systemintelligenz ab.

Manche Menschen stellen sich intermuskuläre Koordination und die hierfür notwendige Arbeit als eine Art Crosstraining vor. Aber das hat nicht viel mit der Wirklichkeit zu tun. Die Forschung zeigt, dass neuromuskuläres Training hervorragende Ergebnisse erreicht. Es verringert Ihr Verletzungsrisiko und verbessert die Koordination, Schnelligkeit, den vertikalen Sprung und die Kontaktzeiten. Dieses Training ist ein Zusatz zu Ihrem Lauftraining. Crosstraining bezieht sich auf eine Art Training, das Personen, die laufen, durchführen, um ihr Herz und ihre Lungen in Form zu halten, wenn ihr Laufvolumen gerade eher niedrig ist. Zusätzliches Training verfeinert hingegen Ihre Fähigkeiten und macht Sie zu einem besseren Läufer oder einer besseren Läuferin.

Wenn wir sagen, dass Muskeln „ausgestöpselt" sind, dann meinen wir damit, dass sie nicht mit unseren voreingestellten Reflexbewegungen verbunden sind. Deshalb konzentrieren wir uns darauf, die Koordination sowohl innerhalb eines Muskels als auch zwischen den Muskeln aufzubauen. Durch Übung erlaubt uns die neurale Plastizität, diese präzisen Bewegungen mit unseren ZMG zu „verkabeln". So geht uns die präzise Laufform in Fleisch und Blut über.

Koordination, Kontrolle und Präzision sind allesamt Fähigkeiten, die jeder Läufer üben muss. Für diese Bewegungen sind ein hohes Volumen und wenig Resistenz notwendig. Sie sollten diese Fähigkeiten ein paar Mal jede Woche das ganze Jahr über trainieren, um zu gewährleisten, dass der Bewegungsablauf beim Laufen automatisch abgerufen werden kann. Sie müssen die Bewegungen wirklich verinnerlichen, nicht nur bei einer Übung oder einer Trainingseinheit, nicht nur nach einem Kilometer oder nach fünf, sondern bei jeder Wiederholung auf der Aschenbahn, jedes Mal, wenn Sie einen Hügel hinauflaufen und bei jedem Kilometer des Wettlaufs. Das Ziel ist letztendlich, das Bewusstsein für den verfeinerten Bewegungsablauf reflexartig werden zu lassen. Das ist besonders wichtig an einem Wettlauftag, wenn Sie das Programm abfahren müssen, das Sie so oft geübt haben, ohne lange darüber nachzudenken.

DIE HINTERGRÜNDE

Mobilität und Stabilität für besseres Laufen

Es ist 15:15 Uhr an einem Mittwochnachmittag. Unser Track-Team hat den ganzen Morgen in Seminaren gesessen und ist jetzt seit etwa 5 Minuten auf der Laufbahn. Um in Bewegung zu kommen, fangen wir mit Aufwärmübungen an. Es ist leicht zu sehen, dass Eva, Cole, Sam und Jack Ihre Kniebeugen nicht richtig machen. Sie sollen sich dabei im Prinzip auf- und abwärts bewegen und dabei Ihre Fußgelenke und Knie nach vorne und Ihre Hüfte nach hinten schieben. Aber man sieht, dass ihre Fußgelenke sich überhaupt nicht beugen. Die fehlende Bewegung in den Fußgelenken führt dazu, dass sie an anderer Stelle ebenfalls kleine Fehler einbauen. Sie versuchen, ihr Gewicht über den Füßen zu halten und beugen sich dabei nach hinten, wodurch Ihre Wirbelsäule am Ende jeder Kniebeuge stark durchgebogen wird. Wir können schlussfolgern, dass die steifen Fußgelenke ihre Form stark einschränken und entscheiden, diese vier Athleten zu unterbrechen und sie 30 Sekunden lang ihre Waden an einer Wand strecken zu lassen, um die Fußgelenke in Bewegung zu bekommen.

Sobald sie fertig sind, lassen wir sie wieder Kniebeugen machen. Evas Ausführung der Kniebeugen sieht jetzt perfekt aus. Aber Cole, Sam und Jack machen mehr oder weniger dasselbe wie zuvor.

Naja, eine von vieren ist ja ganz nett, aber die anderen drei müssen wir uns doch noch einmal genauer ansehen. Wir wissen bereits, dass Reflexe nur so gut sind, wie unser Körper es ihnen erlaubt. Anders gesagt: Das Gehirn findet den wirksamsten Weg um die Probleme, die es vorfindet, herum. Und jegliche Probleme im System verhindern, dass der Körper sich so gut bewegt, wie er eigentlich könnte. Schauen wir uns einmal an, wozu das führt. Manchmal sind unsere Gelenke steif und bewegen sich nicht. Dann müssen wir erst einmal herausfinden, woran das liegt – wir haben ein Problem mit der Hardware. Und manchmal sind die Gelenke zwar beweglich, aber wir wissen nicht, wie wir sie am besten bewegen sollen – dann haben wir ein Problem mit unserer Software. Beide Fälle führen zu Unausgeglichenheiten an anderer Stelle im Körper. Dehnen, Yoga, dynamische Aufwärmübungen und Faszienrollen sind nicht immer sinnvoll, um die Bewegung zurückzubekommen. Um die richtige Lösung für Ihr individuelles Bewegungsproblem zu finden, müssen Sie zunächst verstehen, was Ihre Bewegungsfreiheit überhaupt einschränkt. Erst danach können Sie auf sichere und stabile Laufbewegungen hinarbeiten.

MOBILITÄT IST NICHT GLEICH FLEXIBILITÄT

Flexibilität ist passiv. Sie können Ihren Schuh in die Hand nehmen und den vorderen Bereich nach hinten dehnen. Er kann bewegt werden, aber er kann sich nicht selbst nach hinten beugen. Mobilität ist aktiv. Sie können aktiv Ihre eigenen Zehen nach oben und unten biegen. Vielleicht kommt Ihnen diese sprachliche Unterscheidung unwichtig vor, aber der Unterschied ist wichtig, um Blockaden in unseren Bewegungsabläufen beim Laufen zu lösen. Und sie hilft uns dabei, Cole, Sam und Jack zu zeigen, wie sie ihre Kniebeugen richtig machen müssen. Beim Laufen kann es verschiedene Gründe geben, warum wir zu unbeweglich sind.

In Evas Fall bewegte sich das Fußgelenk nicht richtig. Nach 30 Sekunden dehnen war der Bewegungsablauf verbessert. Das ist der Grund: Sie haben eine sogenannte „Eigenempfindung" in Ihrem Körper, die man „Propriozeption" nennt. Dabei handelt es sich um die Fähigkeit, die Position Ihrer Gelenke zu spüren, eine sogenannte „sensorische Fähigkeit". Aus diesem Grund können Sie Ihre Augen schließen und wissen, ob Ihre Hand offen oder zur Faust geballt ist. Zum Teil kommt diese Eigenempfindung durch die „Verkabelung" auf der Oberfläche des Gelenks und dem umgebenden Gewebe. Einen anderen Teil machen die Schaltkreise in den Muskeln aus. Diese Muskelschaltkreise haben ziemlich hochtrabende Namen – das Golgi-Sehnenorgan und die Muskelspindel. Diese Schaltkreise werden durch Belastung im Muskel stimuliert. Wenn die Belastung im Muskel zu hoch wird, springt der eine dieser beiden Mechanismen an, um dem Muskel zu sagen, dass er sich entspannen soll, damit wir nicht zu fest daran ziehen und er dadurch einen Riss bekommt. Der andere macht genau das Gegenteil. Er sagt dem Muskel: „Oh oh, jetzt musst du dich aber wirklich anstrengen, sonst haben wir ein Problem." Dadurch kommt es zu einer stärkeren Kontraktion. Die beiden Schaltkreise arbeiten zusammen und senden sich gegenseitig Mitteilungen, um die Muskeln arbeiten zu lassen und zu ermöglichen, dass wir uns sicher und präzise bewegen.

Nach einem ganzen Tag im Hörsaal brauchte Eva einfach ein bisschen mehr Zeit zum Aufwärmen – so ähnlich wie Ihr Auto an einem kalten Wintertag. Dynamische Aufwärmübungen werden in den letzten Jahren immer beliebter, und zwar aus gutem Grund. Einige leichte Bewegungen, wie Beinschwingen, Hüpfen und ein paar andere Übungen, zu denen wir später noch kommen, bereiten Ihr Nervensystem effektiv darauf vor, sich geschmeidiger zu bewegen. Evas Golgisehnen und Muskelsehnen waren kalt und hielten die Muskeln um ihr Fußgelenk während der ersten Kniebeugen zu fest. Die Wadendehnung verlängerte die Wadenmuskeln. Wie Sie sehen braucht es nicht viel, um diese beiden Schutzschaltkreise in Gang zu bringen.

Die Schaltkreise sprechen sich sozusagen ab und beschließen, dass sie Eva ihr Fußgelenk bewegen lassen. So funktioniert dynamisches Aufwärmen. Es handelt sich nicht um klassisches Stretching (auch, wenn man die Übung „Wadendehnung" nennt) und es erhöht den Blutfluss im Muskel nicht. Vielmehr geht es dabei um ein Neustarten des Muskels, um Ihnen zu erlauben, sich geschmeidig zu bewegen. Aber woher wissen wir überhaupt, dass Eva sich aufgrund ihrer Aufwärmübungen verbessert hat, und nicht wegen irgendetwas anderem? Um genau zu sein, ist das wirklich die einzige sinnvolle Erklärung, denn 30 Sekunden „Stretching" sind nicht genug, um irgendwelche Strukturen um das Fußgelenk herum physisch zu verlängern. Stellen Sie sich das Ganze wie eine Verbesserung von Evas Software vor.

PROBLEME MIT DER BEWEGUNGSSOFTWARE

Sie schauen beim Laufen nicht auf Ihre Füße. Stattdessen spüren Sie die Position Ihres Körpers. Sie laufen die Straße hinunter und stolpern über einen Stein. Sie müssen nicht nach unten schauen, um sich zu versichern, dass Ihr Fußgelenk umgeknickt ist – Sie spüren es. In diesem Sekundenbruchteil muss etwas passieren, sonst verstauchen Sie sich das Fußgelenk. Und hier kommt das Zwiegespräch zwischen Ihren Strukturen, Muskeln und dem Gehirn ins Spiel, über das wir in Kapitel 1 gesprochen haben. Besondere Nerven an der Innenseite der Bänder übertragen ein sensorisches Phänomen, das uns dabei hilft, zu fühlen, wo unsere Gelenke sind. Das ist die Propriozeption. Dieser sensorische Input bestimmt in Echtzeit die Art und Weise, in der wir uns bewegen und wird viel schneller übertragen als Stimulationen des Seh-, Geruchs-, Hör- oder Tastsinns. Diese speziellen Nerven setzen sich über die normalen, reflexiven Gangbildsignale hinweg, die Ihrem Körper befehlen, sich abzustoßen, und lösen stattdessen eine Muskelsequenz aus, um die Innenseite Ihres Fußes schnell wieder gerade werden zu lassen. Die Bänder an der Außenseite Ihres Fußgelenks werden es Ihnen auf ewig danken.

Aber vielleicht ist Ihr Laufstil nicht der einer normalen, gesunden Person. Nehmen wir mal an, Sie sind jemand, der sich oft die Fußgelenke verstaucht und verdreht. Jedes Mal, wenn Sie sich verstauchen, wird stark an den Bändern gezogen, die in der Nähe Ihrer Gelenke liegen. Die gute Nachricht ist, dass in etwa 98 Prozent der Fälle die Bänder wieder ausheilen und Sie das Gelenk wieder wie zuvor mechanisch stabilisieren können. Aber es gibt auch ein paar schlechte Neuigkeiten. Diese propriozeptiven Nerven, von denen wir gesprochen haben, sind ein für alle Mal hin. Dadurch kommt weniger sensorischer Input bei Ihrem Gehirn an, der ihm dabei hilft, Mikrokorrekturen vorzunehmen, die Ihre Gelenke sichern. Ihre Fußgelenkkontrolle wird immer schlechter.

Wenn es sich nicht richtig anfühlt, bewegen Sie sich auch nicht richtig. Die meisten Fußgelenkverstauchungen (90 Prozent) passieren, wenn Personen auf der Außenseite des Fußes abrollen. Wenn Sie sich oft den Fuß umknicken, sollte man meinen, es wäre besser für Sie, nicht mit nach außen gebogenem Fußgelenk zu gehen oder zu laufen. Ironischerweise ist es bei Personen mit chronischen Verstauchungen oft so, dass sie das Fußgelenk kontinuierlich nach außen wölben, selbst wenn der Fuß gar nicht auf dem Boden ist, sondern gerade durch die Luft schwingt. Sie können den Unterschied einfach nicht spüren.

Zum Glück hat unser Körper meistens einen Plan B zur Umsetzung von Input. Auch wenn die Nerven in den Bändern zerstört sind, gibt es noch einen zweiten Kommunikationsweg. Sie können Ihrem Körper beibringen, sensibler gegenüber dem Input zu werden, den er von den Schaltkreisen der Golgisehnen und Muskelspindeln bekommt, und so Ihr Gefühl für die Fußgelenkposition verbessern.

Besseres Gefühl für Ihre Gelenkposition = Sicherere Gelenkbewegungen

Und dabei geht es nicht nur um ein verstauchtes Fußgelenk. Probleme mit der Propriozeption beeinträchtigen andere Teile Ihres Körpers auf genau dieselbe Weise. Wissen Sie was der größte Risikofaktor für einen Riss des vorderen Kreuzbandes ist? Es ist weder Schwäche, noch Genetik, noch Ihre Glutenintoleranz. Es ist ein bereits vorangegangener Kreuzbandriss. Sie reißen sich das vordere Kreuzband zum ersten Mal, weil Sie Ihren Körper so ungeschickt bewegt haben, dass seine Einzelteile kaputtgegangen sind. Sie haben den sogenannten „Test für sichere Bewegung" nicht bestanden. Sie können Ihren Kreuzbandriss operieren lassen, so dass Ihr Knie auf struktureller Ebene wieder stabiler wird, aber aus wissenschaftlicher Sicht werden Sie nun als Atlhet(in) mit „schlechtem Bewegungsbewusstsein" eingestuft. Die Forschung zeigt, dass die Tatsache, dass Sie sich beim ersten Mal nicht präzise genug bewegen konnten, darauf hindeutet, dass Sie sich in Zukunft erneut verletzen könnten. Um genau zu sein, haben Sie ein 20 bis 50 Mal höheres Risiko für einen Kreuzbandriss im selben Knie oder dem gegenüberliegenden Knie im Vergleich zu normalen, gesunden Leuten. Aber denken Sie daran, das sind nur Quoten. Quoten, die immer höher werden, desto schlechter Sie sich bewegen. Werden Sie nicht zum Statistiker. Wenn Sie den Motor eines Jets auf ein Papierflugzeug legen, führt das mit Sicherheit nicht dazu, dass Ihr Flugzeug weiter fliegt. Genauso wenig hilft es Ihnen, Kraft auf ein schlechtes Körperbewusstsein aufzusetzen.

Lernen Sie zunächst, wie Sie die Bewegung korrekt ausführen, um eine bessere, sicherere und effizientere Körperkontrolle zu bekommen.

PROBLEME MIT DER BEWEGUNGSHARDWARE

Im Gegensatz zu Evas Softwareproblem bewegen sich Cole, Sam und Jack nicht richtig, weil etwas mit ihrer Hardware nicht stimmt. Wir fragten alle drei, warum sie die Kniebeugen nicht richtig machen können und bekommen drei verschiedene Antworten. Cole sagte, er spüre eine Versteifung vor dem Fußgelenk. Sam sagte, er spüre eine Versteifung an der hinteren Wade und der Achillessehne. Jack sagte, dass er mit jeder Wiederholung ein klein wenig mehr Bewegungsspielraum bekäme, aber seine Waden unheimlich steif wären. Das sind drei verschiedene Hardwareprobleme, die wir hier ansprechen müssen.

Blockaden lösen

Türen öffnen und schließen sich üblicherweise. Wenn Sie einen Türstopper anbringen, kann die Tür darüber hinaus nicht weiterschwingen, aber sie schwingt sehr wohl noch in die andere Richtung. Gelenke sind zwar etwas komplizierter als Scharniere, aber dies ist ein nettes Beispiel, um sich den Bewegungsablauf innerhalb des Gelenks besser vorstellen zu können. Wenn unsere Gelenke sich bewegen, rollen und gleiten sie übereinander. Cole sollte eigentlich seinen Fuß flach auf der Erde halten, damit sein Schienbein nach vorne rollen kann. Aber jemand hat einen Türstopper vor seinem Fußgelenk angebracht. Wenn die Einschränkung, die Sie spüren, auf der Seite des Gelenks ist, die sich verkürzt, ist das ein Zeichen dafür, dass das Gelenk die Art und Weise verbessern muss, wie es abrollt und gleitet. Stretching hilft dabei nicht und führt üblicherweise sogar zu noch mehr Steifheit und Schmerzen. In dieser Situation ist es am besten, den Physiotherapeuten Ihres Vertrauens aufzusuchen und ein paar manuelle Therapiesitzungen zu vereinbaren. In den nächsten Kapiteln werden Sie auch einige Tipps bekommen, wie Sie Probleme mit verschiedenen Teilen Ihres Körpers selbst in den Griff bekommen können.

Teil Ihres Laufapparats verkürzt ist, dann braucht es einige Zeit, um diese Körperteile physisch zu verlängern. Eine 30-Sekunden-Dehnübung reicht nicht aus, um die Gewebelänge zu ändern. Die Forschung zeigt, dass es etwa drei Minuten an 4 bis 5 Tagen pro Woche während eines zehnwöchigen Zeitraums braucht, um einen Körperteil zu dehnen, d. h., um das Gewebe physisch zu verlängern. Falls Sie dehnen müssen, sollten Sie das immer nach dem Workout tun. Wir werden den Begriff „Stretching" nur für angehaltene, statische Stretchübungen benutzen. Und ja, wir werden uns ein paar wichtige Dehnübungen in Kapitel 5 anschauen.

Verlängerung des Gewebes

Sams Problem liegt auf der anderen Seite seines Fußgelenks. Er kann sein Schienbein nicht nach vorne rollen, da die Gewebe an der Hinterseite des Gelenks (die Wadenmuskeln und die Achillessehne) verkürzt sind und nicht genug Bewegungsspielraum erlauben. Das ist so ähnlich, wie als Sie als Kind im Vergnügungspark waren, und vor der größten Achterbahn stand ein Schild mit der Aufschrift „Du musst mindestens so groß sein". Und nun ja, Sie waren eben einfach noch nicht groß genug. Wenn die Länge der weichen Gewebe an der Rückseite des Gelenks nicht ausreicht, um den Gelenken das Abrollen und Gleiten zu ermöglichen, dann ist es an der Zeit zu dehnen. Beim Dehnen verlängern wir das Gewebe physisch, indem wir an unseren Muskeln ziehen und reißen. Klingt nicht so toll, oder? Deshalb ist Dehnen um des Dehnens Willen nicht sinnvoll. Wenn etwa wirklich zu kurz ist, dann sollten wir es verlängern. Aber ansonsten hilft Stretching nicht wirklich und manchmal ist es sogar nachteilig für unsere Leistung. Falls bei Ihnen irgendein

Gewebemobilisierung

OK, lassen Sie uns nun herausfinden, was mit Jack los ist. Er sagt uns, dass er vor drei Tagen mit seinem Vater Paul gelaufen sei. Das war zwar toll für die Vater-Sohn-Beziehung, aber Paul ist in Topform, und die beiden sind fast 20 km in den Bergen gelaufen. Jacks Waden sind einfach noch ganz platt von den vielen steilen Laufschritten. Zu hartes Lauftraining verletzt den Körper – und dann heilt er wieder. Normalerweise sind die konnektiven Gewebe in Ihrem Körper (Bindegewebe, auch Faszien genannt) linear ausgelegt, wodurch die Muskeln, die darunterliegen, frei gleiten und sich bewegen können. Zu viel Training kann den Körper jedoch überlasten und zu Narbenbildung führen, wenn der Körper sich zu häufig selbst reparieren muss. Statt der hübschen linearen Gewebeauslegung, die Ihren Muskeln beim Gleiten hilft, haben Sie dann eine Art Spinnennetz mit vielen Unebenheiten. Dieses Phänomen wird *Faszienrestriktion* genannt. Das konnektive Gewebe bindet sich an die darunterliegenden

Muskeln, wodurch sich örtlich begrenzte Überlastungen bilden. Stellen Sie sich einmal vor, wie Sie in Ihre engste Laufhose schlüpfen. Wenn Sie einfach den Fuß hineinstecken und daran so fest wie Sie nur können ziehen, überdehnen oder zerreißen Sie wahrscheinlich den Stoff. Stattdessen müssen Sie Ihre Hände benutzen und den Stoff vorsichtig über Ihre Körperkonturen krempeln. Genauso verhält es sich bei einer Faszienrestriktion: Wenn Sie versuchen, diese zu dehnen, verwandeln Sie nur diese komprimierten Belastungspunkte in längere, weniger komprimierte Belastungspunkte. Das Ziel ist aber, die Gleitrestriktion des Gewebes aufzulösen, damit die Schichten gleiten und Belastung richtig verteilen können, sodass Sie auf gesunde Art und Weise laufen können. Hierzu werden oft Faszienrollen und kleine Bälle benutzt, und mit ein wenig Glück kann auch eine Massage wahre Wunder wirken. Wir lassen Jack seine Wade ein paar Minuten über eine Faszienrolle bewegen, und nach ein paar Minuten fühlt er sich plötzlich super. In späteren Kapiteln werden wir auch noch ein paar grundlegende Bewegungen für die Gewebemobilität besprechen, aber das ist wirklich ein Pro-blem, das Sie recht einfach beheben können. Wenn Sie ein Ausdauerathlet oder eine Ausdauerathletin sind, wird Ihr Körper mehrmals pro Saison in vollem Reparationsmodus sein. Es liegt an Ihnen, Ihr Gewebe geschmeidig genug zum Laufen zu erhalten. Es ist Ihre Zeit wert, jede Woche ein paar Minuten damit zu verbringen, Ihre Oberschenkel, Schienbeine, Füße oder was auch immer sich steif anfühlt auszurollen. Es dauert wirklich nicht lange. Die steifen Punkte wieder beweglich zu bekommen, liegt in diesem Fall tatsächlich nur an Ihnen selbst.

Somit haben wir also vier verschiedene Läufer(innen)typen. Keiner von ihnen hat sich richtig bewegt, aber die Gründe dafür lagen jeweils ganz

TABELLE 3.1 Richtlinien zur Verbesserung Ihrer Mobilität

Problem	Lösung	Konklusion
Wenn Ihr Gelenk sich steif anfühlt,	machen Sie dynamische Aufwärmübungen, um die Propriozeption vor dem Workout zu verbessern.	Alle Athleten profitieren von ein bisschen dynamischem Aufwärmen, um sich auf richtige Bewegungen während des Workouts vorzubereiten.
Wenn Ihr Gelenk wie festgefahren ist,	machen Sie manuelle Therapie, um das Rollen und Gleiten Ihres Gelenks vor dem Workout zu verbessern – 1–2 Minuten je nach Körperteil.	Wenn sich Ihr Gelenk wie festgefahren anfühlt oder Blockaden im Gelenk vorhanden sind, nutzen Sie einen punktgenauen Ansatz, um das Rollen und Gleiten innerhalb des Gelenks zu verbessern. Stretching hilft Ihnen hier nicht und reizt das Gelenk wahrscheinlich noch zusätzlich.
Falls Ihnen Flexibilität auf der Rückseite Ihres Gelenks fehlt,	machen Sie nach dem Workout Dehnübungen, um das Gewebe zu verlängern – 3 Minuten an 5 Tagen pro Woche während 10 Wochen.	Wenn Ihr Gewebe nicht lang genug ist, dehnen Sie es. Ansonsten, lassen Sie es.
Wenn sich das konnektive Gewebe um Ihr Gelenk herum steif und wie festgebunden anfühlt,	machen Sie Übungen für die Gewebemobilität, und zwar 2 Minuten pro Körperteil vor oder nach dem Workout.	Als Läufer und Läuferinnen sammeln wir alle Verletzungen des weichen Gewebes an, die durch hohe Intensität und Trainingsvolumen zu verschiedenen Zeiten der Saison entstehen. Benutzen Sie eine Faszienrolle, um die steifen Körperteile zu behandeln.

woanders. Die gleiche Behandlung hilft nicht jedem gleich gut, denn oft sind die zugrundeliegenden Probleme ganz unterschiedlich. Und nun doch noch ein paar Einschränkungen. Eine der vier Personen benötigt unter Umständen mehr als eine der genannten Interventionen. Wenn Coles Fußgelenk jahrelang mechanisch blockiert war, dann kann es gut sein, dass sich das weiche Gewebe an der Rückseite des Gelenks an die fehlende Bewegung gewöhnt und mit der Zeit verkürzt hat. Wenn Cole also die Fußgelenkübung mit dem Riemen (S. 52) macht und sich dann plötzlich frei bewegen kann: super. Aber wenn wir das Problem des Gelenkgleitens erstmal behoben haben, finden wir vielleicht heraus, dass eine Vorwärtsbewegung des Schienbeins nun zu einer sehr starken Spannung des hinteren Gelenks führt. Das bedeutet, dass die Gelenkblockade gelöst ist, aber nun müssen wir die Muskeln an der Rückseite des Gelenks verlängern, die sich zuvor verkürzt hatten.

STABILITÄT BEDEUTET KONTROLLIERTE BEWEGUNG

Wir können Blockaden bei Läufern lösen, aber das ist nur die halbe Miete. Bewegungen ohne Kontrolle führen zu Instabilität und Verletzungen. Versuchen Sie mal, eine Kanone von einem Kanu aus zu feuern: Ihr kleines Kanu sinkt mit ziemlicher Sicherheit sofort.

Diese ganze Kraft muss irgendwie unter Kontrolle gehalten werden. Wenn es unsere Aufgabe wäre, ein Kanu zu stabilisieren, könnten wir an jeder Seite einen Ausleger anbringen. Aber das hilft Ihnen nicht beim Laufen. Sie müssen den Halt in Ihrem eigenen System aufbauen. Beim Laufen sind Sie einer starken Belastung ausgesetzt, ob Sie dafür bereit sind oder nicht. Nur Sie können diese Kräfte kontrollieren. Wenn Sie Ihren Körper nicht kontrollieren können, enden Sie wahrscheinlich wie 80

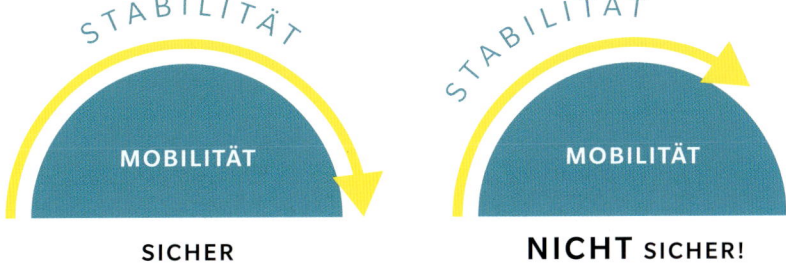

ABBILDUNG 3.1 Sichere Bewegungen
Stabilität sorgt für Kontrolle der Gelenkposition. Ohne die entsprechende Stabilität bewegen sich die Gelenke unkontrolliert, die Bewegungen werden fahrig und es kann zu Überbelastung und Verletzungen kommen.

Prozent aller Läufer und ziehen sich beim Laufen eine Verletzung zu. Indem Sie Ihre Körperkontrolle verbessern, können Sie aus dieser Statistik ausbrechen und zu einem wirklich guten Läufer werden.

Denken Sie daran, dass Mobilität aktiv ist. Wenn ein Läufer eine Gelenkblockade löst, dann muss er lernen, mit dieser neuen Bewegungsfreiheit umzugehen, indem er die Mikrobewegungen innerhalb des Gelenks verfeinert. Hierzu bedarf es noch mehr Propriozeptionstraining, um Ihrem Körper zu helfen, sich zu erspüren. Diese Bewegungswahrnehmung wird durch den Körper weitergegeben, und hilft uns, die Bewegungen besser zu planen. Und das ist der Hauptunterschied zwischen Flexibilität (passive Bewegung) und Mobilität (aktive Bewegung). Gute Mobilität bedeutet, dass Sie keine fahrlässigen Bewegungen mehr machen und Ihre Gelenkbewegungen zu hundert Prozent stabil sind.

Wenn wir den Begriff „Bewegungsstabilisierung" benutzen, dann hat das nichts mit statischer Stabilität zu tun, wie wir sie für isometrische Unterarmstützen brauchen. Unser Körper ist dynamisch und beim Laufen immer in Bewegung, deshalb muss unsere Stabilität auch dynamisch sein. Folglich sind die meisten Stabilitätsübungen in diesem Buch dynamisch. Ihr Ziel ist schließlich nicht, Ihre Freunde mit einer vierminütigen Unterarmstütze zu beeindrucken, sondern Ihre Mobilität beim Laufen zu verbessern.

Die dynamische Kontrolle muss in allen drei Laufebenen eingebaut sein – vertikal, seitwärts und vorwärts/rückwärts. Wenn der Muskel, der das Gelenk ausgleicht, nicht anspringt, können Sie keine gleichmäßigen Bewegungen erwarten. Wir verbringen so viel Zeit mit der vorwärts gerichteten Ebene des Laufens, dass wir relative Unausgeglichenheiten der Muskeln entwickeln, die unsere Körperteile gerade werden lassen. Wir verlieren die Kontrolle und die Präzision unserer Bewegungen.

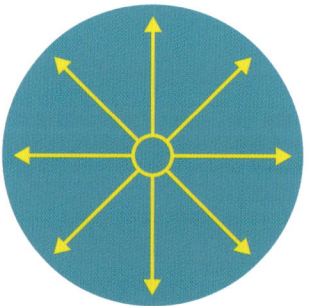 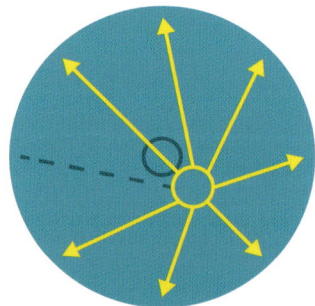

VERKABELT = GLEICHGEWICHT　　**GEHEMMT = UNGLEICHGEWICHT**

ABBILDUNG 3.2 Gelenkgleichgewicht versus Ungleichgewicht
Die Muskeln um das Gelenk helfen dabei, Belastungen des Gelenks auszugleichen, damit Sie präzise Bewegungen ausführen können. Wenn alle Muskeln „verkabelt" sind, kann sich Ihr Gelenk frei an seiner Achse entlang bewegen. Wenn ein Muskel jedoch blockiert (nicht „verkabelt") ist, kollabiert die gleichmäßige Belastung der Muskeln. Die Achse ändert sich, das Gelenk ist instabil und die Gelenkgesundheit leidet.

starke Krafteinwirkung + unstabile Hebel = Probleme

Unter optimalen Bedingungen kommt etwa die Hälfte der Kraft, die Sie vorwärts treibt aus der Speicherung und Freigabe von Energie in den großen Gummibändern, die wir Sehnen nennen. Und wenn Sie diese Elastizität einsetzen, dann hätten diese Sehnen gerne etwas Stabiles, um sich daran festzuhalten. Wenn Ihnen Stabilität fehlt, dann arbeiten die Sehnen nicht so gut, wie sie sollten. Und dann müssen Ihre Muskeln härter arbeiten, um den Unterschied auszugleichen. Indem Sie mehr Stabilität um Ihre Gelenke herum aufbauen, kann die Energie besser auf die verschiedenen Gelenke verteilt werden und Sie sparen Kraft beim Laufen.

Indem Sie die Muskelbelastung erhöhen, können Sie die Gelenkbelastung verringern. Eine Verbesserung der Stabilität geschieht auf Kosten der Muskelkontrolle um das Gelenk herum, aber das ist ein guter Tausch. Eine weniger gute Kontrolle um das Gelenk herum führt zu Instabilität und Sie können abscheren, was wiederum zu frühzeitiger Abnutzung führt. Ihre Muskeln können sich ausruhen und erholen, aber eine Belastung der Gelenke hat auf lange Sicht größere Auswirkungen auf Ihre Gesundheit.

Wenn Sie sich präzise bewegen, haben Sie die Bewegung wirklich verinnerlicht. Und wenn Sie die Bewegung verinnerlicht haben, geht das Laufen praktisch wie von selbst. Ihre Reflexe sind so gut, wie Sie es ihnen erlauben. Laufen Sie daher nicht weiter nach Ihrem Plan-B-Schema, sondern lassen Sie uns anfangen, die zugrundeliegenden Bewegungsprobleme zu lösen. Hierzu schlage ich Ihnen einen einfachen, zweischrittigen Plan vor:

Schritt 1: Verbessern Sie, wie Ihre Gelenke gleiten und abrollen, die Gewebelänge oder die Faszienmobilität, um Ihrem Gelenk erneut einen normalen Bewegungsablauf zu ermöglichen.

Schritt 2: Hören Sie auf Ihren Körper, um stabile Bewegungen aufzubauen.

DIE HINTERGRÜNDE

Ihr Körper ist die Grundlage für gute Form

Wie sieht gute Form aus? Nun ja, da kommen mehrere Dinge ins Spiel. Wir Menschen sind von Natur aus alle recht unterschiedlich, und deshalb werden Sie nie ganz genau so laufen, wie Ihr Trainingspartner oder die Person, die an der Startlinie neben Ihnen steht. Und das sollten Sie auch gar nicht. Sie sind nicht sie! Manche Läufer sind groß, andere sind klein, manche haben lange Oberschenkel und kurze Waden, manche haben kurze Oberschenkel und lange Waden, breite Hüften, schmale Hüften, Hohlfüße, Plattfüße. Es gibt Leute, die wie Bodybuilder aussehen und andere, die wie ein super dünnes Modell aussehen. Da können wir schlecht erwarten, dass jeder mit genau derselben Knie- oder Ellbogenbeugung oder der gleichen Schrittlänge landen. Anders ist normal. Sowohl bei Menschen als auch bei Bewegungsabläufen beim Laufen.

Es gibt also keine Laufformel, die für uns alle passt. Aber wir haben dennoch ein paar grundlegende Zielsetzungen für eine gute Laufform. Ihre Bewegungsabläufe beim Laufen sollten 1.) bei allen Geschwindigkeiten so kraftsparend wie möglich sein (Laufökonomie), 2.) so wenig wie möglich belasten und 3.) so symmetrisch wie möglich ablaufen. Schauen wir uns das einmal genauer an.

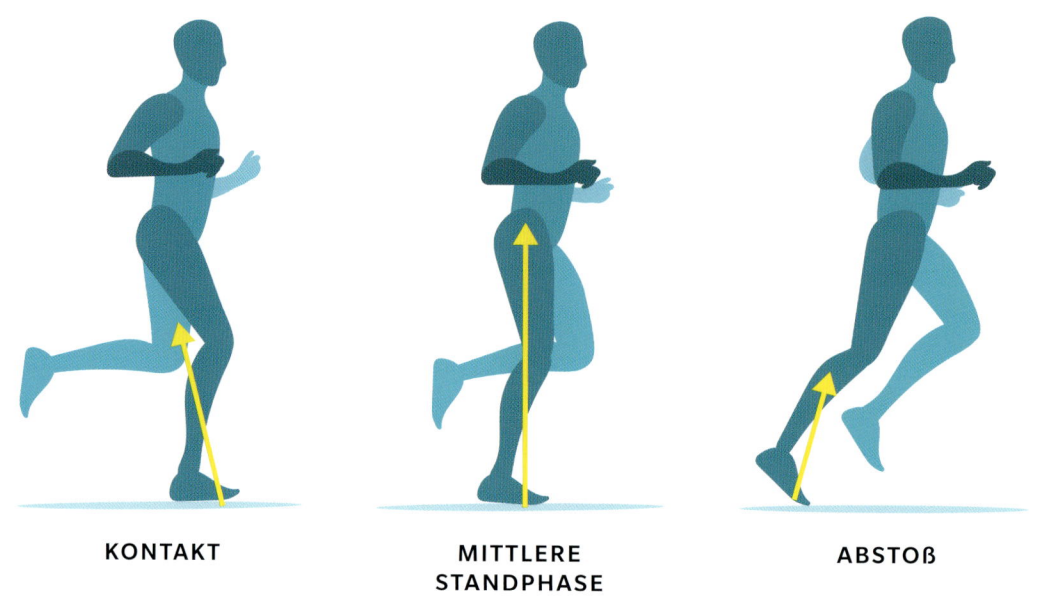

KONTAKT   **MITTLERE STANDPHASE**   **ABSTOSS**

ABBILDUNG 4.1 **Kraftsparendes Laufen**
Beim Bodenkontakt werden Sie durch die Bodenreaktionskraft in einen Energiespeicherungszustand gebracht. Während der mittleren Standphase wird diese Kraft vom Körper ausgeglichen (kein Abbremsen und keine Vorwärtsbewegung). Hierfür ist maximale Stabilität vonnöten. Beim Abstoßen wird die gespeicherte elastische Energie freigelassen, um nach vorne zu schwingen.

ZIEL 1: KRAFTSPARENDES LAUFEN

Dies bezieht sich auf die Energie, die Sie brauchen, um mit einer bestimmten Geschwindigkeit zu laufen. „Laufökonomie" können Sie sich ein bisschen so vorstellen, wie die Kraftstoffeffizienz bei einem Auto: Ein Fahrzeug mit einem besseren Benzinverbrauch, gemessen in Litern pro 100 km, kann mit der gleichen Kraftstoffmenge weiter fahren als ein Auto mit einem höheren Verbrauch pro 100 km. Wenn Sie Ihre Laufökonomie verbessern, können Sie schneller laufen, während Ihre wahrgenommene Anstrengung gleichbleibt und Sie in Wirklichkeit weniger Energie verbrauchen.

Idealerweise ergibt sich etwa die Hälfte der Leistung, die Sie beim Laufen erbringen, durch aktive Muskelkontraktion, und die andere Hälfte aus gespeicherter Elastizität in Ihren Sehnen. Denken Sie an eine Steinschleuder: Sie können den Stein nicht abfeuern, wenn Sie ihn nicht zuerst nach hinten ziehen. Vom Fußkontakt bis zur mittleren Standphase (wenn der Fuß genau unter dem Körper ist), wird Energie in Ihren Sehnen gespeichert. Von der mittleren Standphase bis zum Abstoßen feuern wir sozusagen den Stein ab. Die gespeicherte Energie wird freigesetzt, um uns vorwärts zu bewegen. Für eine verbesserte Laufökonomie ist ein elastischer Rückstoß besonders wichtig, um Ihre Muskeln zu schützen. Es gibt einige Dinge, die Sie mehr Kraft beim Laufen sparen lassen, aber gute Form ist wirklich das Allerwichtigste. Besonders die Haltungsausrichtung und die genaue Stelle des Fußkontakts in Relation zu Ihrem Körper wirken sich auf Ihre Elastizität aus. Im Allgemeinen ist es gut, bei jedem Schritt eine neutrale Wirbelsäulenposition beizubehalten und den Boden so nah an Ihrem Körper zu berühren, wie es nur geht.

ZIEL 2: LAUFEN MIT GERINGER BELASTUNG

Die Belastung pro Schritt, der Ihr Körper beim Laufen ausgesetzt ist, hängt besonders von zwei Hauptfaktoren ab. Und interessanterweise sind es genau diese beiden Faktoren, die für alle Überbelastungsverletzungen bei Sportlern verantwortlich sind.

Belastungsrate

Läufer, die mit Ihrem Fuß zu weit vorne aufsetzen (Overstriding), sind oft von ihrer Belastungsrate überwältigt. Warum? Die Belastung durch 250 Prozent des Körpergewichts, die sie bei jedem Schritt aushalten müssen, steigt zu abrupt an. Wenn sie das während eines kilometerlangen Laufs durchhalten, ist das sehr schlecht für den Körper. Und es wird immer schlimmer. Denken wir einmal darüber nach, was bei einer üblichen Überbelastungsverletzung passiert.

Sogenannte Stressfrakturen an der Vorderseite des Schienbeins (Tibia) sind ein typisches Ergebnis zweier bestimmter Probleme. Was das Gangbild angeht, macht der Läufer zu große Schritte (Overstriding) und setzt den Körper so zu schnell zu viel Belastung aus. Dazu kommt noch, dass dieser Läufer typischerweise einen steifen Fuß hat, der Stöße nicht optimal abfedert. Dadurch wird diese ganze überschüssige Belastung sofort ans Schienbein weitergeleitet. Mischen Sie diese beiden Zutaten und heraus kommt das perfekte Rezept für eine Überbelastung – und Stressfrakturen mit einer Belastungsrate von 7500 Newton/Sekunde (N/S) und wir verbessern sein Gangbild, um eine Belastung im Bereich von 5000 N/S zu erreichen. Das bedeutet, dass sein Gewebe bei jedem Schritt etwa 33 % weniger belastet wird, und zwar bei jedem Meter den er pro Woche läuft. Das ist super. Den Fuß in Ordnung zu bringen und einen Kontaktpunkt zu finden, der näher am Körper liegt, braucht ein wenig Strategie. Darüber werden wir in Kapitel 10 sprechen.

Wir alle landen vor der Mitte

Läufern wird häufig gesagt, dass sie „mit dem Fuß unter ihrem Schwerpunkt landen" sollten. Aber wenn Sie nicht gerade am beschleunigen sind, ist es physisch unmöglich, mit Ihrem Fuß genau unter Ihrem Körperschwerpunkt zu landen. Ich kann alle möglichen Gurus und Vertreter verschiedener Laufformen in mein Labor einladen und demonstrieren, dass bei Dauerleistungsgeschwindigkeit jeder einzelne Läufer und jede einzelne Läuferin auf dem Planeten Erde den Boden vor dem jeweiligen Körperschwerpunkt berührt. Es stimmt, dass ein Kontaktpunkt, der zu weit vor Ihnen liegt, das sogenannte Overstriding, aus verschiedenen Gründen nicht gut ist – es erhöht die mechanische Belastung beim Laufen und stört Ihre Laufökonomie. Aber wenn Sie kurz vor Ihrem Körperschwerpunkt landen, dann ist das etwas Gutes, denn es ermöglicht Ihnen, Energie in den Sehnen zu speichern, wodurch die Kraft reduziert wird, die Ihre Muskeln aufbringen müssen. Wollen Sie wissen, wie es ist, ohne diesen Speicher und diese Energiefreisetzung in den Sehnen zu laufen? Versuchen Sie zu Sprinten. Beim Sprinten ist die Zeit auf dem Boden so kurz, dass die Elastizität nicht absorbiert und dann wieder abgegeben werden kann. Deshalb brauchen Sie nach 100 Metern Sprint eine Pause. Elastizität ist der Grund dafür, dass Sie in langsamem Tempo praktisch den ganzen Tag laufen können.

Auf den Füßen landen

Es wird immer noch häufig gesagt, dass Läufer auf ihrem Vorderfuß landen sollten. Ich gebe Ihnen mal ein paar Fakten zu diesem Thema. Vor Jahren wurde ich einmal zu einer Barfuß-Laufveranstaltung in New York City eingeladen. Das war eine leidenschaftliche Gruppe von Läufern, die der Meinung waren, dass Schuhe ein unnötiges Übel sind. Sie waren der festen Überzeugung, dass Sie falsch laufen, wenn Sie nicht auf Ihrem Vorderfuß laufen. Einer meiner Freunde versteckte eine Videokamera in einem Gebüsch und filmte diese Läufer während sie vorbeikamen. Mehr als die Hälfte dieser überzeugten Läufer landeten gar nicht auf ihrem Vorderfuß. Die meisten von ihnen landeten vielmehr auf dem Mittelfuß und eine überraschende Anzahl der Läufer landete auf der Ferse.

Man kann über den Auftritt sprechen. Aber er ist wirklich nur einer von vielen Faktoren. Ein Bodenkontakt auf dem Vorderfuß kann die Belastung stark verringern, aber es kostet zusätzliche Energie, auf diese Art und Weise zu laufen. Die Forschung hat außerdem gezeigt, dass die meisten Läufer ihren Auftritt ändern, sobald sie ermüden, und Geschwindigkeit und Laufoberfläche spielen hierbei auch eine große Rolle. Daher gebe ich üblicherweise keine Landeposition für den Fuß vor. Am besten lässt man der Natur ihren Lauf. Es ist viel wichtiger, wo Ihr Fuß in Relation zu Ihrem Körper aufkommt, als wo ihr Fuß den Bodenkontakt macht. Achten Sie einfach darauf, gleichmäßig zu laufen. Stellen Sie sich dabei eine Standuhr mit Pendel vor.

TABELLE 4.1 Wirkungen von Auftritt und Fußposition

	Belastung	Ökonomie
Wenn Sie zu große Schritte machen (Overstriding) und auf Ihrer Ferse landen,	ist die Belastung sehr hoch, da der Fuß zu weit vor dem Körper auf dem Boden aufkommt.	Sie benötigen zusätzliche Kraft, um den Körper nach oben und vorne zu bringen, was die Muskeln auf der Vorderseite Ihrer Beine überlastet.
Wenn Ihr Schritt gleichmäßig wie ein Pendel ist,	bedeutet dies weniger Stress für Ihren Körper und eine ideale Belastung.	Ein optimaler elastischer Rückstoß führt zu effizienterem Laufen.
Wenn Sie zu große Schritte machen (Overstriding) und auf Ihrem Vorderfuß landen,	bedeutet dies eine geringe Belastung, da die Muskeln der Fußgelenke die Belastung abfangen.	Die Fußgelenkmuskeln werden überarbeitet, um die Vorderfußposition halten zu können. Übertriebenes Beschleunigen und Abbremsen bei jedem Schritt verringern die Laufeffizienz.

Instabilität

Läufer müssen die Kräfte, die auf sie in allen drei Bewegungsebenen einwirken, stabilisieren. Wenn sie ihre Position nicht kontrollieren können, laufen die Dinge aus dem Ruder. Eine leichte Seitwärtsbewegung ist normal und Teil der typischen Abfederungsstrategie eines gesunden Gangbilds. Wenn Leute ihre „Einzelteile" jedoch nicht stabilisieren können, sehen wir, wie ihr ganzer Körper anfängt zu wackeln und aus dem Gleichgewicht gebracht wird. Schauen wir uns noch mal eine Stressfraktur an, die sich am Schienbein entwickelt. Dieses Mal liegt der Grund allerdings ganz woanders – die Fußkoordination des Läufers ist ungleichmäßig. Die Muskeln im Fuß funktionieren nicht richtig, sodass der Muskel, der für eine Geschwindigkeitsverringerung von Fuß und Schienbein sorgt, viel härter arbeiten muss, als eigentlich notwendig wäre. Der überarbeitete Muskel reißt am Schienbeinknochen und beschädigt am Ende die äußere Lage des Knochens. In dieser Situation ist das Hauptziel, die Muskelkoordination und -kontrolle im Fuß zu verbessern, sodass der Körper seine Ausrichtung und Position beim Laufen beibehalten kann. Schauen wir uns nun den Rest des Körpers an, um zu sehen, ob wir irgendwelche Warnhinweise identifizieren können, die darauf hinweisen, dass der Läufer instabil ist und seinen Körper zu hart arbeiten lässt. (In den nächsten Kapitel werden Sie noch herausfinden, wie man das anstellt.) Eine hohe Körperbelastung, entweder durch eine mangelhafte Stoßdämpfung oder durch Instabilität, kann zu einer Gewebeüberlastung führen. In beiden Situationen ist das Ziel, eine verbesserte Form zu gewährleisten, um das Laufen weniger belastend werden zu lassen und um die „Einzelteile" Ihres Körpers dazu zu bringen, zusammenzuarbeiten, um Ihre Bewegungen zu kontrollieren und die Belastung pro Schritt zu minimieren.

ZIEL 3: SYMMETRIE

Manche Menschen sind Linkshänder und andere Rechtshänder. In einer Hand haben Sie bessere motorische Fähigkeiten zum Schreiben und Zeichen. Das ist kein Problem. Wenn Sie schon einmal Fußball gespielt haben, haben Sie wahrscheinlich gemerkt, dass Ihre Torschüsse und Pässe genauer waren, wenn Sie mit dem rechten Fuß geschossen haben. Noch mal: Wenn es um die Feinmotorik geht, ist eine Präzisionsasymmetrie kein Problem. Aber bei grobmotorischen Aufgaben wie dem Laufen müssen Ihre Beine gleich gut arbeiten. Niemand möchte beim Laufen humpeln. Wenn Sie sich Ihr Fußgelenk vor drei Tagen verstaucht haben und kaum gehen können, dann ist es wahrscheinlich keine so tolle Idee, Ihre Freunde für einen 12-km-Lauf zu treffen. Wenn Sie sich nicht symmetrisch bewegen können, dann können Sie auch nicht symmetrisch laufen. Und das beeinflusst am Ende auch alles Andere.

WENN DIE FORM AUS DER BAHN GERÄT

Ich habe schon am Anfang gesagt, dass diese drei Aspekte des Laufens unter „Idealbedingungen" gelten. Um das Konzept zu verinnerlichen, schauen wir uns einmal eine Standuhr an. Es ist normal, wenn Ihr unterer Rücken leicht gebogen ist, und diese normale Wölbung sollten wir auch in einer neutralen Wirbelsäulenposition beibehalten. Die aufrechte Standuhr vermittelt die Idee, dass der Oberkörper normalerweise aufrecht ist. Das Pendel schwingt frei von Seite zu Seite, genauso, wie Ihre Beine von vorne nach hinten schwingen, um einen effizienten und möglichst wenig belastenden Schritt auszuführen. Schauen wir uns einmal an, was geschieht, wenn wir etwas an der Uhr verändern.

Wenn wir die Uhr vorwärts oder rückwärts kippen, wirkt sich das auf den Schwung des Pendels aus. Beim Laufen ist es dasselbe: Wenn Ihre Haltung schlecht ist, dann ändert das die Position Ihres Fußes im Verhältnis zu Ihrer Körpermasse. Interessanterweise erhöhen sowohl eine übertriebene Wölbung des unteren Rückens als auch ein zu weites Vorlehnen die Distanz des Fußkontakts vor der

Körpermasse, was die Laufökonomie beeinträchtigt und die Belastung pro Schritt erhöht. Die Moral hierbei ist, dass die Haltung Ihres Oberkörpers möglichst aufrecht und ganz leicht nach vorne geneigt sein sollte.

Manchmal ist es der Schwung des Pendels, der zu Problemen führt. Um in einer bestimmten Geschwindigkeit zu laufen, benötigen Sie eine bestimmte Schrittlänge, wozu Ihr Bein in einer bogenartigen Bewegung unter Ihrem Körper schwingen muss. Falls Sie eine steife Hüfte haben, die es nicht erlaubt, dass Sie ihr Bein nach hinten strecken, dann verändert sich die Dynamik des Pendels. Die Distanz, die Ihr Bein unter Ihrem Körper hindurchschwingen muss, sollte stets gleichbleiben, aber bei diesem Problem wird Ihr Schwung weiter vorne ausgeführt und fällt hinten kürzer aus. Diese Unausgeglichenheit ändert die Dynamik Ihrer „Steinschleuder", in dem sie Ihren elastischen Rückstoß verkürzt. Sie speichern mehr Energie in Ihrer Steinschleuder, aber Blockaden in Ihrem Körper verhindern, dass sie freigesetzt wird. Der elastische Rückstoß wird beeinträchtigt, die Muskeln müssen sich mehr anstrengen und Ihre Laufökonomie steigt an. Außerdem erhöht ein Fußkontakt, der so weit vorne ausfällt, die Belastungsrate auf Ihren Körper. Und nun stellen Sie sich vor, dass Sie zwei Pendel haben: zwei Beine die parallel zueinander schwingen. Sie müssen sich synchronisieren, denn sonst kommen Sie ganz aus dem Gleichgewicht. Das ist pure Symmetrie.

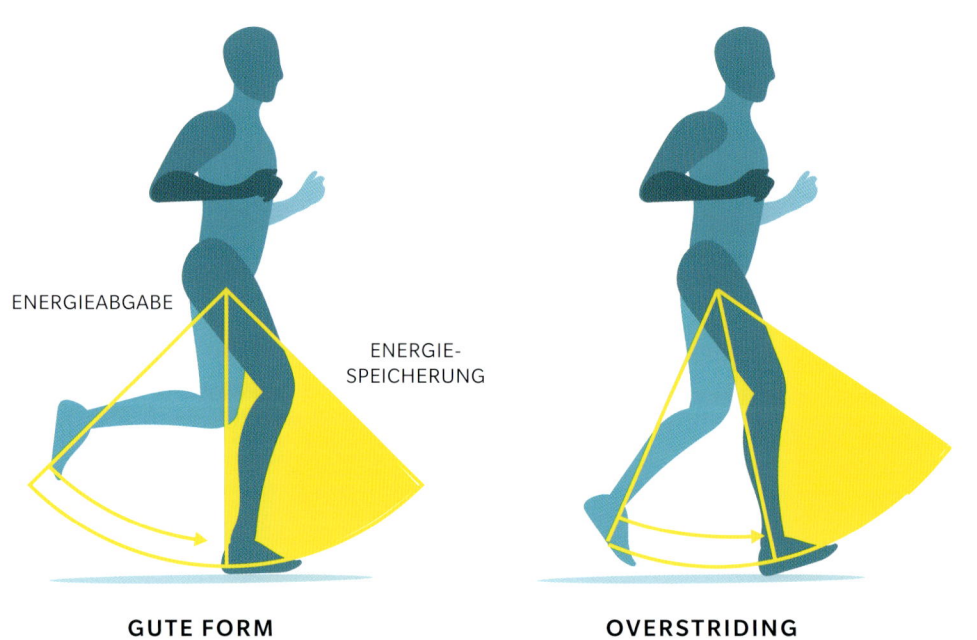

ABBILDUNG 4.2 Pendelbewegung

Gute Form verhilft Ihnen zu einer minimalen Belastung pro Schritt und optimaler Ökonomie. Wenn Sie den Boden zu weit vor Ihrem Körper berühren (Overstriding), dann fallen Ihnen die Auf- und Abwärtsbewegungen des Körpers schwerer, und Sie überlasten die Muskeln auf der Vorderseite Ihrer Beine und erhöhen so die Belastung pro Schritt. Ein symmetrisches Pendel sorgt für erfolgreiche Schritte.

SCHRITTFREQUENZ

Die Idee, dass eine höhere Schrittfrequenz Ihnen dabei helfen kann, besser zu laufen, wird seit einiger Zeit heiß diskutiert. Das Problem ist in Wirklichkeit, dass die meisten Läufer zu weit ausschreiten. Wenn Läufer ihre Schrittfrequenz erhöhen, dann haben sie weniger Zeit, um das Bein so weit nach vorne zu schwingen wie sie es normalerweise tun. Denken Sie daran, dass jede Formänderung, die es ermöglicht, dass Ihr Fuß näher an Ihrem Körper landet, eine tolle Strategie ist, um die Belastung pro Schritt zu reduzieren und Ihre Laufökonomie zu verbessern. Metabolisch gesehen ist es tatsächlich bei jeder Geschwindigkeit effizienter, mehrere kleine Schritte zu machen als nur einige wenige große. Aber noch mal: Das gilt nur unter optimalen Bedingungen.

Was sich bei einer Geschwindigkeit gut anfühlt, muss nicht bei jeder Geschwindigkeit die beste Lösung sein. Wenn Sie leicht und locker laufen, muss Ihr Beinumsatz nicht besonders hoch sein, um die Geschwindigkeit zu halten. Es ist ganz normal mit einem niedrigeren Umsatz zu laufen, da Sie keine große Distanz auf einmal abdecken müssen. Wenn es um höhere Geschwindigkeiten geht, wird die Sache komplizierter. Einige Läufer bemerken, dass es schwierig ist bei hohem Umsatz schneller zu laufen. Sie sagen dann oft, dass sie nicht „ausschreiten" können. Das ist ein wichtiger Anhaltspunkt. Um in einer spezifischen Geschwindigkeit zu laufen, bedarf es eines bestimmten Umsatzes und einer bestimmten Schrittlänge. Die Schrittfrequenz als Anhaltspunkt hilft Läufern dabei, ihr Ausschreiten nach vorne zu verkürzen. Aber sie müssen auch darauf achten, dass ihr Pendel aus dem Rücken herausschwingt, um ihre Schrittlänge zu erhöhen, und manchen Läufern sind diese Bewegungsabläufe einfach völlig fremd. Ihre bevorzugte Methode, um die Geschwindigkeit zu erhöhen, ist eine Verlängerung des Schritts nach vorne. Die Laufökonomie wird daher üblicherweise schlechter, desto schneller die Läufer werden. Hierbei handelt es sich nicht um ein Problem mit der Schrittfrequenz, sondern vielmehr um ein Problem der Körperwahrnehmung, das durch Training verbessert werden kann.

IHR KÖRPER IST DIE GRUNDLAGE FÜR GUTE FORM

Die Standuhr hat uns in diesem Kapitel als Beispiel für eine wichtige Lektion gedient. Es kann gut sein, dass Sie eine Schrittweise hinbekommen möchten, die die Belastung pro Schritt verringert und Ihre Leistung verbessert. Wahrscheinlich haben Sie auch meine nicht so subtilen Hinweise aufgeschnappt, dass Ihr eigener Körper Ihr einziges und größtes Hindernis auf dem Weg zu Spitzenleistungen ist.

Training bedeutet eine Belastung für Ihren Körper. Der Körper ist eigentlich ganz gut darin, sich an körperliche Belastung anzupassen, solange die Erhöhung von Volumen und Intensität nach und nach geschieht. Aber weiter mit Ihrer Plan-B-Laufform zu laufen bringt Sie sehr weit weg von Ihrem optimalen Gangbild. Und wenn Sie mit einem schlecht vorbereiteten Körper trainieren, bedeutet das, dass Sie Ihre Form nie wirklich verbessern werden können. Wenn Sie Ihre Haltung nicht beibehalten und Ihr Bein nicht wie ein Pendel schwingen können, werden Sie nie Ihre Bestform erreichen. Sie werden in Ihrem Plan-B-Gangbild steckenbleiben. Bewusstes üben spezifischer Fähigkeiten wird Ihren Körper in Form bringen und Ihren mittelmäßigen Plan B in einen optimal Plan A verwandeln. Überwinden Sie die Einschränkungen Ihres Körpers und lassen Sie Ihr neues Muskelgedächnis übernehmen.

Bisher haben wir einige spezifische Fähigkeiten genannt, die Ihnen auf Ihrem Weg zur optimalen Laufform helfen können. Gehen wir nun an die Arbeit. Wenn Sie diese Fähigkeiten bei jedem Training und jedem Wettlauf einsetzen, werden Sie in der Lage sein, wirklich Ihr Bestes zu geben. Das *Entfesselt-Laufen-Programm* konzentriert sich auf präzise Bewegungen und Ausdauer in den folgenden Bereichen:

1. Kontrolle der Körperhaltung
2. Stabilität der Rotation
3. Kontrolle der Hüfte
4. Individuelle skelettale Ausrichtung

Die Schrittfrequenz verbessern

Bevor Sie sich anschicken, Ihre Schrittfrequenz zu verbessern, gibt es ein paar wichtige Punkte, die Sie im Hinterkopf behalten sollten. Erstens: die Schrittfrequenz, mit der Sie zurzeit laufen, ist reflexartig. Ihr Gehirn hat Ihren Körper so verkabelt und trainiert, dass er genau dieses Gangbild anwendet. Wenn Sie dieses Muster neu anlegen möchten, bedeutet dies einen ganzen Haufen Arbeit für Ihr Gehirn, um dieses reflexartige Gangbild zu überschreiben. Wenn Sie einen zu hohen Umsatz erzwingen, wird das Ergebnis ein seltsam kurzer und abgehackter Lauf sein, während Ihr Gehirn sich an den neuen Umsatz gewöhnt. Diese Strategie kann zwar die Belastung Ihrer Gelenke verringern, aber es kostet viel mehr Energie so zu laufen. Sie können Ihr Gangbild durch Training verbessern, aber dies sollte nach und nach geschehen.

Somit kommen wir zu dem Thema der mystischen optimalen Schrittfrequenz. Die Idee von 180 Schritten pro Minute wird oft als Goldstandard angepriesen. Es gibt in der Tat Studien, die diese 180 Schritte als optimalen Mittelwert bestätigen, aber es ist nun mal nicht jeder von uns Mittelmaß. Deshalb sehen wir diese Zahl als einen netten Referenzpunkt an, jedoch handelt es sich nicht um die absolute Wahrheit. Ihre optimale Schrittfrequenz hängt von der Art Ihres Muskelgewebes, der Länge Ihrer Gliedmaßen, der Dichte Ihrer Sehnen, dem Bodenbelag und der Geschwindigkeit ab. Es wurden Weltrekorde bei Schrittfrequenzen zwischen 172 und 212 Schritten pro Minute erreicht. Ich würde mir nicht zu viele Gedanken darum machen, wo genau Sie in diesem Bereich liegen und wie nahe Ihre Schrittfrequenz an den 180 Schritten liegt. Welche Läufer und Läuferinnen sollten sich also bemühen ihre Schrittfrequenz anzupassen? Falls Ihre Schrittfrequenz bei einer moderaten Geschwindigkeit unter 170 liegt, kann es sich lohnen, sie ein wenig zu verbessern. Nehmen Sie sich nicht vor, die 180 zu erreichen, sondern versuchen Sie, sie nach und nach um jeweils 5 bis 10 Prozent zu erhöhen. Die Forschung hat gezeigt, dass diese Verbesserung um nur wenige Prozentpunkte Ihren Gelenken zugute kommt, ohne die Laufökonomie zu beeinträchtigen. Es ist auch gut, Ihre Schrittfrequenz bei längeren Läufen zu beobachten. Es ist ganz normal, dass es bei einer bestimmten Geschwindigkeit zu einer Schwankung von etwa 5 Prozent während eines Laufs kommt. Falls Ihre Schrittfrequenz bei Ihrem wöchentlichen längeren Lauf zu Ende hin von 176 auf 160 abfällt, ist das ein Zeichen dafür, dass Ihre Form stark beeinträchtigt wird, sobald Sie ermüden.

Zeichnen Sie Ihre Schrittfrequenz sowohl beim Training als auch bei Wettläufen einen Monat lang in einem Trainingstagebuch auf und schauen Sie, ob sich bei beiden ein Muster gibt. Falls Ihre Schrittfrequenz bei Wettläufen immer höher ist als Ihre Schrittfrequenz beim Training, sollten Sie sich dies zu Herzen nehmen und die Schrittfrequenz beim Training unter der Woche erhöhen, um sich daran zu gewöhnen. Falls Sie in die Läuferkategorie fallen, von der wir zuvor gesprochen haben und die bei Wettlaufgeschwindigkeit mit einer geringeren Schrittfrequenz einfach nicht ausschreiten kann, ist es an der Zeit, Ihre Form zu verbessern und sicherzustellen, dass Sie das Pendel schnell genug nach hinten schwingen können.

Behalten Sie Ihre Schrittfrequenz im Hinterkopf, aber machen Sie sich deswegen nicht verrückt.

In den folgenden Kapiteln werden wir jede einzelne dieser Fähigkeiten besprechen und Lösungen vorschlagen, um präzise Bewegungen zu gewährleisten. Einige Probleme in der Art und Weise, wie wir uns bewegen, kommen durch Mobilitätsblockaden, andere ergeben sich, weil Ihre Muskeln Ihren Körper nicht gut genug kontrollieren, um eine ausreichende Stabilität zu gewährleisten, und wieder andere haben mit schlechten Gewohnheiten und Muskelgedächtnis zu tun. Wir schauen uns alles ganz genau an. In einigen Fällen wird es spezielle Tests und Verbesserungsvorschläge für Mobilitätsblockaden geben. Falls Sie Mobilitätsprobleme haben, möchte ich Sie darum bitten, sich die Zeit zu nehmen, diese zunächst zu lösen. Von alleine gehen sie nicht weg. Wiederholen Sie die Tests alle paar Wochen oder Monate, um festzustellen, ob Sie immer noch Hilfe brauchen. Falls es so ist, nehmen Sie weiterhin Anpassungen vor. Wenn Sie den Test ganz leicht überstehen, können Sie weitermachen, denn unser Workout-Plan baut auf den neuen und verbesserten Bewegungen auf, sobald Sie die Blockaden in Ihrem Körper gelöst haben.

In jedem Abschnitt stellen wir neue Bewegungen vor, die sich auf die vorgestellten Konzepte beziehen. Üben Sie jede Bewegung, nachdem Sie das Kapitel gelesen haben. Beim bewussten Üben wird es Ihnen wie Schuppen von den Augen fallen und vielleicht müssen Sie ein wenig aus Ihrer Komfortzone heraustreten. Aber so lernt Ihr Muskelgedächtnis am besten. Wenn Sie Ihren Körper ändern wollen, müssen Sie konsistent ändern, wie Sie sich bewegen. Probieren Sie also jede Bewegung, nachdem sie vorgestellt wurde. Im Workout-Abschnitt werden Sie sehen, dass ich diese Bewegungen bewusst in konkrete Workouts zusammengefasst habe, die Ihnen dabei helfen, Ihre Fähigkeiten, Ihre Präzision und Sportlichkeit für einen besseren Lauf zu verbessern.

**BESSERES LAUFEN DURCH
PRÄZISION UND PERFORMANCE**

Die richtige Haltung

Vor einigen Jahren arbeitete ich mit einem College-Läufer, der mit Schmerzen im unteren Rücken zu kämpfen hatte. College-Kids sind gesund und gut in Form und sollten eigentlich keine Schmerzen im unteren Rücken haben. In meiner Klinik war dieser Läufer in der Lage, eine perfekte und schmerzfreie Wirbelsäulenposition zu finden, aber beim Laufen hatte er weiterhin Schmerzen. Also ging ich mit ihm zur Laufbahn und schaute mir ein paar seiner Workouts an. Ich bemerkte, dass sein Rücken sehr stark gebogen war, was zu einem Druckpunkt im unteren Rücken führte. Diese Belastung wurde mit zunehmender Geschwindigkeit schlimmer. Erinnern Sie sich noch daran, dass die Belastung bei jedem Schritt, den Sie laufen, 250 Prozent Ihres Körpergewichts beträgt? Nun, bei diesem Läufer sammelte sich diese ganze Belastung im unteren Rücken. Egal wie stark der Oberkörper des Athleten wurde, seine schlechte Rückenposition führte zu einer Überbelastung. Je mehr er lief, desto mehr reizte er die entsprechenden Gewebe und seine Heilungschancen wurden immer schlechter.

Aber die Haltung zu ändern ist nicht leicht. In Ihrer Haltung spiegeln sich Ihre Rumpfstärke, Ihre Mobilität und Ihre Gewohnheiten. Bestimmte Positionen fühlen sich normal an und andere fühlen sich gezwungen, seltsam oder nicht richtig an. Statt diesem Läufer noch mehr Rumpfübungen aufzubrummen, mussten wir seine Körperwahrnehmung durch Übung ändern. Also machen wir einen Deal: Er konnte im Training so viel und so schnell laufen, wie er wollte, solange er dabei nur eine gesunde Wirbelsäulenposition beibehielt. Wenn er mit einer guten Haltung lief, lief er wie der Wind. Wenn seine Form schlechter wurde, zum Beispiel, weil er ermüdete oder die Konzentration verlor, dann war sein Workout vorbei. Punkt. Es hat einfach keinen Sinn, so zu trainieren und schlechte Gewohnheiten noch zu verstärken.

Später in dieser Saison lief er bei den nationalen Meisterschaften im 800-Meter-Lauf mit. Der Startschuss fiel und acht Jungs rannten sich das Herz aus dem Leib und zeigten, wie fit sie waren. Aber 200 Meter vor dem Ziel wurden alle müde. Wie auf ein Stichwort verfielen fünf der acht Läufer in dieselbe Rückenposition, die unser Läufer anfangs gezeigt hatte. Sofort verschwanden sie aus der Sicht der Fernsehkameras und tauchten auch nicht wieder auf. Die zusätzliche Energie, die es braucht, um mit einer schlechten Haltung zu laufen, katapultierte sie aus dem Wettkampf. Die drei Läufer, die die korrekte Ausrichtung beibehalten hatten, wurden die Erst-, Zweit- und Drittplatzierten. Und unser Athlet gewann diesen Wettlauf, der einer der erstaunlichsten war, den ich jemals gesehen habe. Aber bei diesem Beispiel geht es nicht ums Gewinnen.

Es ist so: Wenn Sie mit einer schlechten Haltung laufen, wird Sie das viel Energie kosten. In Kapitel 1 fragten wir uns: „Was müssen wir tun, um unser Ziel zu erreichen?" Ein smartes Training sollte alle Aspekte umfassen, die Sie verbessern können, denn nur so können Sie auch Ihre Laufleistung auf Vordermann bringen. Wir wissen, dass Laufen anstrengend ist, und wir werden alle müde.

Sie müssen sicherstellen, dass Ihr Körper so „verkabelt" ist, dass er die korrekte Form auch unter Stress ausführen kann, denn Stress ist Ihre eigentliche Nemesis. Wieso sollten Sie auch härter arbeiten, um auf den letzten 200 Metern eines nationalen Wettkampfs die Geschwindigkeit beizubehalten? Oder bei Ihrem lokalen 5000-Meter-Lauf?

Manche Menschen denken, dass die Haltung beim Laufen nur ein Detail ist. Aber in Wirklichkeit ist sie einer der allerwichtigsten Aspekte guter Laufform. Sie hält Ihren Körper gesund und hilft Ihnen dabei, gegen die Zeit anzulaufen. Schauen wir uns einmal näher an, wie sich Ihre Haltung auf den Körper und Ihre Leistung auswirkt.

EINE NEUE DEFINITION VON RUMPFSTABILITÄT

Schnappen Sie sich eine Dose Ihres Lieblingsgetränks, trinken Sie sie leer und stellen Sie die leere Blechhülle auf den Tisch. Ohne Flüssigkeit oder Kohlensäure im Inneren werden der Boden und der Deckel nur von dem Zylinder selbst aufrechtgehalten. Diese Konstruktion ist recht stark, sogar wenn die Dose leer ist. Legen Sie ein fünf Kilogramm schweres Gewicht auf die obere Seite der Dose und sie wird die Belastung immer noch aushalten.

**gute Haltung = gute Stabilität
schlechte Haltung = Instabilität**

Nehmen Sie nun dieselbe Dose und schneiden Sie eine Seite leicht ein. Wenn Sie das Gewicht noch einmal auf die Dose legen, wird sie zerdrückt. Beim Laufen müssen Sie etwa 250 Prozent Ihres Körpergewichts halten, und zwar kilometerlang bei jedem Schritt. Wenn Ihre „Dose" angeschlagen ist, können Sie Ihren Rumpf nicht stabil halten. Dadurch kommt es zu zwei größeren Problemen:

1. Ihre Koordination wird in Mitleidenschaft gezogen und Ihre Bewegungen werden fahriger.
2. Sie müssen sich beim Laufen mehr anstrengen.

Ihr Gehirn ist schon seit Ihrer Kindheit darauf ausgelegt, Ihren Körper in eine Position zu bringen, die in der Mitte (Rumpf) stabil ist und sich distal (durch Ihre Arme und Beine) bewegt. Wenn die zentrale Stabilität fehlt, führen bestimmte Muskeln ihre normalen reflexartigen Bewegungen nicht mehr aus, andere setzen zu spät ein und Sie verlieren die Fähigkeit sich präzise zu bewegen. Wenn Haltung und Ausrichtung beeinträchtigt sind, machen sich die verschiedenen Arten von Blockaden, die wir in Kapitel 2 besprochen haben, bemerkbar. Die Belastung wird sozusagen nicht auf die gesamte Außenwand der Dose verteilt, sondern konzentriert sich auf bestimmte Punkte, die dann überbelastet werden. Teile Ihres Körpers, die normalerweise eine bestimmte Belastungsmenge beim Laufen aushalten, werden nun noch stärker belastet, und es kann leicht zu Verletzungen kommen. Für gute Bewegungen brauchen Sie ein voll funktionsfähiges System. Deshalb ist es nicht sinnvoll, sich einzelne Körperteile anzuschauen, um die Wurzel des Übels zu finden. Viele Läufer machen zum Beispiel Hüftübungen, ohne eine Verbesserung ihrer Hüftkontrolle oder ihrer Laufform zu bemerken, da die Verbindung zwischen ihrer Hüfte und dem Rumpf gestört ist.

Eine schlechte Haltung verschiebt den Antrieb beim Laufen weg von den effizienten Muskeln um Ihre Hüfte herum und hin zu den weniger effizienten Muskeln im Kniebereich. Egal ob Sie sich zu weit nach vorne beugen oder nach hinten lehnen, Ihr Fuß wird den Boden zu weit vor Ihrem Körper

Finden Sie eine neutrale Position in einer unneutralen Welt

Denken Sie einmal darüber nach, wie viele Minuten Sie jede Woche mit Folgendem verbringen…

- In einem Bürostuhl sitzen?
- In einer ungeraden Haltung stehen?
- Mit einem schweren Gewicht gehen?
- Auf Absätzen gehen?
- Über Ihr Handy beugen?
- Laufen?

Die meisten von uns verbringen sehr viel Zeit damit, eine schlechte Haltungsausrichtung noch zu vertiefen. Das beginnt schon früh im Leben. Denken Sie einmal an Kinder, die viel zu schwere Schulranzen tragen und sich stundenlang über Handys und Tablets beugen. Wir sind Gewohnheitstiere. Wie viele Signale bekommt Ihr Gehirn, diese Haltung in die Art und Weise wie Sie sitzen, stehen, gehen und Kniebeugen machen einzubauen? Sie verbringen mehr Zeit damit nicht zu laufen als zu laufen. Wenn wir eine schlechte Haltung im Alltag üben, dann lehrt uns das, uns auf eine bestimmte Art und Weise zu bewegen, und irgendwann denken wir darüber gar nicht mehr nach. Diese Haltungsausrichtung geht uns in Fleisch und Blut über. Und dann ziehen wir uns die Laufschuhe an und erwarten, während unseres 5-Kilometer-Tempo-Laufs und dem anstehenden Halbmarathon die perfekte Ausrichtung hinzubekommen. Es ist ganz einfach:

Wenn Sie nicht richtig stehen können, dann können Sie auch nicht richtig laufen..

berühren – der gefürchtete Overstride. Wollen Sie wirklich doppelte Arbeit leisten, und zwar bei jeder Geschwindigkeit? Nein? Das denke ich mir.

Was zerdrückt Ihre Dose?

Wenn wir es mit einer angeknacksten oder zerdrückten „Dose" zu tun haben, fügen viele Athleten Bauchpressen und Rumpfübungen zu ihrem Trainingsplan hinzu und denken, dass ein stärkerer Rumpf ihr Problem lösen wird. Rumpftraining ist wichtig, aber wenn Sie nicht an Bodybuildingwettbewerben teilnehmen wollen, dann sollten Sie den Rumpf nicht isoliert trainieren. Schauen wir uns einmal an, wie Probleme über oder unter dem Rumpf Ihre sprichwörtliche Dose zerdrücken können – selbst wenn Sie Unterarmstützen zwanzig Minuten lang aushalten.

Sie haben zwei große Kugelgelenke sowohl unter als auch über dem Rumpf. Unter dem Rumpf sollten Ihre Hüftgelenke in der Lage sein, frei von vorne nach hinten zu schwingen, ohne dass Ihr unterer Rücken zu stark gebogen wird. Über dem Rumpf sollten Sie in der Lage sein, Ihren Arm über den Kopf zu strecken, ohne Ihren unteren Rücken zu biegen. Aber wie gesagt: Sie können sich nur so effektiv bewegen, wie ihr Körper es Ihnen erlaubt. Wenn Sie stundenlang sitzen und Ihren Rücken nie gerade halten, spannt das die Muskeln auf der Vorderseite Ihrer Hüfte und Sie ziehen Ihre Schultern nach vorne. Diese Bewegungseinschränkungen an der „Oberseite der Dose" (Ihrer Schulter) und „unter der Dose" (Ihre Hüften) können Ihre Zentralachse von oben oder unten beschädigen oder sogar von beiden Seiten. Und Sie passen sich daran an. Diese angeschlagene Haltung wird zu Ihrem neuen Normalzustand beim Stehen, Gehen und Laufen. Vielleicht sind Sie stark genug, um Ihre Übungen weiter durchzuziehen, aber es ist einfach nicht sinnvoll, bei jedem Schritt gegen Ihren eigenen Körper anzukämpfen.

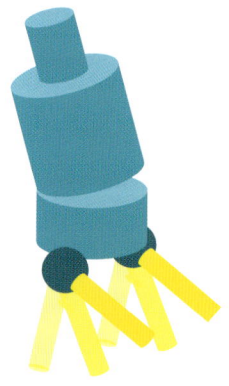

NORMALE BEWEGLICHKEIT **EINGESCHRÄNKTE BEWEGLICHKEIT OBEN** **EINGESCHRÄNKTE BEWEGLICHKEIT UNTEN**

ABBILDUNG 5.1 Zerdrücken Sie die Dose nicht
Wenn Ihre Schultern und Hüften sich frei bewegen können, ist auch Ihre Haltung in Ordnung. Mobilitätsblockaden ober- oder unterhalb des Rumpfs zwingen den Rücken dazu, diese Beweglichkeit zu ersetzen. Wenn dieser zentrale Dreh- und Angelpunkt Ihres Rumpfs nicht funktioniert, dann kann es auch Ihre Laufform nicht.

Belastungen oben verringern

Ich kann gar nicht mehr zählen, wie viele Läuferinnen und Läufer ich gesehen habe, die signifikante Probleme mit ihrer Haltung, der Mechanik des Laufens und sogar Verletzungen des Unterkörpers hatten, die aus Problemen mit dem Oberkörper resultierten. Die Gewebe in den Schultern versteifen sich, und sie ziehen die Schultern nach vorne. Und mit der Zeit zieht das auch den mittleren Rücken (die Brustwirbelsäule) mit nach vorne. Der mittlere Rücken und die Rippen werden steifer und steifer. Die Vorderseite Ihrer „Dose" beginnt Schaden zu nehmen. Der mittlere Rücken, die Rippen und Schultern sind so steif geworden, dass Sie das nicht mehr so leicht wieder in Ordnung bringen können. Stattdessen biegen Sie Ihren unteren Rücken, um zu kompensieren, was wiederum die Rückseite Ihrer „Dose" beeinträchtigt und das Problem mit den Bewegungsblockaden noch weiter kompliziert. Und diese Haltung führt auch zu Atemschwierigkeiten. Anstatt Ihre Rippen seitlich und nach unten zu erweitern, um eine Zwerchfellatmung zu ermöglichen, müssen Sie sie nun anheben und gegen die Schwerkraft ankämpfen, was zu einer Brustatmung führt. Im schlimmsten Fall können Läufer bis zu 10 % ihrer Energie durch Atmung verlieren. Das ist Energie, die genutzt werden sollte, um den Körper vorwärts zu bewegen. Um Belastung am oberen Ende Ihrer „Dose" zu reduzieren, müssen wir anwenden, was wir über Bewegungsabläufe gelernt haben. Probleme mit der Haltung des Oberkörpers bedürfen einer Kombination aus verbessertem Gelenkgleiten, Verlängerung der Strukturen, die versteift und nach unten hin festgefahren sind, und dann müssen wir die Kontrolle über diese neue Bewegungsfähigkeit aufbauen.

Der Rücken besteht aus kleinen Knochen, die man Wirbel nennt. Wenn jeder dieser Wirbel nur mit einem anderen Knochen verbunden wäre, wie es im Nacken und unteren Rücken der Fall ist, dann hätten wir eine sehr große Bewegungsfähigkeit, um unseren Kopf und unsere Lendenwirbelsäule zu drehen. Aber die Wirbel des mittleren Rückens verankern auch die Rippen. Und wenn wir die Verbindungspunkte zwischen den Wirbeln und den Rippen, die über und unter jedem Wirbel liegen, einmal nachzählen, dann kommen wir auf insgesamt zwölf für jeden Brustwirbel. So viele Gelenke für einen einzigen Wirbel sorgen für sehr viel Steifheit im System. Deshalb können Sie Ihren mittleren Rücken auch nicht so frei bewegen wie den Rest Ihrer Wirbelsäule.

Wenn Ihr mittlerer Rücken zu steif ist, dann ist das ein Problem mit Ihren Gelenken und kein Flexibilitätsproblem. Sie können Ihren mittleren Rücken nicht dehnen und Sie können auch die Wölbung Ihres mittleren Rückens nicht aktiv verändern. Um die Bewegungsfähigkeit der verkürzten Gelenksseite zu verbessern, brauchen wir ein wenig Unterstützung.

Sobald wir einmal das Gelenkgleiten der Wirbel und Rippen verbessert haben, können wir traditionelle Dehnübungen benutzen, um den Musculus pectoralis minor (kleiner Brustmuskel) zu dehnen, der uns bei Vorwärtsbewegungen hilft. Eine nach vorne gebogene Wirbelsäulenhaltung verkürzt Ihre Brustmuskeln. Daher können Sie die Muskulatur nicht dehnen, bevor Sie nicht die Steifheit im Rücken loswerden. Indem Sie die Wirbelsäule sozusagen öffnen, verlängern sich Ihre Brustmuskeln, und Sie können effektiv mit Dehnübungen arbeiten. Wenn Sie Probleme mit einem steifen mittleren Rücken haben, machen Sie die Travolta-Erdnussballübung oder die Basketball-Mobilitätsübung ein- bis zweimal pro Woche oder bis Sie bemerken, dass die Steifheit besser geworden ist. Sobald Ihr Brustkorb wieder in Ordnung ist, benutzen wir einen kleinen Trick, um Ihnen dabei zu helfen, Ihre Schulterblätter nach unten und hinten zu bekommen, wo sie eigentlich sein sollten. Diese Haltung prägen wir uns dann durch ein paar einfache Bänderübungen ein. Die Overhead-Carry- und Shoulder-Pack-Übungen (Armkreisen und Pull-Aparts mit Bändern) werden in den *Entfesselt-Laufen-Workouts* vorkommen, die Sie hinter Kapitel 10 finden. Die gute Nachricht ist, dass diese

Sequenz gar nicht so kompliziert ist, wie sie sich anhört. Diese ganze Trainingseinheit dauert tatsächlich weniger als 10 Minuten und ist eine wunderbare Möglichkeit, Ihre Haltung zu verbessern. Falls Sie Haltungsprobleme haben, dann wird die folgende Trainingseinheit, die wir „Posture Fix" genannt haben, sich unglaublich gut anfühlen. Sie werden überrascht sein, wenn Sie sehen, wie sehr Sie Ihre Haltung verbessern können. Machen Sie sich an die Arbeit und glätten Sie die Seite (oder die Seiten) Ihrer „Dose".

▷ TRAININGSEINHEIT: POSTURE FIX
Schritt 1: Öffnen Sie Wirbelsäule und Rippen

BASKETBALL-MOBILITÄTSÜBUNG

- Setzen Sie sich mit einem Basketball, Fußball oder sogar einem härteren Medizinball hinter sich auf dem Boden. Die Füße sind auf dem Boden und die Knie gebeugt. Legen Sie Ihre Hände hinter Ihren Kopf, die Ellbogen zeigen nach vorne und lehnen Sie sich nach hinten, bis Sie auf dem Ball zu liegen kommen. Ihr mittlerer Rücken sollte nun auf dem Ball aufliegen.

- Ihr Kopf und Ihre Ellbogen zeigen weiterhin in Richtung Ihrer Knie. Schauen Sie nicht an die Decke. Der Drehpunkt des Balls sollte stets unter Ihrem mittleren Rücken sein, nicht im Nacken.

- Rollen Sie den Ball 2–3 Minuten lang an Ihrer Wirbelsäule entlang und drücken Sie ihn zwischen die Rippen, um die steifen Punkte zu finden. Ruhen Sie auf diesen Punkten, atmen Sie dabei ein und aus und machen Sie kleine Crunches. Denken Sie daran, sich zu entspannen und sich fest auf den Ball zu lehnen, während Sie zur Ruheposition zurückfinden. Gehen Sie nicht nach oben in einen zu starken Crunch.

- Arbeiten Sie von den Schulterblättern nach unten bis zur Unterseite des Brustkorbs. Gehen Sie nicht bis hinunter zum unteren Rücken.

TIPPS

Verbleiben Sie auf jeder Druckstelle für einige Atemzüge. Nach ein paar Durchgängen werden Sie wissen, welche Punkte mehr Arbeit brauchen. Sie profitieren vor allem beim Ausatmen. Wenn Sie den Atem anhalten, versteift das Ihren mittleren Rücken noch zusätzlich. Entspannen Sie also in der Bewegung und atmen Sie, um Ihre Rippen gleiten zu lassen.

Hinweis: Falls Sie an Osteoporose leiden, lassen Sie diese Übung aus, da sie sehr hohen Druck auf bestimmte Punkte an Ihrem Rücken ausübt.

TRAININGSEINHEIT: POSTURE FIX

TRAVOLTA-ERDNUSSBALLÜBUNG

- Legen Sie sich auf Ihren Rücken, die Knie sind gebeugt und Ihre Füße stehen flach auf dem Boden. Legen Sie den Erdnussball horizontal unter Ihren Rücken. Etwa dort, wo Ihr BH-Verschluss ist, wenn Sie einen tragen. Ihr Kopf ruht auf dem Boden.

- Halten Sie kleine Hanteln (etwa 1–1,5 kg) in jeder Hand und strecken Sie sie nach oben in Richtung Decke. Entspannen Sie sich und erlauben Sie dem Gewicht in Ihren Händen, Ihre Schulterblätter nach hinten zu ziehen und zu öffnen.

- Strecken Sie einen Arm hinter den Kopf, sodass er den Boden berührt und strecken Sie den anderen Arm an Ihrer Seite in die entgegengesetzte Richtung.

- Strecken Sie die Arme 10 Mal (5 Mal auf jeder Seite). Bewegen Sie Ihren Körper dann 2 bis 3 Zentimeter nach unten, sodass der Erdnussball unter dem nächsten Wirbel zu liegen kommt. Machen Sie erneut die 10 Wiederholungen mit den Armen.

- Machen Sie weiter, bis der Erdnussball ein paar Zentimeter unter der Wölbung Ihrer Nackenbasis zu liegen kommt.

Kleine Bälle (hier Lacrosse-Bälle) werden in der Physiotherapie eingesetzt, um die Bewegungsfähigkeit zu verbessern. Binden Sie zwei solcher Bälle fest mit Klebeband zusammen, indem Sie es in Achten um die beiden Bälle herumwickeln. Wenn Sie fertig sind, sieht das Ganze aus wie eine Erdnuss.

TIPPS

Stimmt, diese Übung ist ganz schön intensiv, aber sie funktioniert wirklich gut. Wenn Sie an einem chronisch steifen Rücken leiden, machen Sie diese korrigierende Übung regelmäßig.

Der Effekt entwickelt sich beim Ausatmen, entspannen Sie sich also wirklich in dieser Bewegung.

Die kleinen Hanteln helfen Ihnen dabei, sich zu entspannen, lassen Sie sie also für ein besseres Ergebnis nicht einfach weg. (Falls Sie keine kleinen Gewichte haben, können Sie genauso gut Konservendosen nehmen.)

Hinweis: Falls Sie an Osteoporose leiden, lassen Sie diese Übung aus, da Sie sehr hohen Druck auf bestimmte Punkte an Ihrem Rücken ausübt.

Schritt 2: Öffnen Sie die Vorderseite des Brustkorbs

DEHNUNG DES KLEINEN BRUSTMUSKELS

- Um die linke Seite zu dehnen: Legen Sie sich auf den Bauch mit dem linken Arm in einem 90-Grad-Winkel zur Seite abgestreckt. Ziehen Sie ihn ein wenig nach außen, bis Spannung in Ihrer Brust entsteht. Biegen Sie Ihren linken Ellbogen sanft in einem 45-Grad-Winkel.
- Bringen Sie Ihre rechte Hand unter Ihre rechte Schulter und drücken Sie sich ab, sodass Ihre rechte Körperseite sich leicht vom Boden abhebt.
- Beugen Sie Ihre Knie und Hüften auf der rechten Seite in einem 90-Grad-Winkel und entspannen Sie sich. Sie sollten die Dehnung auf der Vorderseite der linken Schulter spüren.
- Halten Sie diese Position für 2–3 Minuten. Wechseln Sie dann die Seite.

TIPPS

Diese Position erlaubt es Ihnen, sowohl den Muskel als auch den Nerv zu dehnen. Falls Ihre Finger taub werden oder kitzeln, bringen Sie Ihren Ellbogen ein wenig näher an Ihre Taille heran. Diese Modifizierung wird die Dehnung Ihres Muskels ein wenig verringern, aber, was viel wichtiger ist, sie wird auch Ihren Nerv entlasten. Nerven werden nur ungern gedehnt!

Der Boden unterstützt Ihre Schulter, was diese Übung zu einer sicheren Dehnübung für den kleinen Brustmuskel macht. Die klassische Variante, bei der Sie sich an einem Türrahmen oder einer Wand stützen, kann zu Schulterinstabilität führen und sollte besser vermieden werden.

Schritt 3: Bringen Sie Ihre Schulterblätter dorthin zurück, wo sie hingehören

OVERHEAD-CARRY

Für diese Übung brauchen Sie eine olympische Langhantelstange (20 kg) oder eine leichtere Trainingsstange (8 bis 20 kg). Beides gibt es in den meisten Fitnessstudios. Zuhause können Sie einen Besenstiel oder ein Plastikrohr mit ein paar Fußgewichten an jeder Seite als Ersatz nehmen. Wichtig ist, dass die Stange schwer genug wird, um die Schulterblätter nach unten zu drücken, aber nicht so schwer, dass Sie sich verspannen, um Sie oben zu halten.

- Halten Sie die Stange mit beiden Händen etwa 15 cm über Ihre Schulterbreite hinweg, die Handflächen zeigen nach vorne, wenn die Stange über Ihrem Kopf ist.
- Drücken Sie die Stange über Ihren Kopf nach oben, bis Ihre Ellbogen gestreckt sind. Konzentrieren Sie sich darauf, Ihren Brustkorb vorne leicht nach unten zu richten, um ein Durchbiegen des Rückens zu verhindern.
- Gehen Sie so mindestens 45 Sekunden lang. Machen Sie 3 Wiederholungen.

TIPPS

Halten Sie Ihre Rippen unten. Wenn Ihre Arme sich nach oben bewegen, erlauben Sie Ihrer Brust nicht, sich mitziehen zu lassen.

Lassen Sie das Gewicht der Stange Ihre Schulter nach hinten und unten drücken. Versuchen Sie nicht, sie weiter nach oben zu drücken, sobald Sie sie einmal über Ihren Kopf gehoben haben.

Entspannen Sie Ihren Nacken und konzentrieren Sie sich darauf, Ihre Ellbogen gerade zu halten. Das Gewicht erledigt den Rest von alleine.

ARMKREISEN MIT BAND

- Stellen Sie sich mit den Füßen schulterbreit auseinander und halten Sie ein TheraBand (oder Resistenzband) in beiden Händen etwa auf Höhe Ihrer Taille. Die Handflächen zeigen dabei nach vorne. Erweitern Sie Ihren Griff, um ein wenig Spannung in das Band zu bringen. Ihre Hände sollten etwa 25 bis 30 cm über die Schulterweite hinaus platziert sein.
- Halten Sie Ihre Ellbogen gerade und bewegen Sie ihre Arme über den Kopf nach hinten, die Daumen drehen dabei nach außen/hinten.
- Wiederholen Sie die Übung 20 Mal und machen Sie dann direkt mit den Pull-Aparts auf S. 48 weiter.

TRAININGSEINHEIT: POSTURE FIX

PULL-APARTS

- Halten Sie ein TheraBand etwa auf Hüfthöhe. Die Arme sollten durchgestreckt sein und die Hände über die Schulterbreite hinaus auseinander. Halten Sie Ihre Ellbogen gerade und heben Sie Ihre Arme bis kurz unter Schulterhöhe vor dem Körper an.
- Ziehen Sie die Enden des Bands auseinande, bis Ihre Arme weit ausgestreckt sind und gehen Sie dann zurück in die Anfangsposition.
- Machen Sie 20 Wiederholungen.

Die Unterseite der „Dose"

Beim Laufen sollten Ihre Beine vorne und hinten unter Ihrem Körper schwingen können. Ich habe noch nie einen Distanzläufer gesehen, der beim Laufen nicht in der Lage war, seine Beine vor den Körper zu bekommen. Aber mit dem Schwingen nach hinten sieht die Sache schon ganz anders aus. Es ist sehr wichtig, dass Ihr Bein frei nach hinten hin schwingen kann, ohne die Wölbung Ihres Rückens zu verstärken. Lassen Sie uns das einmal überprüfen und das Problem in Angriff nehmen.

Hüftmobilitätstest

- Knien Sie sich in einem Türrahmen hin, der mittlere Rücken sollte den Rahmen dabei berühren. Der Oberschenkel des knienden Beins sollte vertikal sein, genauso wie das Schienbein auf der gegenüberliegenden Seite. In dieser Position sollte auch ein kleiner Zwischenraum zwischen dem Türrahmen und Ihrem unteren Rücken bestehen.

- Schieben Sie nun Ihr Steißbein vor, sodass der Hohlraum zwischen Ihrem unteren Rücken und dem Türrahmen verschwindet. Stellen Sie sich Ihr Becken dazu wie eine Schüssel Cornflakes vor, die Sie versuchen hinter sich auszuschütten. Diese Bewegung wird häufig als Beckenneigung bezeichnet. Was spüren Sie, sobald Sie in der Position sind?

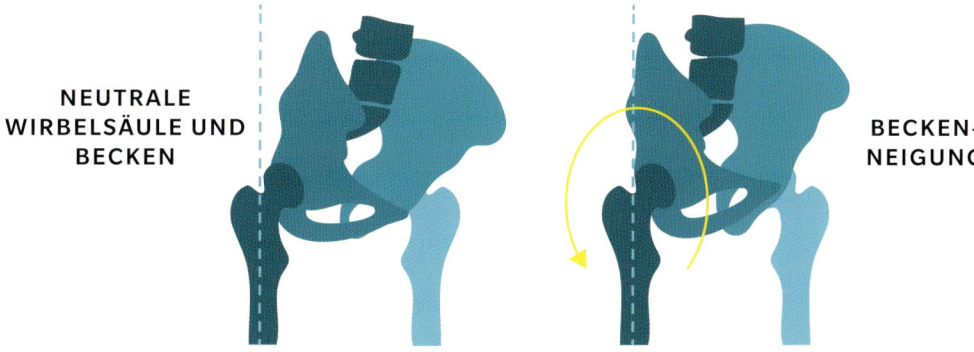

NEUTRALE WIRBELSÄULE UND BECKEN

BECKENNEIGUNG

Wenn Sie ein starkes Ziehen an der Vorderseite des Oberschenkels spüren, nehmen Sie die kniende Hüftflexorendehnung (S. 50) in Ihr wöchentliches Erhaltungstraining auf.

Wenn Sie gar nichts oder nur eine sanfte Verlängerung spüren, ist es nicht nötig, statische Dehnübungen für die Hüftflexoren zu machen. Die Entfesselt-Laufen-Workouts bauen genug dynamische Mobilitätsbewegungen ein, um zu gewährleisten, dass Sie die Hüftmobilität, die Sie haben, auch anwenden.

TRAININGSEINHEIT: POSTURE FIX

KNIENDE HÜFTFLEXORENDEHNUNG

- Knien Sie sich auf ein Schaumstoffpad oder ein Kissen und stellen Sie dabei sicher, dass der Oberschenkel des Beins, auf dem Sie knien, vertikal ist.
- Schieben Sie Ihr Becken vor (s. Anweisungen für die Beckenneigung im Abschnitt zum Hüftmobilitätstest auf S. 49). Halten Sie diese Position 3 Minuten lang.
- Um die Dehnung zu vertiefen, bewegen Sie den Fuß Ihres knienden Beins einige Zentimeter nach außen zur Seite hin (das lässt Ihren Oberschenkel inwärts rotieren), bevor Sie die Beckenneigung nach vorne durchführen.

Fußgelenkmobilitätstest

- Ziehen Sie Ihre Schuhe aus und stellen Sie sich vor eine Wand. Stellen Sie Ihren großen Zeh genau an die Wand und beugen Sie Ihr Fußgelenk, bis Ihr Knie die Wand berührt.

- Wenn Ihr Knie die Wand berührt, ohne dass Ihre Ferse sich vom Boden abhebt, haben Sie alle Beweglichkeit, die Sie zum Laufen brauchen. (Versuchen Sie es mit beiden Seiten.)
  Jetzt müssen wir auch noch überprüfen, ob Sie auch beweglich genug sind, um einige der Kniebeugen hinzubekommen, die wir ins unseren Workouts machen. Für Kniebeugen brauchen Sie schon ein bisschen mehr Bewegungsfreiraum in den Fußgelenken. Wenn Ihnen diese fehlt, schummeln Sie wahrscheinlich unbewusst und gleichen dies mit einer unvorteilhaften Wirbelsäulenposition aus.

- Markieren Sie eine Linie auf dem Boden, etwa 5 cm vor der Wand. Platzieren Sie nun Ihren großen Zeh auf dieser Linie und versuchen Sie abermals, die Wand mit Ihrer Kniescheibe zu berühren.

- Wenn Sie es schaffen, ohne die Ferse anzuheben, haben Sie den Test bestanden!
  Wenn nicht, lassen Sie uns einen Blick darauf werfen, was Sie davon abhält, Ihren ganzen Bewegungsumfang auszunutzen. Überprüfen Sie beide Seiten.

Wenn Sie einen der beiden Tests (Zeh an der Wand oder 5 cm vor der Wand) nicht bestanden haben, machen Sie die folgenden Übungen, um das Problem zu beheben.

Wenn Sie Steifheit vor dem Fußgelenk spüren,		machen Sie die Mobilitätsübung mit dem Fußgelenkband, S. 52.
Wenn Sie Steifheit hinter dem Fußgelenk spüren,		machen Sie den Burrito-Wadenstretch, S. 53.
Wenn Sie die Wand berühren können, aber Ihre Waden steif sind		machen Sie die Wadenrolle, S. 53.

TRAININGSEINHEIT: POSTURE FIX

MOBILITÄTSÜBUNG MIT FUßGELENKBAND

- Legen Sie ein geschlossenes Band um etwas Festes herum und stecken Sie ein Bein hinein. Stehen Sie so, dass die Befestigung hinter Ihnen liegt und schieben Sie den so entstandenen Gurt auf Ihr Fußgelenk hinunter.
- Treten Sie ein Stück hervor, um das Band zu spannen. Es sollte fest über dem Fußgelenk liegen.
- Halten Sie Ihren Fuß flach auf dem Boden und bewegen Sie das Schienbein nach vorne, während das Band das Fußgelenk nach hinten zieht. Halten Sie diese Position für 1 bis 2 Sekunden und entspannen Sie danach.
- Machen Sie 20 Wiederholungen und wechseln Sie das Bein, falls beide Seiten steif sind.

BURRITO-WADENSTRETCH

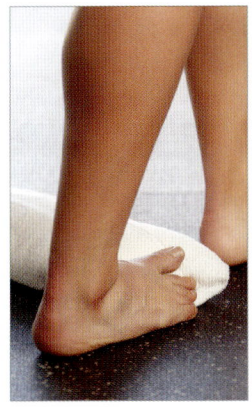

- Stehen Sie mit dem Fuß auf einem zusammengerollten Handtuch, sodass der große Zeh oben auf dem „Burrito" aufliegt und Ihre anderen Zehen an der Seite des Handtuchs liegen.
- Beugen Sie das Knie, während Sie Ihr Ferse flach auf dem Boden lassen. Halten Sie diese Position für 3 Minuten. Sie werden die Dehnung in der Wade spüren.

WADENROLLE

- Setzen Sie sich mit einer Faszienrolle unter einer Wade auf den Boden und überkreuzen Sie Ihre Beine so, dass das andere Bein oben aufliegt. Stellen Sie Ihre Hände hinter Ihrem Gesäß ab und heben Sie Ihr Gewicht auf Ihre Hände und Waden.
- Rollen Sie Ihre Wade über die Rolle auf und ab, und suchen Sie Punkte, die sich steif anfühlen. Beugen und strecken Sie Ihr Fußgelenk, um die Steifheit anzugehen.
- Machen Sie die Übung 2 Minuten lang ein paar Tage pro Woche, bis Ihre Wade sich besser anfühlt.

TRAININGSEINHEIT: POSTURE FIX

NEUE HALTUNG, NEUE LAUFFORM

Es ist wichtig, Ihre neutrale Wirbelsäulenposition finden und spüren zu können. Wenn Sie einmal wissen, wie es sich anfühlt, gerade zu stehen, können Sie Ihre beste Haltung beim Stehen, Gehen, Trainieren und Laufen an den Tag legen. Eine bessere Haltung hilft Ihrem Körper bei allem was Sie tun, in Bestform zu arbeiten. Denken Sie daran, wir alle haben eine Wölbung in unserem Nacken, mittleren und unteren Rücken. Das hilft bei der Stoßdämpfung. Wenn Fallschirmjäger mit einer geraden Wirbelsäule landen, besteht ein sehr hohes Risiko, dass Ihre Rückenknochen beim Aufschlag sprichwörtlich explodieren. Wenn Sie mit einer schlechten Haltung laufen, geht Ihr Rücken wahrscheinlich nicht sofort in die Luft, aber wir sind uns einig, dass sich das Laufen viel besser anfühlt, wenn die normale Wölbung Ihres Rückens ein wenig Belastung abfedern kann. Die Anatomie ist bei uns allen ein wenig unterschiedlich, aber wir können unsere spezifische Haltungsausrichtung erspüren. Viele Läufer (und Trainer) denken, dass ein gebogener Rücken schlecht ist, und so versuchen sie ihre Haltung zu verbessern, indem sie den Bauch nach oben hoch und innen einziehen, da so das Steißbein vorgeschoben wird. Das wirkt aber aus zwei verschiedenen Gründen nicht.

Haltungstest

Dieser Test ist ganz leicht: Stellen Sie sich aufrecht hin, die Beine etwa schulterbreit auseinander und entspannen Sie sich in Ihrer normalen Haltung. Versuchen Sie es. Wo liegt Ihr Gewicht auf? (Ja, Sie müssen das wirklich machen!)

Wenn Ihr Gewicht auf dem Mittelfuß aufliegt, dann ist das toll! Das ist die beste Position für alle Arten von Aktivität. Das ist Ihre neutrale Wirbelsäulenposition.

Wenn Ihr Gewicht auf dem Hinterfuß aufliegt, legen Sie eine Hand auf Ihren Bauchnabel und eine Hand auf Ihr Brustbein. Halten Sie die untere Hand still und führen Sie die Rippen leicht nach unten und vorne, bis Sie merken, dass der Gleichgewichtspunkt von Ihren Fersen in Richtung Mittelfuß verlagert wird. Stellen Sie sicher, dass Sie die Bewegung aus dem Brustkorb heraus machen und nicht mit dem Nacken! Halten Sie diese Rumpfposition nun und lassen Sie Ihre Arme seitlich nach unten hängen. Drehen Sie Ihre Hände so, dass die Handflächen nach vorne zeigen. Das wird Ihnen dabei helfen, Ihre Schulterblätter nach unten zu ziehen und mit Ihrem Rücken in Einklang zu bringen. Lassen Sie Ihre Schulterblätter nun in dieser Position und entspannen Sie Ihre Arme.

Wenn Ihr Gewicht auf dem Vorderfuß aufliegt, lehnen Sie sich wahrscheinlich von den Fußgelenken oder dem unteren Rücken aus zu weit nach vorne. Bewegen Sie Ihre Hüften leicht über Ihre Füße hinweg nach hinten und schauen Sie, wie sich das anfühlt. Wenn Sie Ihr Gewicht so auf den Mittelfuß bekommen, toll. Wenn Sie nun auf der Ferse stehen, führen Sie die Hinterfußsequenz oben durch.

Sobald Sie Ihre neutrale Wirbelsäulenposition gefunden haben, stellen Sie sich auf ein Bein und dann auf das andere. Prägen Sie sich mental gut ein, wie sich diese Haltung anfühlt und kommen Sie täglich beim Laufen wieder zu dieser Position zurück, bis Sie in Ihrem Muskelgedächtnis „verkabelt" ist.

TRAININGSEINHEIT: POSTURE FIX

Erstens beanspruchen wir so wichtige Muskeln für den falschen Job. Die tiefliegenden Wirbelsäulenmuskeln stabilisieren die Wände Ihrer „Dose". Wenn Sie Ihr Steißbein vorschieben, nutzen Sie unbewusst die Muskeln, die für die Wirbelsäulenflexion zuständig sind (die geraden Bauchmuskeln, Ihr „Sixpack"), um das Steißbein zu bewegen. Dadurch werden die Außenseiten Ihrer „Dose" instabil und können beschädigt werden. Ein Sixpack ist zwar nett anzusehen, aber beim Laufen hilft er Ihnen eher weniger.

Was das Ganze noch schlimmer macht: Ein vorgeschobenes Steißbein beeinträchtigt Ihren Bewegungsspielraum. Schieben Sie Ihr Steißbein mal schön weit vor und versuchen, ein paar Schritte zu gehen. Sie werden sehen, dass es fast unmöglich ist, sich so zu bewegen. Indem Sie Ihr Steißbein vorschieben, nutzen Sie praktisch den ganzen

Bewegungsspielraum Ihrer Hüfte, was dazu führt, dass Sie sie nicht mehr nach hinten hin bewegen können. Es geht einfach nicht. Es ist wichtig, dass Sie wirklich spüren, dass diese Bewegung nicht mehr möglich ist, damit Sie diese Lösung ein für alle Mal aus Ihrem Repertoire streichen können. Im Falle von Läufern, die eine ausgeprägte Wölbung der Lendenwirbelsäule haben, müssen wir Korrekturen über dem Beckenbereich ausführen. Wenn Sie den Haltungstest zum ersten Mal machen und sich selbst so korrigieren, dass Ihr Gewicht auf dem Mittelfuß zu liegen kommt, haben Sie vielleicht das Gefühl, gegen den eigenen Körper anzukämpfen. Falls das bei Ihnen der Fall ist, haben Sie wahrscheinlich eine Mobilitäts- oder Stabilitätsblockade auf der Ober- oder Unterseite Ihrer „Dose", die es Ihnen erschwert, Ihre optimale Haltung einzunehmen. Bevor Sie irgendetwas anderes tun, empfehle ich Ihnen wirklich jegliche Blockaden in Ordnung zu bringen. Versuchen Sie ruhig, Änderungen vorzunehmen, aber wenn Sie eine Blockade haben, dann müssen Sie diese erst beseitigen, so wie wir es im Test-Abschnitt beschrieben haben. Sie können sich immer nur so gut bewegen, wie Ihr Körper es Ihnen erlaubt. Sobald sich Ihre Mobilität verbessert und Sie gute Fortschritte mit den Übungen zur „Neuverkabelung" Ihrer Bewegungen machen, wird sich das alles immer normaler anfühlen.

Eine gute Grundlage wird sich positiv auf mögliche Belastungen Ihres Rückens, Ihr Gleichgewicht, die Belastung, die Ihr Körper erfährt, und letztendlich Ihre Laufzeiten auswirken. Indem Sie die richtigen Bewegungen kontinuierlich wiederholen, verwandeln sie sich in Gewohnheit. Und an der Haltung kann man Ihre Gewohnheiten sehr gut ablesen. Desto mehr Sie gute Haltung üben, während Sie gerade nicht laufen, desto einfacher wird es Ihnen vorkommen, die richtige Haltung auch beim Laufen zu finden und über mehrere Kilometer hinweg zu halten. Nehmen Sie sich bei jeder Übung und bei jedem Lauf einen Moment Zeit, um die richtige Haltung zu finden und die Art und Weise, auf die Sie sich bewegen zu optimieren, um letztendlich Ihre Laufzeiten zu verbessern.

Rumpfstabilität ist ein ganz schön abgenutztes Thema in der Fitness-Welt. Ihr Rumpf ist kein einzelner Körperteil, den Sie so in einem Anatomiebuch nachschlagen können. Und er wird auch nicht (effektiv) stärker, indem Sie einfach nur Crunches machen. Es handelt sich vielmehr um verschiedene Einzelteile, die miteinander verbunden sind und eine stabile Grundlage bilden, so dass die Muskeln, die daran und darum liegen Ihre Arbeit machen können. Ihre Gelenke erspüren die richtige Position, Ihre Muskeln sorgen für Spannung und Ihr neuromuskuläres System muss trainiert werden, um die Bewegungen in einer für das Laufen spezifischen Art und Weise zu koordinieren.

Diese Feedback-Schleife liegt nicht nur in Ihrer Bauchdecke, sondern überall dort, wo Sie sich bewegen. Um genau zu sein, hat jedes Gelenk einen Mittelpunkt, genau so, wie der Rumpf der Mittelpunkt des Körpers ist. Es handelt sich dabei um ein System von stabilisierenden und sich bewegenden Muskeln. Und wir werden dafür sorgen, dass jedes Ihrer Gelenke eine solide Grundlage hat, bevor wir Sie richtig in Bewegung bringen.

Jetzt haben wir einen Plan, um die Steifheit zu bekämpfen, die uns eine schlechte Haltung einnehmen lässt, und wir haben gelernt, wie wir eine neutrale Wirbelsäulenposition finden und erspüren. Nun müssen wir als Nächstes unserem Körper beibringen, Ober- und Unterkörper zu integrieren und zusammen zu stabilisieren. Wir wollen sicherstellen, dass Sie lernen, die Hüften und Schultern zu bewegen, ohne Ihre „Dose" anzuknacksen. Zum Laufen benötigen wir dynamische Stabilität, nicht nur statische Stabilität. Deshalb machen wir keine isometrischen Übungen oder Unterarmstützen in den Workouts für Präzisionsbewegungen. Wir lernen durch Bewegungen, also lassen Sie uns in Bewegung kommen und lernen, uns besser zu bewegen.

▷ HALTUNG LERNEN

SLING ROW

- Stellen Sie sich gerade hin und halten Sie die Griffe eines Schlingentrainers ungefähr auf Brusthöhe. Lehnen Sie sich nach hinten, halten Sie den Körper dabei gerade und Ihre Ellbogen ganz ausgestreckt.
- Führen Sie Ihre Hände in Richtung Brust, ziehen Sie Ihre Schulterblätter zusammen und entspannen Sie Ihren Nacken und oberen Trapezmuskel.
- Machen Sie 3 Durchgänge zu je 10 Wiederholungen.

TIPP

Falls Sie keinen Schlingentrainer haben, sind ein Seil oder ein Riemen eine günstige Alternative.

HALTUNG LERNEN

VORSTRECKEN

- Knien Sie sich hin und halten Sie die Griffe eines Schlingentrainers. Halten Sie Ihre Schultern unten und hinten. Lehnen Sie sich nach vorne in den Trainer hinein.

- Reichen Sie mit den Armen über Ihren Kopf hinweg so weit Sie können, ohne dabei Ihre Schultern zusammenzuziehen. Halten Sie Ihre Schulterblätter flach über den Rippen.

- Halten Sie Ihre Wirbelsäule stabil, und falls Sie merken, dass Ihr Becken sich zu weit nach vorne neigt oder Ihr Rücken sich durchbiegt, reichen Sie nicht so weit nach vorne und passen Sie Ihre Haltung an.

- Machen Sie 3 Durchgänge zu je 10 Wiederholungen.

TIPP

Um diese Übung einfacher zu machen, können Sie die Schlinge höher einstellen, sodass Ihr vollständig gestreckter Körper in einer weniger horizontalen Position ist. Um sie schwieriger zu machen, können Sie die Schlinge ein wenig herunterlassen, um die Übung in einer horizontaleren Position durchzuführen.

DONKEY TOES

- Beginnen Sie die Übung im Vierfüßlerstand mit nach vorne zeigenden Daumen und nach außen zeigenden Fingern. Stützen Sie sich nun nur auf Ihre Hände und Zehen und halten Sie dabei Ihre Oberschenkel und Arme senkrecht zum Boden (etwa so wie ein Couchtisch).
- Halten Sie Ihre Wirbelsäule stabil und heben Sie einen Oberschenkel in Richtung Decke. Halten Sie Ihr Knie dabei in einem 90-Grad-Winkel.
- Kommen Sie auf alle Vieren zurück und wiederholen Sie die Übung mit dem anderen Bein.
- Führen Sie 2 Minuten lang kontinuierlich abwechselnde Bewegungen durch.

TIPP

Wenn Ihnen 2 Minuten durchgängig zu viel sind, beginnen Sie zunächst mit 4 Sätzen zu je 30 Sekunden, um die Bewegungsabläufe richtig zu verinnerlichen.

BEAR WALK

- Beginnen Sie diese Übung wieder im Vierfüßlerstand und stützen Sie sich dann auf Ihre Hände und Zehen.
- Halten Sie Ihren Rücken flach wie eine Tischplatte und gehen Sie mit gegenüberliegenden Gliedmaßen vorwärts (d. h. rechte Hand mit linkem Fuß).
- Machen Sie 30 Schritte vorwärts und 30 Schritte rückwärts.

BESSERES LAUFEN DURCH PRÄZISION UND PERFORMANCE

Das Geheimnis der Gegenrotation

Grundsätzlich laufen wir vorwärts, aber beim Laufen müssen wir uns ganz schön anstrengen, um alle drei Dimensionen zu kontrollieren: unsere Front- und Seitachse und die Drehung. Das Konzept der Drehkraft wird in der Welt des Laufens eher selten besprochen, dabei ist es von allergrößter Bedeutung. Kennen Sie Rasseltrommeln? Dieses uralte Spielzeug, das schon viele Naturvölker benutzten, kann uns das Konzept näherbringen.

Wenn Sie den Stab am unteren Ende dieser Trommel, an der zwei Schnüre mit kleinen Kugeln befestigt sind, in der Hand halten und gleichmäßig in beide Richtungen drehen, dann bewegen sich diese Kugeln und schlagen die Trommel synchron auf beiden Seiten. Aber wenn wir den Stab ein wenig beugen und dann drehen, dann bringen wir die Kugeln durcheinander. Statt des flüssigen gegenseitigen Energieaustauschs, den wir zuvor beobachten konnten, ist es nun zu einer Blockade im System gekommen. Und alles wackelt herum.

Mit diesem Beispiel können wir das Konzept des freien Moments verstehen. Beim Vorwärtslaufen ergibt sich eine rotierende Energie in Ihrem ganzen Körper. Sobald Ihr Fuß auf dem Boden aufkommt, versucht diese rotierende Energie, Ihren Rumpf und Ihr Bein nach innen zu drehen. Im Idealfall wird diese Drehung durch die Gegenrotation auf der gegenüberliegenden Körperseite mit ein bisschen Hilfe der Muskeln ausgeglichen, um den Körper wieder in eine gerade Position zu bringen. Es handelt sich hierbei um das dritte Newtonsche Gesetz, das besagt, dass es zu jeder Kraft (Aktion) eine gleich große Gegenkraft (Reaktion) gibt.

Gegenrotation ermöglicht Ihrem Körper beim Vorwärtslaufen relativ gleichmäßige Bewegungsabläufe. Aber manchmal kommt Ihre Rasseltrommel aus dem Gleichgewicht. Vielleicht liegt es an einem versteiften Fuß, der sich dem Bodenbelag nicht richtig anpasst, oder vielleicht ist die Koordination Ihrer Wirbelsäulenrotation noch verbesserungswürdig. Letzten Endes handelt es sich um eine Blockade in Ihrem Körper, die Ihnen eine korrekte Rotation unmöglich macht.

Und wenn wir uns nicht drehen können, dann brechen wir seitlich ein, wodurch die normale Krafteinwirkung von 10–15 Prozent des Körpergewichts um bis zu 2–3 Mal erhöht wird. Diese Instabilität erschwert das Laufen um ein Vielfaches und spielt eine wichtige Rolle bei Instabilitätsverletzungen im ganzen Körper. Aber das bekommen wir recht leicht wieder in Ordnung.

Stellen wir zunächst sicher, dass alle Gelenke den notwendigen Bewegungsspielraum haben, um sich richtig drehen zu können, und die nötige Stabilität, um die Bewegung zu kontrollieren, sodass Sie vorwärtslaufen können, ohne eine zu starke seitliche Belastung zu spüren. Besonders müssen wir darauf achten, dass Sie zu Folgendem in der Lage sind:

1. Drehung der Wirbelsäule
2. Lenkung aus der Hüfte heraus
3. Anpassung des Fußes

▷ DREHUNG DER WIRBELSÄULE

Das Thema Rotationskontrolle durch die Wirbelsäule ist eine tolle Möglichkeit, uns die Rumpfmuskeln einmal vorzunehmen. Diese Muskeln müssen nicht unbedingt superstark sein, aber Sie müssen sich mit Vorsatz bewegen. Wenn man Läufern sagt, dass sie ihre Wirbelsäule einmal biegen sollen, beugt sich die große Mehrheit seitwärts. Wenn Sie nicht geübt haben, Ihre Wirbelsäule auf Kommando rotieren zu lassen, dann wird es Ihrem Körper praktisch unmöglich sein, die richtige Drehung beim Laufen durchzuführen. Die Crunches und Unterarmstützen, die Läufern so oft ans Herz gelegt werden, helfen nicht dabei, dieses Problem zu lösen. Indem Sie die Rotation in Angriff nehmen, können Sie sicher sein, dass Ihr Rumpf im Team mit dem Rest Ihres Körpers zusammenarbeitet und nicht isoliert. Und dieses Training verhilft Ihnen auch zu einer stabilen Wirbelsäule, was wiederum zu gesunden Bandscheiben und Gelenken führt, wodurch Ihr Verletzungsrisiko sinkt.

ABBILDUNG 6.1 Beim Laufen rotieren Sie
Die Gegenrotation hilft Ihnen dabei, den Körper zu stabilisieren und effizienter laufen zu können.

KRIEGER MIT DREH

- Machen Sie aus dem Stehen einen hohen Ausfallschritt. Stellen Sie beide Hände auf der Innenseite Ihres vorderen Fußes ab. Achten Sie darauf, dass Ihr hinteres Bein gerade hinter Ihnen gestreckt ist.
- Heben Sie Ihre äußere Hand vom Boden ab und drehen Sie Ihren Oberkörper. Strecken Sie dabei Ihren Arm in Richtung Decke. Drehen Sie Ihren Rumpf, nicht nur Ihre Arme und Ihren Kopf. Halten Sie und zählen Sie bis Eins.
- Kommen Sie zurück in die Ausgangsposition und wiederholen Sie die Übung mit dem anderen Arm.
- Führen Sie die Drehung 5 Mal durch. Machen Sie dann einen Ausfallschritt mit dem anderen Bein und wiederholen Sie das Ganze 5 Mal auf der anderen Seite.

TIPP

Stellen Sie sich vor, Sie hätten eine Kamera auf der Brust und Sie müssten den Oberkörper so weit anheben, dass Sie ein Foto von den Leuten links und rechts neben Ihnen machen können. Wenn Sie nur Ihre Arme verbiegen, funktioniert das nicht.

DREHUNG DER WIRBELSÄULE

DAS GEHEIMNIS DER GEGENROTATION

DREHUNG DER WIRBELSÄULE

DREHUNG MIT MEDIZINBALL

- Legen Sie sich auf den Rücken, die Knie im 90-Grad-Winkel angehoben.
- Halten Sie einen Medizinball (2–8 kg) in beiden Händen und halten Sie Ihren Unterkörper möglichst still, während Sie den Ball, Ihren Oberkörper und Kopf zur Seite drehen.
- Bewegen Sie den Ball weiter von einer Seite zur anderen. Ihr Kopf ruht dabei auf dem Boden und beide Arme sind so gerade wie möglich.
- Machen Sie 40 Wiederholungen auf jeder Seite (80 insgesamt).

BRÜCKENDREHUNG MIT BALL

- Legen Sie sich so auf einen Gymnastikball, dass Ihr Kopf und Ihre Schultern darauf ruhen, die Knie im 90-Grad-Winkel und Ihre Füße schulterbreit auseinander sind. Halten Sie Ihren Körper (Schultern, Hüften und Knie) in Brückenposition.
- Heben Sie Ihre Arme und verschlingen Sie Ihre Finger ineinander.
- Rollen Sie Ihre Arme, Ihren Oberkörper und Kopf zuerst zur einen und dann zur anderen Seite.

TIPPS

Achten Sie darauf, dass Ihr Rücken unbewegt bleibt und Ihr Gesäß arbeitet, um Ihre Wirbelsäule oben zu halten.

Falls Sie Spannung in Ihrem Rücken spüren, lassen Sie Ihre Hüfte leicht abfallen. Machen Sie die Übung zwei Minuten lang.

DREHUNG DER WIRBELSÄULE

DREHUNG DER WIRBELSÄULE

STÜTZDREHUNG MIT BALL

- Stellen Sie Ihre Hände auf den Boden, als ob Sie Push-Ups machen wollten (die Daumen zeigen nach vorne und die Finger nach außen) und balancieren Sie mit Ihren Schienbeinen auf einem Gymnastikball.
- Ziehen Sie Ihre Beine unter den Körper, sodass Ihre Hüften nach oben in Richtung Decke gebracht werden. Drehen Sie Ihren Oberkörper in dieser Position, um den Ball so weit wie möglich zu rollen. Führen Sie ihn in kontrollierten Bewegungen von links nach rechts.
- Machen Sie 3 Sätze zu je 30 Sekunden mit jeweils 30 Sekunden Pause zwischen den Sätzen.

TIPP

Halten Sie Ihre Hüften und Knie während der gesamten Rotation in einem 90-Grad-Winkel gebeugt, als ob Sie in einem Stuhl sitzen würden.

HÜFT-SCOOTS

- Setzen Sie sich mit ausgestreckten Beinen auf den Boden. Versuchen Sie, in einem 90-Grad-Winkel zu sitzen, sodass Ihr unterer Rücken und Ihr Becken gerade und nicht abgerundet sind.
- Verschlingen Sie Ihre Hände und strecken Sie sie vor sich. Drücken Sie Ihre Schultern dabei nach unten und weg von Ihren Ohren.
- Halten Sie Ihren Oberkörper still, heben Sie eine Hüfte leicht an und drehen Sie sie vorwärts, sodass sich Ihr Bein nach vorne bewegt. Heben und drehen Sie dann die andere Hüfte.
- Machen Sie drei Sätze mit je 10 Vorwärtsbewegungen (5 Scoots auf jeder Seite) und dann 10 Rückwärtsbewegungen.

TIPP

Stellen Sie sich vor, Sie wollten Ihr Bein durch eine drehende Hüftbewegung verlängern. Sie können sich auch vorstellen, Sie würden kleine Schrittbewegungen mit Ihren Sitzhöckern machen.

DREHUNG DER WIRBELSÄULE

DREHUNG DER WIRBELSÄULE

SUPER-SEITSTÜTZ MIT BALL

- Legen Sie sich auf die Seite und halten Sie einen Gymnastikball zwischen Ihren Füßen.
- Stützen Sie sich auf Ihren Ellbogen und ziehen Sie zur Unterstützung Ihre Schulterblätter am Brustkorb entlang nach hinten und unten.
- Heben Sie Ihre Hüften so, dass Ihr Oberkörper parallel zum Boden ist und kommen Sie dann in die Ausgangsposition zurück.
- Machen Sie 25 Wiederholungen auf jeder Seite.

TIPP

Das Schwierige hierbei ist, die Bewegung nach oben und unten stets seitlich durchzuführen, ohne den Körper in Richtung Boden zu drehen.

DREHUNG DER WIRBELSÄULE

ARMSTÜTZ MIT THERABAND

- Befestigen Sie ein TheraBand an einem Punkt einige Zentimeter (höchstens etwa 30 Zentimeter) über dem Boden. Gehen Sie in eine Armstützposition mit gestreckten Armen und dem Band senkrecht zu Ihrem Körper. Ihre Füße sollten etwas weiter als eine Schulterbreite auseinander sein.
- Stützen Sie Ihren Oberkörper auf den Arm, der dem Befestigungspunkt des Bands am nächsten ist und reichen Sie mit der gegenüberliegenden Hand unter Ihrer Brust hindurch, um das Band zu greifen.
- Kommen Sie aus der Drehung heraus zurück in die Stützposition. Halten Sie dabei die Schulterblätter gerade über den Rippen und strecken Sie den Arm, der das Band hält, seitwärts, bis er gerade und parallel zum Boden ist.
- Führen Sie das Band zurück zum Befestigungspunkt.
- Machen Sie 20 Wiederholungen auf jeder Seite.

TIPP

Die Hauptarbeit dieser Drehung sollte im Oberkörper geschehen, wobei der Unterkörper stillhält.

DAS GEHEIMNIS DER GEGENROTATION | 69

DREHUNG DER WIRBELSÄULE

KNIEBEUGEN MIT AUSGESTRECKTEN ARMEN UND POWERBAND

- Befestigen Sie ein Powerband an einem Punkt, der zwischen Brust und Taillenhöhe liegt, und stehen Sie senkrecht zum Band. Stellen Sie sich weit genug vom Befestigungspunkt weg auf, um das Band zu spannen.
- Stellen Sie Ihre Füße etwas weiter als hüftbreit auseinander, halten Sie das Band in beiden Händen und strecken Sie Ihre Schultern nach vorne. Die Spannung des Bands sollte Ihren Körper nach innen drehen.
- Arbeiten Sie gegen diese Drehung an, indem Sie sich weit genug nach hinten lehnen, um Ihren Ober- und Unterkörper gerade zu halten, während Sie Kniebeugen machen.
- Machen Sie 20 Wiederholungen auf jeder Seite.

TIPPS

Falls Ihre Knie sich zu weit nach vorne bewegen oder sich Ihr Rücken wölbt, stellen Sie einen Stuhl hinter sich, und gehen Sie nur so weit nach unten, bis Sie ihn berühren.

Gehen Sie näher an den Befestigungspunkt heran, um die die Belastung zu verringern. Gehen Sie weiter vom Befestigungspunkt weg, um sie zu erhöhen.

HÄNGENDE WIRBELSÄULENDREHUNG

- Hängen Sie sich mit entspannten Armen an eine Pull-Up-Stange. Heben Sie Ihre Hüften und Knie, als ob Sie auf einem Stuhl sitzen würden.
- Versuchen Sie, Ihren Bauchnabel stillzuhalten und beugen Sie sich seitwärts, wobei Ihre rechte Hüfte sich in Richtung Ihrer rechten Schulter bewegt. Heben Sie dann Ihre linke Hüfte in Richtung Ihrer linken Schulter. Ihr Körper sollte dabei möglichst wenig schwingen.
- Machen Sie 25 Wiederholungen auf jeder Seite (50 Wiederholungen insgesamt).

AUS DER HÜFTE HERAUS STEUERN

▷ **AUS DER HÜFTE HERAUS STEUERN**

Klar, die Muskeln in den Hüften bewegen den Körper vorwärts, aber sie spielen auch eine große Rolle bei der Verletzungsprävention, da sie die Beinbewegung vorgeben. Diese Rotation wirkt nicht nur auf die Hüfte, sondern hilft Ihnen auch dabei, die Knie- und Fußposition besser zu kontrollieren. Manche sagen, der Gluteus Maximus (großer Gesäßmuskel) sei besser als jede Orthese.

GESÄßMUSKEL-RAINBOW

- Beginnen Sie die Übung auf allen Vieren, die Daumen zeigen nach vorne und die anderen Finger zur Seite. Stellen Sie sich ein Lot vor, das von Ihrer Brust hängt. Halten Sie es still während Sie sich bewegen.

- Heben Sie ein Bein hinter sich, sodass Ihr Oberschenkel horizontal und in einer Linie mit Ihrem Oberkörper ausgerichtet ist, und beugen Sie Ihr Knie in einem 90-Grad-Winkel. Die Fußsohle zeigt dabei in Richtung Decke.

- Halten Sie Ihren Oberschenkel genau auf einer Höhe mit Ihrem Becken und drehen Sie Ihre Hüfte nach außen, um einen Regenbogen zu beschreiben. Die Innenseite des Fußes zeigt dabei nach innen.

- Halten Sie Ihre Wirbelsäule stabil und drehen Sie Ihr Bein wieder nach außen, um eine Wiederholung abzuschließen.

- Machen Sie 10 Wiederholungen auf jeder Seite.

TIPP

Wölben oder verschieben Sie Ihren unteren Rücken nicht.

Die Bewegung sollte nur aus der Hüfte herauskommen.

HÜFTDREHUNG MIT BAND

- Befestigen Sie ein TheraBand auf Taillenhöhe, stehen Sie im rechten Winkel zu dem Band und ziehen Sie das Band um Ihr Becken, sodass es genau auf Ihrer Taille zu liegen kommt.
- Legen Sie Ihre Hände auf Ihre Hüften und halten Sie das Band dabei mit ein wenig Spannung.
- Stehen Sie auf dem Bein, an dem das Band endet (falls Sie das Band von rechts her gewickelt haben, stehen Sie auf dem linken Bein) und drehen Sie Ihr Becken nach innen und außen. Halten Sie Ihre Hüften dabei auf einer Linie.
- Machen Sie 40 Wiederholungen auf jeder Seite.

TIPP

Gehen Sie näher an den Befestigungspunkt heran, um die Belastung zu verringern. Gehen Sie weiter vom Befestigungspunkt weg, um sie zu erhöhen.

AUS DER HÜFTE HERAUS STEUERN

AUS DER HÜFTE HERAUS STEUERN

STEHENDE HÜFTKREISE

- Legen Sie Ihre Hände auf die Hüften und heben Sie ein Knie an, sodass Ihr Oberschenkel parallel zum Boden und Ihre Knie in einem 90-Grad-Winkel vor Ihnen gebeugt ist.
- Bewegen Sie Ihr Bein seitlich nach außen.
- Halten Sie Ihr Knie auf derselben Höhe und drehen Sie Ihren Fuß nach hinten. Das Becken bleibt dabei gerade.

AUS DER HÜFTE HERAUS STEUERN

- Schieben Sie Ihr gebeugtes Bein gerade nach hinten, sodass Ihr Fuß hinter Sie zeigt.
- Spreizen Sie die Hüfte weit ab und drücken Sie das Bein nach außen vom Körper weg.
- Bewegen Sie das Bein nun wieder zurück und setzen Sie den Fuß auf dem Boden ab. Jeder Teil der Übung sollte genau und bewusst ausgeführt werden.
- Machen Sie 5 Wiederholungen auf jeder Seite, wechseln Sie dabei rechts und links ab.

TIP

Achten Sie auf Ihre Handposition auf den Hüften, um Ihren Rücken gerade zu halten.

AUS DER HÜFTE HERAUS STEUERN

BRATHÄHNCHEN

- Liegen Sie auf dem Rücken und legen Sie ein Bein in den Schlingentrainer. Die Schlinge sollte kurz unter Ihrem Knie liegen. Strecken Sie Ihr freies Bein neben dem Bein in der Schlinge aus. Heben Sie Ihre Hüfte in eine Brücke und strecken Sie die Arme über Ihrer Brust aus, die Hände sind dabei zusammengelegt.

- Halten Sie die Kniescheibe des Beins in der Schlinge nach oben und drehen Sie Ihr Becken auf einer imaginären Achse nach außen, so als wollten Sie ein Brathähnchen im Ofen drehen.

- Rotieren Sie wieder nach innen in die Ausgangsposition. Die Hüfte sollte bei jeder Wiederholung ganz nach innen und außen gedreht werden. Ihr Rücken bleibt dabei still und Ihre Hände bleiben über dem Körper gestreckt.

- Machen Sie 2 Sätze zu je 8 Wiederholungen auf jeder Seite.

TIPPS

Achten Sie darauf, ob Sie die rechte und linke Seite gleichmäßig drehen.

Falls Sie jeglicher Verspannungen im unteren Rücken spüren, pressen Sie Ihren Brustkorb leicht nach unten, bis die Spannung verschwindet.

▷ FUßANPASSUNG

Ihr Fuß ist kein Ziegelstein. Er ähnelt vielmehr einer Blattfeder mit der Fähigkeit, sich zu drehen und sich dem Boden anzupassen, um Sie stabil zu halten. Um dies möglich zu machen, ist es sehr wichtig, eine gute Beweglichkeit Ihres Vorder- und Hinterfußes zu gewährleisten und die Bewegung zwischen diesen beiden Teilen Ihres Fußes durch die Muskeln in Ihrem Fuß spezifisch zu kontrollieren. Falls Sie Ihr Gleichgewicht verbessern möchten, müssen Sie als erstes Ihren großen Zeh in den Boden drehen. Schummeln Sie dabei nicht! Sie sollten die Bewegung nicht durch den Hinterfuß ausgleichen.

Fußbeweglichkeits-Test

- Stellen Sie sich auf ein Bein und schließen Sie die Augen. Was geschieht? Wohin verlegt sich Ihr Gleichgewicht? Ein bisschen zu wackeln ist normal, aber Ihr Gewicht sollte über den gesamten Fußballen verteilt sein.

- Stellen Sie sich nun auf das andere Bein. Es ist möglich, dass Ihre Füße sich ganz unterschiedlich bewegen. Machen Sie sich also keine Gedanken, wenn Ihre Gleichgewichtsstrategie auf beiden Seiten ganz anders ist.

Wenn Sie eine Tendenz zu einem seitlichen Abschweifen auf die Außenseite Ihres Fußes bemerken,	haben Sie wahrscheinlich eine sogenannte Varusstellung der weichen Gewebe des Vorderfußes. Dies geschieht durch ein zu straffes seitliches Band in der Aponeurosis plantaris, einer Sehnenplatte im Bereich der Fußsohle, das versucht, Ihren großen Zeh vom Boden abzuheben. Falls das bei Ihnen der Fall ist, wird die folgende Übung für die Mobilität des Vorderfußvarus' diese Spannung verringern und so den Kontakt Ihres Vorderfußes mit dem Boden verbessern.
Wenn Sie einen gleichmäßigen Druck auf dem gesamten Fuß bemerken,	müssen Sie keine Mobilitätskorrekturen vornehmen.
Wenn Sie besonders wackelig auf den Füßen waren,	nehmen wir dieses Problem in Angriff, indem wir Ihre Fußkoordination durch Zehenyoga und unsere Übungen für jedes Ihrer beiden Beine am Ende des Kapitels verbessern.

Schritt 1: Bekommen Sie Ihren großen Zeh auf den Boden

FUßANPASSUNG

ÜBUNG FÜR DIE MOBILITÄT DES VORDERFUßVARUS

- Stellen Sie sich auf einen kleinen Ball (hier einem Lacrosseball) unter Ihrer vierten und fünften Mittelfußknochen (genau hinter dem Fußballen). Ihre Ferse ist dabei in Kontakt mit dem Boden. Biegen Sie Ihre Zehen leicht nach innen und beugen Sie Ihre Knie leicht.

- Legen Sie Ihre Hände auf Ihre Hüften und drehen Sie Ihr Becken und Ihren Rumpf etwa 90 Sekunden lang nach links und rechts. Der Ball sollte sich überhaupt nicht unter Ihrem Fuß bewegen. Konzentrieren Sie sich stattdessen darauf, Ihren Oberkörper zu drehen.

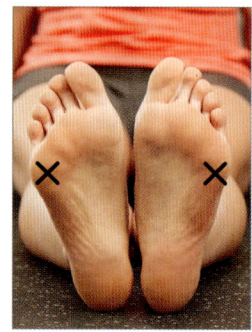

Wenn Ihr Fuß im Fußbeweglichkeits-Test seitlich abgedriftet ist, dann wird dieser Bereich Ihres Fußes die Übung für die Mobilität des Vorderfußvarus' ganz schön zu spüren bekommen. Es ist in Ordnung, trotzdem weiter zu machen, aber erlauben Sie Ihrem Fuß auch, sich auszuruhen. Wenn Sie den Fuß vom Ball nehmen und sich auf ein Bein stellen, sollten Sie einen spürbaren Unterschied bemerken. Der Fuß sollte sich von der Außen- zur Innenseite hin flacher anfühlen und es sollte Ihnen leichter fallen, Ihren großen Zeh zur Kontrolle einzusetzen. Nach 2 oder 3 Wochen des Trainings mit dieser Übung sollte sich die Aponeurosis plantaris entspannen, was zu einer flacheren Fußposition und weniger Anspannung führt. Wenn Sie diese Änderung erst einmal herbeigeführt haben, müssen Sie die Übung nicht weitermachen. Stellen Sie sich vor dem Laufen oder während eines *Entfesselt-Laufen-Workouts* einfach zur Selbstkontrolle auf ein Bein. Wenn Ihr Fuß sich flach anfühlt, machen Sie weiter. Aber wenn er sich zur Außenseite hinneigt, machen Sie zuerst die Korrekturübung.

FUẞANPASSUNG

Schritt 2: Kontrollieren Sie Ihren großen Zeh unabhängig von den anderen Zehen

Sobald Sie Ihren großen Zeh auf den Boden gebracht haben, ist es an der Zeit, die Muskeln zu koordinieren, die die Drehung zwischen Vorderfuß und Hinterfuß stabilisieren. Der Hauptgrund für eine übertriebene Einwärtsdrehung der Füße bei Läufern hat nicht besonders viel mit dem Fußtyp zu tun (Hohlfuß vs. Plattfuß), sondern vielmehr damit, wie Sie diesen Fußtyp kontrollieren. Normalerweise sorgt der große Zeh für etwa 85 Prozent der Stabilität Ihres Fußes. Wenn Sie die Koordination des großen Zehs nicht richtig hinbekommen, handelt es sich hierbei um ein Vorderfußproblem. Und wenn Sie ein Vorderfußproblem haben, dann wird der Hinterfuß nicht richtig gestützt und kollabiert in eine zu starke Einwärtsdrehung. Dieses Problem verursacht typischerweise Symptome der Achillessehne, der Sehnenplatte in der Fußsohle, der Mittelfußknochen und Schienbeine. Praktisch alle Beschwerden der Füße und Beine können hiermit zu tun haben. Bringen Sie den Vorderfuß auf Vordermann: Das ist die Lösung, um Ihren Fuß und Ihren Unterschenkel beim Laufen in der richtigen Position zu halten.

Fußkontroll-Test

- Stellen Sie sich auf beide Füße, aber konzentrieren Sie sich jeweils nur auf einen Ihrer Füße, während Sie den Test durchführen. Heben Sie Ihren großen Zeh und lassen Sie dabei Ihre anderen Zehen flach auf dem Boden. Stellen Sie dann Ihren großen Zeh fest auf den Boden (ohne ihn zu beugen) und heben Sie Ihre anderen Zehen vom Boden ab.

- Während Sie Ihren großen Zeh in den Boden drücken, wird sich Ihre Fußsohle leicht heben. Achten Sie darauf, dass Sie den großen Zeh nach unten drücken, ohne dabei zu schummeln, indem Sie die Position Ihrer Fußsohle und Ihres Fußgelenks verkrampfen.

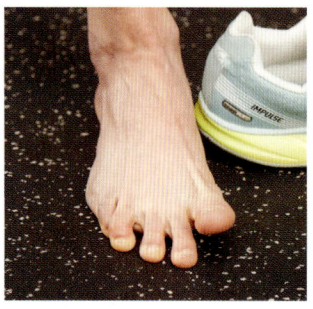 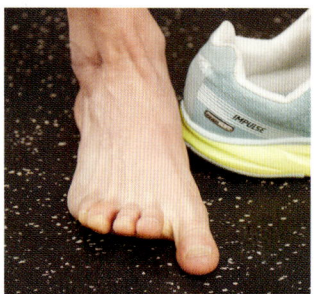 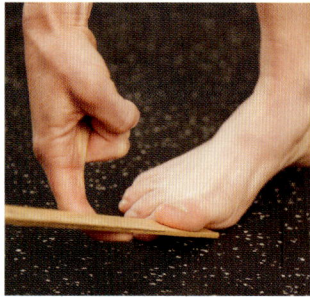

Wenn Sie diese Übung nicht richtig durchführen können, machen Sie Fußyoga, wie ich das nenne, um die Beweglichkeit des großen Zehs zu verbessern. Bei dieser Übung schaffen Sie eine Art „dreibeiniges Stativ", um Ihren Fuß besser kontrollieren zu können. Sie lernen dabei, wie Sie den Druck auf den inneren und äußeren Fußballen und den großen Zeh verteilen, um so für einen soliden Vorderfuß zu sorgen. Wenn Sie sich auf einem Bein instabil fühlen, dann ist es ganz normal, dass Sie sich auf diese wackelige Bewegung konzentrieren, was zu Frustration und noch größerer Instabilität führt. Konzentrieren Sie sich also lieber auf die Lösung des Problems. Indem Sie sich ein „Fuß-Stativ" aufbauen, sorgen Sie für eine gute Grundlage für alle einbeinigen Übungen dieses Programms und für das Laufen an sich.

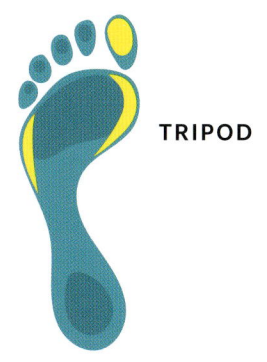

TRIPOD

FUSSANPASSUNG

Wenn Sie bemerken, dass Sie Ihren Mittelfuß einfallen lassen, um den großen Zeh nach unten zu bekommen,	setzen Sie die Ferse Ihres Schuhs in einem rechten Winkel zur Außenseite Ihres Fußgelenks, um eine visuelle Unterstützung zu bekommen, die Ihnen dabei hilft, sich nicht um die richtige Position herumzuschummeln, während Sie üben, den großen Zeh zu bewegen. Üben Sie diese Bewegung, bis Sie den Ablauf verinnerlicht haben.
Wenn Sie Probleme haben, den großen Zeh anzuheben,	müssen wir Ihren Kontrollvorgang erst einmal bereinigen. Legen Sie ein Lineal unter Ihren großen Zeh, sodass das Ende des Lineals unter Ihrem Fußballen zum liegen kommt. Heben Sie das Ende des Lineals an, sodass Ihr dicker Zeh nach oben gehoben wird. Halten Sie das freie Ende des Lineals so, dass Sie einen leichten Widerstand spüren und drücken Sie Ihren Zeh gerade nach unten. Nutzen Sie dazu nur die Muskeln des großen Zehs. Stellen Sie sich vor, Sie wollten den Zeh und das Lineal in den Boden hineindrücken. Wenn Ihnen diese Bewegung gelingt, dann versuchen Sie den großen Zeh vom Lineal zu lösen und ihn abzuheben. Gezieltes Üben wird Ihnen dabei helfen, den großen Zeh genau zu kontrollieren und so Ihr Gleichgewicht und die Kontrolle über den ganzen Fuß verbessern.

DAS GEHEIMNIS DER GEGENROTATION | 81

FUẞANPASSUNG

Schritt 3: Bewegen Sie Ihren Fuß nach unten und Ihre Hüfte nach außen

Vielen Läufer und Läuferinnen wird gesagt, dass sie ihren großen Zeh benutzen sollen. Viele lassen ihren Fuß dann nach innen einknicken, was zu einer Fehlstellung der Knie und Hüften führt. Andere von uns haben gehört, sie sollten Ihre Gesäßmuskeln anstrengen, was oft dazu führt, dass sie den Fuß nach oben und außen rollen, wobei sie Fußkontakt verlieren. Beide Situationen sind problematisch. Unser Ziel ist es, den großen Zeh zu erden und dabei gleichzeitig die äußeren Hüftrotatoren ins Spiel zu bringen.

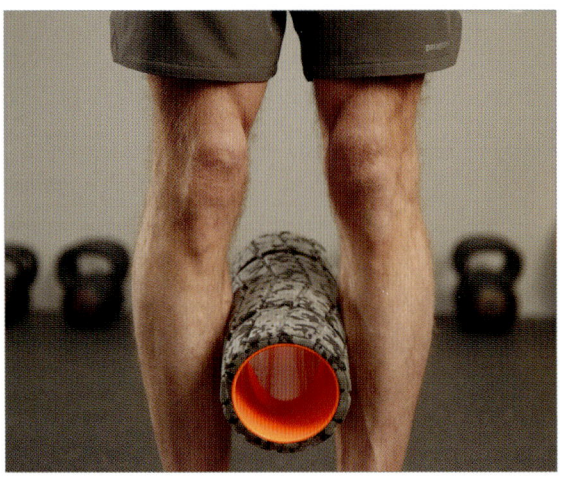 

ÜBUNG MIT DER FASZIENROLLE

- Stellen Sie sich mit einer Faszienrolle zwischen Ihren Schienbeinen hin. Pressen Sie sie fest zusammen, sodass Ihre Zehen auf dem Boden aufliegen und sich in den Boden hineindrücken.
- Legen Sie nun Ihre Hände auf Ihr Gesäß und spannen Sie es an. Spüren Sie, wie Ihre Gesäßmuskeln arbeiten, während Sie Ihre Hüften nach außen heraus- und dann wieder einwärts drehen. Ihre Zehen bleiben auf dem Boden und der Druck auf die Faszienrolle sollte gehalten werden.
- Üben Sie diesen Bewegungsablauf für 1–2 Minuten oder bis Sie sich freier bewegen können.

TIPP

Vielleicht fühlt sich diese Übung ein wenig seltsam an, aber das Ein- und Auswärtsdrehen stärkt die Verbindung zwischen Ihren Füßen und Hüften und sorgt so dafür, dass diese Ihre Beine richtig steuern können. So behalten Sie auch beim Laufen eine gesunde Haltung bei. Wenn Sie den Dreh erst einmal heraus haben, können Sie die Bewegungsabläufe aus dieser Übung in anderen Trainingseinheiten anwenden.

FUßANPASSUNG

EINBEINIGES SCHULTERDRÜCKEN

- Stellen Sie sich auf ein Bein und halten Sie ein relativ leichtes Gewicht (4–5 kg) in der gegenüberliegenden Hand.
- Überprüfen Sie Ihre Haltung, pressen Sie Ihren großen Zeh in den Boden, um Ihr Vorderfuß-Stativ aufzustellen, und zwar von der Innenseite zur Außenseite Ihres Fußballens hin. Versuchen Sie, den großen Zeh nach vorne zu strecken.
- Drücken Sie das Gewicht nach oben und bringen Sie den Arm zurück in die Ausgangsposition. Das zusätzliche Gewicht sorgt für mehr Instabilität, die Sie mit dem Vorderfuß kontrollieren müssen.
- Zentrieren Sie Ihr Gewicht über dem Mittelfuß, während Sie Ihren Arm nach oben bewegen, um sich nicht nach hinten auf die Fersen zu lehnen.
- Machen Sie 15 Wiederholungen auf jeder Seite.

TIPPS

Benutzen Sie eine Wasser- oder Milchflasche, wenn Sie keine Gewichte haben.

Wenn sich Ihr unterer Rücken nach hinten durchbiegt, während Sie über den Kopf reichen, versuchen Sie die Rippen ein wenig nach unten zu ziehen, um für eine neutrale Wirbelsäule zu sorgen.

EINBEINIGE HÜFTDREHUNG

- Legen Sie Ihre Hände auf Ihre Hüften und halten Sie das Gleichgewicht auf einem Bein. Konzentrieren Sie sich auf Ihr Vorderfuß-Stativ.

- Halten Sie eine neutrale Wirbelsäule. Beugen Sie sich nach vorne, indem Sie das Bein, auf dem Sie nicht stehen, nach hinten ausstrecken. Ihre Hüften sollten dabei auf derselben Höhe bleiben.

- Drehen Sie Ihre Hüften in Richtung Boden, dann nach außen und oben in Richtung Decke. Halten Sie das Gleichgewicht mithilfe Ihres Mittelfußes, während Sie Ihre Hüfte ausdrehen.

- Bewegen Sie Hüfte und Becken nach vorne, um zurück in die Ausgangsposition zu kommen.
- Machen Sie 2 Sätze zu je 10 Wiederholungen auf jedem Fuß.

TIPPS

Falls Sie auf Ihrem Fuß wackeln, konzentrieren Sie sich darauf, den großen Zeh zu erden, um die Innenseite Ihres Fuß-Stativs zu festigen.

Durch korrekt ausgeführte Bewegung wird Ihr Gleichgewicht besser. Es ist vorteilhafter, Ihre Hüfte in einem kleinen Bewegungsspielraum zu drehen und dabei stets die Kontrolle zu behalten, als zu große Bewegungen zu machen und dabei jedes Mal hinzufallen.

FUẞANPAẞUNG

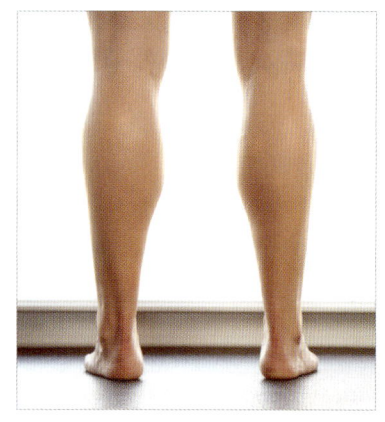 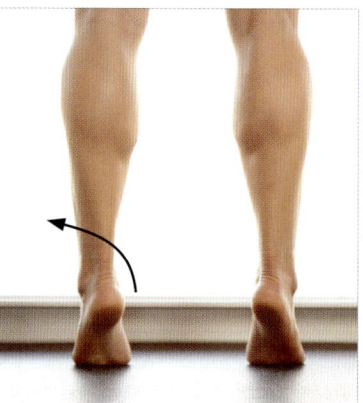 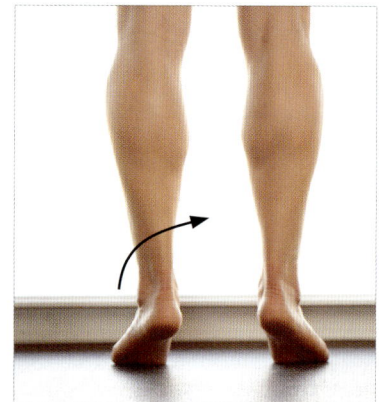

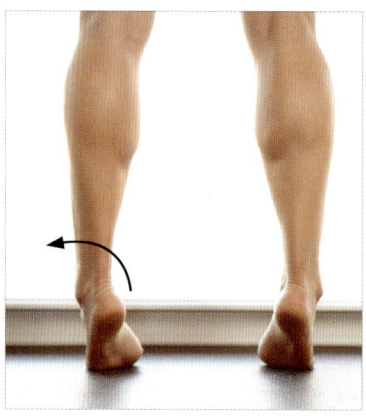 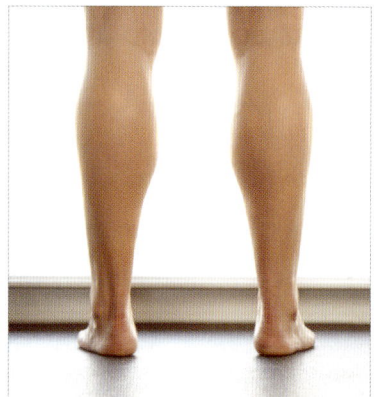

FUẞSCHRAUBE

- Stellen Sie sich auf beide Füße und verteilen Sie die Belastung dabei gleichmäßig auf Ihre beiden Vorderfuß-Stative.
- Drehen Sie den Hinterfuß leicht nach außen. Der große Zeh bleibt dabei auf dem Boden. Heben Sie dann Ihre Fersen einige wenige Zentimeter an.
- Stellen Sie sich auf die Zehenspitzen und drehen Sie nun Ihren Hinterfuß nach innen.
- Pressen Sie den großen Zeh in den Boden, um Ihren Mittelfuß nach oben zu drücken und drehen Sie nun Ihre Ferse nach außen.
- Stellen Sie die Füße auf den Boden und entspannen Sie. Achten Sie darauf, die Bewegung genau und kontrolliert durchzuführen.
- Machen Sie 20 Wiederholungen.

TIPPS

Hierbei handelt es sich nicht um eine Gleichgewichtsübung. Halten Sie sich also ruhig an einem feststehenden Gegenstand fest, um mehr Kontrolle und Stabilität in die Übung zu bringen.

Das Ziel ist es, die Drehung zwischen Hinterfuß und Vorderfuß zu vergrößern und dabei den großen Zeh auf dem Boden zu lassen. Es geht nicht darum, Ihre Wade so hoch wie möglich anzuheben.

Die Übungen in diesem Kapitel sind auf Präzisionsbewegungen ausgelegt. Rotationskontrolle ist wahrscheinlich nicht unbedingt ein Punkt, den Sie normalerweise auf dem Schirm haben, aber es handelt sich um eine grundlegende Strategie zur Laufverbesserung. Diese Bewegungsabläufe helfen Ihnen dabei, Ihre intramuskuläre Kontrolle mit Ihrer Wirbelsäule, Ihren Hüften und Füßen zu „verkabeln". So wird letzten Endes die intramuskuläre Kontrolle des gesamten Körpers verbessert. Es gibt ein uraltes Sprichwort, das besagt: „Das Ganze ist mehr als die Summe seiner Teile." Und das trifft hier wirklich den Nagel auf den Kopf. Durch gezieltes Üben werden Sie die Fähigkeiten aufbauen, die Sie für sichere Bewegungen benötigen. Nehmen Sie sich also Zeit für diese Übungen, bewegen Sie sich bewusst und bauen Sie eine solide Grundlage auf, um den Rotationsbedarf beim Laufen in Angriff zu nehmen.

BESSERES LAUFEN DURCH PRÄZISION UND PERFORMANCE

Besserer Antrieb durch Gesäßtraining

Beim Laufen, und vor allem, wenn Sie gerade die Geschwindigkeit erhöhen, müssen sich die Muskeln, die Ihre Hüfte bewegen, immer mehr anstrengen. Es kann aber sein, dass jahrelanges Overstriding Ihr Muskelgedächtnis so konditioniert hat, dass Ihr Quadrizeps in Anspruch genommen und Ihr Gesäß außer Acht gelassen wird. Einfach ausgedrückt: Typische Läufer und Läuferinnen haben trainierte Oberschenkel und untrainierte Pos.

Die meisten Läufer schreiten zu weit aus. Die Labordaten, die ich in über einem Jahrzehnt gesammelt habe, zeigen, warum: Die allermeisten von uns sind nicht in der Lage, die Gesäßmuskeln richtig einzusetzen. Es wäre viel einfacher, wenn die Muskelkontrolle überall gleich im Körper verteilt wäre, aber in Wirklichkeit sind die meisten Leute ganz schön aus dem Gleichgewicht und das ist ein Problem, das nicht nur Läufer haben. Dr. Vladimir Janda ist ein Pionier der Muskeltherapie und hat den Begriff „unteres gekreuztes Syndrom" geprägt, der sich auf eine Unausgeglichenheit bezieht, die entsteht, wenn die Hüftflexoren, Quadrizeps und unteren Rückenmuskeln verhärtet und überarbeitet sind, und die tiefe Rumpfmuskulatur und der Gluteus maximus sich im Winterschlaf befinden.

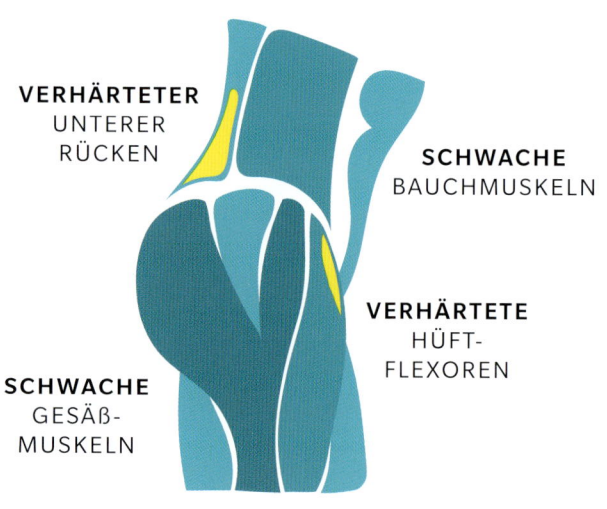

ABBILDUNG 7.1 Unteres gekreuztes Syndrom
Die meisten Menschen haben mehr Kraft im Bereich zwischen dem unteren Rücken, dem Quadrizeps und den Hüftflexoren. Wir müssen die gegenüberliegende Diagonale trainieren, um die tiefe Rumpfmuskulatur und den Gluteus maximus zu verstärken.

Denken Sie daran: Die beste Art und Weise, die Muskeln um Ihre Hüfte herum zu hemmen, ist eine schlechte Haltung. Und dann ist da auch noch das Problem mit der steifen Hüfte. Wenn diese Muskeln vollkommen verspannt sind, kann Ihre Hüfte sich nicht vollständig zu beiden Seiten Ihres Beckens hin ausstrecken. Diese Unausgeglichenheit ist kein spezifisches Laufproblem. Es ist vielmehr ein Problem des ganzen Körpers. Aber wenn Sie dieses Körperproblem nicht in den Griff bekommen, werden Sie nie Ihren Schritt optimieren können. Etwa 80 Prozent aller Läufer und Läuferinnen müssen sehr, sehr viele Hüftdehnungen machen, um dies zu verbessern.

Der Quadrizeps ist ein großer Muskel, der ungemein viel Kraft produziert. Egal wie gut Ihre Laufform ist, Ihre Quadrizeps müssen einsatzbereit sein. Aber Muskeln arbeiten nun mal nicht isoliert und es ist auch nicht die beste Idee, unseren Quadrizeps die Hauptarbeit beim Laufen zu überlassen. Ihre dominanten Muskeln beim Laufen und bei Ihren Bewegungsabläufen zu ändern ist überaus wichtig, um Ihre Gelenkgesundheit und Ihre Leistung zu verbessern.

DAS PROBLEM DER QUADRIZEPSABHÄNGIGKEIT

Wenn Sie sich zu sehr auf Ihre Quadrizeps verlassen, entstehen dadurch hauptsächlich drei Probleme. Erstens kann Ihnen das ganz schön auf die Knie gehen. Praktisch jede Studie zu Laufverletzungen nennt unter den ersten drei häufigsten Verletzungen das patellafemorale Schmerzsyndrom. Ihre Kniescheibe (Patella) ist eine Art Flaschenzug für Ihren Quadrizeps. Wenn Sie zu weit ausschreiten, dann ist das Drehmoment oder die mechanische Belastung auf Ihr Knie größer. Ihr Quadrizeps muss härter arbeiten, wodurch es zu einer verstärkten Beanspruchung der Oberfläche der Kniescheibe kommt. Und das ist wiederum langfristig nicht das beste für den darunterliegenden Knorpel. Eine Änderung Ihrer Muskeldominanz wird die Belastung Ihres Knies verringern.

Zweitens gibt es ein paar Leistungsbeeinträchtigungen durch Ihre Vorliebe für die Quadrizepsnutzung. Ihr Quadrizeps hat eine größere Dichte an sogenannten schnellen Muskelfasern. Egal wie schnell Sie also laufen, Ihre Quadrizeps werden schneller Ihre Höchstleistung erbringen und dann in einen Erschöpfungszustand verfallen, was wiederum zu einer Muskelübersäuerung führen kann. Wenn Muskeln übersäuert sind, fällt der pH-Wert ab und der Muskel kann sich nicht mehr so gut an- und entspannen. Sie kommen irgendwann nicht mehr weiter. Der Gesäßmuskel hat mehr langsame Muskelfasern, erzeugt daher weniger saure Abfallprodukte und hält länger aus, bevor sich zu viel Abfall ansammelt.

Das heißt, Sie können ein bisschen länger und härter trainieren, ohne sich zu sehr auszupowern.

Und schließlich und endlich können Ihre Quadrizeps auch einfach nicht die ganze Körperkontrolle leisten, die Ihre Gesäßmuskeln in Gang setzen können. Schauen wir uns das einmal genauer an.

WIE KÖNNEN DIE GESÄẞMUSKELN UNS HELFEN?

Ihr Gluteus maximus hat drei Hauptfunktionen, die uns alle beim Laufen unterstützen. An erster und wichtigster Stelle ist der Gluteus maximus ein unglaublich kraftvoller, erschöpfungsresistenter Streckmuskel des Hüftgelenks. Streckmuskeln sind Muskeln, die Ihre Hüfte von der Vorder- zur Rückseite Ihres Körpers bewegen. Ihre Quadrizeps tun genau das Gegenteil. Sie sind Beugemuskeln und bewegen die Hüfte von hinten nach vorne. Wir laufen aber nun mal vorwärts, deshalb generieren diese Streckmuskeln die nötige Kraft, um uns über unsere Fußsohle hinaus auf dem Boden vorankommen zu lassen. Die Muskeln auf der Hinterseite unseres Körpers bewegen uns auf eine Art und Weise, die die Muskeln auf der Vorderseite nicht einfach nachahmen können. Der Gluteus arbeitet aber nicht alleine, um die Hüfte nach vorne zu bewegen. Die rückseitige Oberschenkelmuskulatur tut auch das Ihre. Der Gluteus maximus und die Oberschenkelmuskulatur bewegen zwar beide die Hüfte, aber der Aufbau des Gluteus ermöglicht es ihm, für mehr Stabilität zu sorgen. Das können die Oberschenkelmuskeln einfach nicht leisten.

Ihr Gluteus maximus ist auch der hauptsächliche Außenrotator Ihrer Hüfte. Die Leute zeigen mir oft Fotos von sich selbst, auf denen man sieht, wie beim Laufen Ihre Knie einknicken. Sie nehmen an, dass das durch einen schwachen Gluteus medius hervorgerufen wird. Theoretisch zieht der Gluteus medius seitlich an der Außenseite der Hüfte, um zu verhindern, dass sich das Knie nach innen wendet. Das ist allerdings eine sehr vereinfachte Erklärung, die dazu führen kann, dass Sie Zeit damit verschwenden, einen kleinen, weniger kräftigen Muskel zu trainieren.

Eine aktuelle Studie hat untersucht, welche Rolle der Gluteus medius spielt und wie die Bewegungsabläufe des Knies beim Gehen und Laufen ablaufen. In der Studie wurde der Nerv, der dem Gluteus medius das Signal gibt, loszulegen, betäubt. So wurde der Muskel vollständig außer Gefecht gesetzt. Dann baten die Forscher die Studienteilnehmer darum, zu gehen und zu laufen und erwarteten ein massives Einknicken der Knie nach innen hin – aber das geschah nicht. Der Grund dafür ist, dass Muskeln nicht isoliert arbeiten. Unser Körper bewegt sich als System. Dieser zweidimensionale Einbruch des Knies, den wir auf den Fotos sehen, ist in Wirklichkeit gar nicht so zweidimensional.

Im Labor messe ich sowohl die Frontalebene (Ein- und Ausbewegung) als auch die Rotationsebene (Drehung) der Hüfte. Wenn ein Knie beim Laufen einknickt, sehe ich normalerweise keine großen Veränderungen in der Frontalebene, aber sehr wohl in der Rotationsebene. Dieses angebliche 2-D-Problem ist also vielmehr 3-D. Eine bessere Rotationskontrolle aus dem Gluteus maximus heraus wird das Bein davon abhalten, sich nach innen zu drehen und es in der Spur halten.

Und schließlich spielt Ihr Gluteus maximus auch noch eine große Rolle bei der Haltungskontrolle. In Kapitel 5 haben wir die Dosenmetapher benutzt, um besser zu verstehen, wie es zu Haltungsproblemen kommt. Der Gluteus maximus ist sozusagen an der Unterseite Ihrer „Rumpfdose" unter der Hüfte befestigt. Wenn er richtig eingesetzt wird, hält er die „Dose" aufrecht, indem er sie gerade zieht. Wenn der Gluteus maximus gehemmt ist, beugt sich der gesamte Rumpf nach vorne. Und sobald das passiert, fällt alles auseinander. Ein übertriebenes Vorbeugen führt zu einem riesen Overstride, was wiederum zu hoher Beanspruchung führt und den Körper bei jedem Schritt belastet. Gehen Sie nicht einfach davon aus, dass dies nur ein Problem übergewichtiger oder sehr großer Personen ist. Die höchste Belastungsrate, die ich in meinem Labor je gemessen habe, betraf nicht etwa einen 140 kg schweren Superathleten, sondern ein zwölfjähriges Mädchen, dass knappe 45 kg wog. Bei jedem Schritt bebte der Raum praktisch. Ihr Oberkörper richtete sich so weit nach vorne, dass ihre Füße dazu gezwungen waren, sehr weit vor dem Körper zu landen, was zu einer riesigen Belastung bei jedem einzelnen Schritt führte. Wir empfahlen ihr, den Gluteus zu trainieren und innerhalb von zwei Wochen verringerte sich ihre Belastungsrate um 70 Prozent. Sie lag wieder im normalen Bereich und hatte keine Schmerzen mehr. Das ist kein Quatsch, was ich Ihnen hier erzähle, sondern wirklich ein wichtiger Teil Ihres Trainings.

Wir müssen dieses Muster des unteren gekreuzten Syndroms durchbrechen und Ihnen beibringen, ein neues Kontrollmuster anzulegen. Sie brauchen einen soliden Rumpf, um Ihrem Gluteus maximus zu helfen, aber Sie merken auch, wie ein Gluteus-Defizit Ihre Haltung und Ihren Rumpf beeinflusst. Es ist ein typischer Teufelskreis. Deshalb trainieren wir nicht die einzelnen Muskeln, um diese Fähigkeit zu verinnerlichen, sondern ganze Bewegungsabläufe. Und diese Bewegung müssen Sie wirklich verinnerlichen. Sie müssen spüren, wie weit Sie Ihre Hüfte bewegen können, ohne dass Ihre Haltung durcheinandergebracht wird.

Und inwiefern beeinflusst die Position Ihres Rückens die Muskelbeanspruchung in Ihrer Hüfte? Um das Muskelgedächtnis aufzubauen, nutzen wir

verbesserter Po = verbesserte Haltung

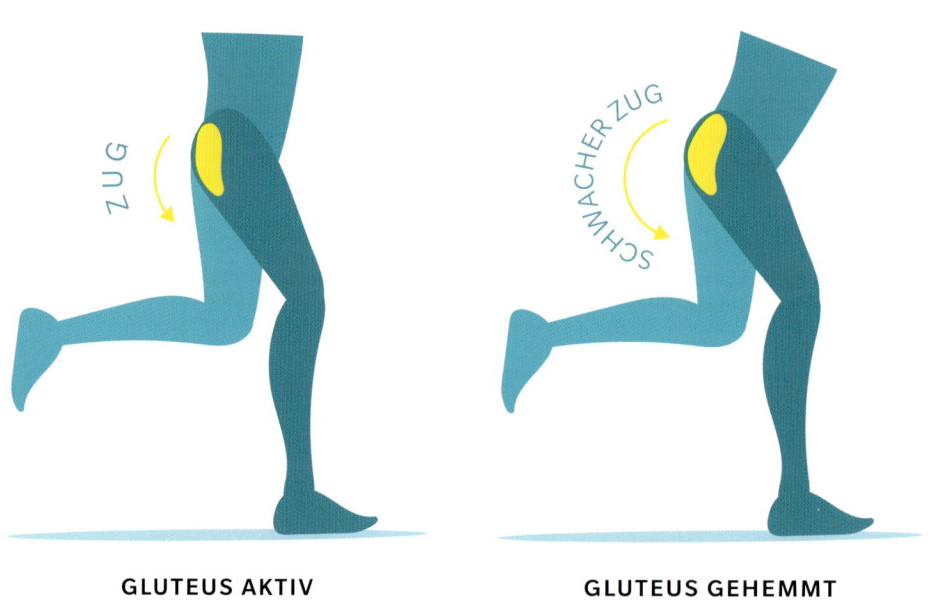

GLUTEUS AKTIV **GLUTEUS GEHEMMT**

ABBILDUNG 7.2 Hüftantrieb und Haltung
Eine wichtige Aufgabe des Gluteus maximus ist die Kontrolle der Haltungsorientierung. Wenn der Gluteus gehemmt ist, kann er nicht genug Kraft erzeugen, um Sie aufrecht zu halten. Der Oberkörper lehnt sich nach vorne, was zu Overstriding führt.

einige intramuskuläre Hinweise, um Ihnen dabei zu helfen, diese Muskeln zu finden, aber der allerwichtigste Schritt ist es, diese Hinweise in Ihre intermuskuläre Koordination zu integrieren. Isoliertes Training bringt kaum langfristige Erfolge, sondern systemische Koordination. Hier kommt Ihr neues Mantra: „Beschleunigen Sie aus der Hüfte, halten Sie die Wirbelsäule stabil." Behalten Sie dies bei allen Übungen in diesem Kapitel im Hinterkopf... und denken Sie auch beim Laufen daran!

Und noch eins: Wir wissen bereits, dass Flexibilität nicht gleich Mobilität ist. Denken Sie daran, dass Flexibilität passiv ist. Mobilität ist aktiv. Nur weil Sie Ihren Hüftbeuger gedehnt haben, heißt das nicht, dass Sie Ihren Gluteus-Schalter auf magische Art und Weise auf „On" gestellt haben und Ihr Gangbild jetzt so verändert ist, dass Sie aus der Hüfte heraus steuern können. Das durch den Quadrizeps dominierte Bewegungsmuster, dass die meisten von uns beim Laufen an den Tag legen ist stark und Plan B hat sich über Jahre des Laufens hinweg eingeschliffen. Um zu Plan A überzugehen, werde ich Ihnen beibringen, sich stabil in diesem neuen Bewegungsspielraum zu bewegen. Wenn Sie einmal herausgefunden haben, wie Sie die Pomuskeln am besten in Angriff nehmen, werden Sie sie weniger von der Vorderseite aus antreiben, sondern vielmehr aus der Hinterseite Ihres Körpers. Das heißt, Sie ziehen sich nicht mehr selbst nach vorne, sondern schieben sich selbst von hinten an.

Schauen wir uns nun die Übungen an, die das möglich machen.

▷ HÜFTSTABILISIERUNG

HÜFT-JACKS MIT BAND

- Legen Sie ein an den Enden zusammengeknotetes TheraBand um Ihre Knie und ein anderes um Ihre Fußgelenke.
- Stellen Sie sich in neutraler Haltung auf ein Bein (mit gleichmäßiger Gewichtsverteilung auf dem Mittelfuß). Stellen Sie sicher, dass Sie den großen Zeh nach unten auf den Boden pressen. Legen Sie Ihre Hände auf die Hüften, um mögliche Kippbewegungen des Beckens zu erspüren.
- Bleiben Sie stabil auf einem Bein stehen, bewegen Sie das andere Bein nach außen und hinten in einem 45-Grad-Winkel zu Ihrem Körper. Die Bewegung sollte kontinuierlich sein und nicht statisch gehalten werden. Bewegen Sie Ihre Hüfte nur so weit wie Sie es können, ohne Ihr Becken zu bewegen. Sobald Sie sicherer werden, versuchen Sie Ihr Bein weiter nach hinten zu bringen. Tun Sie das 30 Sekunden lang.
- Wiederholen Sie diesen Bewegungsablauf 30 Sekunden lang auf der anderen Seite.

TIPP

Stellen Sie sich vor, Sie hätten ein volles Wasserglas auf jeder Schulter, und Sie müssen Kippen und andere Bewegungen der Wirbelsäule oder des Beckens verhindern, damit Sie nichts verschütten.

- Lassen Sie die Bänder, wo sie sind, kommen Sie zurück in die Ausgangsposition und machen Sie 10 Jumping Jacks.
- Machen Sie 3 Durchgänge dieser Sequenz: 30 Sekunden Bewegung auf dem rechten Bein, 30 Sekunden Bewegung auf dem linken Bein und dann 10 Jumping Jacks.

HÜFTSTABILISIERUNG

ABDUKTORENÜBUNG MIT SCHLINGE

- Legen Sie sich auf eine Seite und platzieren Sie Ihr unteres Bein so in einer Schlinge, dass diese genau unter Ihrem Knie zu liegen kommt. Verschlingen Sie Ihre Finger und strecken Sie Ihre Arme vor sich aus.
- Drücken Sie das Bein in der Schlinge nach unten, um Ihre Hüfte nach oben zu heben und halten Sie Ihre Wirbelsäule dabei stabil. Nutzen Sie Ihre Schulter als Drehpunkt und halten Sie den ganzen Oberkörper gerade.
- Machen Sie 2 Sätze zu je 10 Wiederholungen auf beiden Seiten.

TIPP

Um die Übung leichter zu machen, führen Sie die Schlinge näher an Ihre Hüfte heran. Um sie schwieriger zu machen, führen Sie sie in Richtung Fußgelenk.

ADDUKTORENÜBUNG MIT SCHLINGE

- Liegen Sie auf einer Seite und platzieren Sie Ihr oberes Bein in einer Schlinge. Verschlingen Sie Ihre Finger und strecken Sie Ihre Arme vor sich aus.
- Drücken Sie das Bein in der Schlinge nach unten, um Ihre Hüfte nach oben zu heben und halten Sie Ihre Wirbelsäule dabei stabil.
- Machen Sie 2 Sätze zu je 10 Wiederholungen auf beiden Seiten.

KONZENTRIEREN SIE SICH AUF DIE FORM

Wenn Krafttraining noch Neuland für Sie ist, ist dies eine wichtige Übung für Sie, um eine gute Grundlege für gut durchgeführte Kniebeugen zu schaffen. Versuchen Sie, einen Satz mit 15 Wiederholungen durchzuführen, bevor Sie zu den Leistungs-Workouts übergehen, um sicherzugehen, dass Sie ein Muskelgedächtnis aufbauen, sich sicher bewegen und das Meiste aus dem Training herausholen können.

▷ HÜFTSTRECKUNG

TAUBE MIT HÜFTSTRECKUNG

- Die Taubenposition kommt aus dem Yoga. Stützen Sie die Hände auf dem Boden ab und legen Sie einen Fuß vor das gegenüberliegende Knie. Stützen Sie sich nun auf das Knie des nach hinten gestreckten Beins.
- Bringen Sie das vordere Bein horizontal unter Ihren Oberkörper und lassen Sie das untere Bein auf dem Boden ruhen. Nutzen Sie es, um Ihren Rücken vom Schummeln abzuhalten. Sie müssen nicht besonders weit nach unten kommen, auch wenn Sie sehr flexibel sind.
- Spannen Sie Ihren Gluteus an, ohne Ihr Becken zu bewegen. Heben Sie Ihr hinteres Knie vom Boden ab und bewegen Sie Ihren Körper zu einer Hüftstreckung hin. Lassen Sie Ihren hinteren Fuß auf dem Boden. Spannen Sie den Po weiterhin an und bringen Sie das Knie zurück auf den Boden.
- Machen Sie 40 Wiederholungen auf jeder Seite.

TIPP

Einen Muskel zusammenzuziehen und ihn zu verkürzen (das Knie vom Boden abheben) ist relativ einfach, aber ihn unter Anspannung zu verlängern (das Knie wieder nach unten bewegen) ist viel schwieriger. Halten Sie Ihren Po während der gesamten Übung angespannt.

FROSCHBRÜCKE

- Legen Sie sich auf den Rücken, die Beine etwa im 90-Grad-Winkel abgespreizt. Drücken Sie die Fußsohlen zusammen und dabei beide Knie auseinander. Verschlingen Sie Ihre Finger ineinander und strecken Sie Ihre Arme nach oben.
- Heben Sie Ihre Hüften soweit wie möglich nach oben, ohne Ihren Rücken zu wölben, um den Gluteus maximus anzuspannen.
- Machen Sie 50 Wiederholungen.

HÜFTSTRECKUNG

SITZENDE KNIEBEUGEN

- Halten Sie mit den Händen eine Stange vertikal an Ihrem Kopf, mittleren Rücken und Steißbein entlang. (Die Stange sorgt hierbei dafür, dass Ihre Wirbelsäule neutral bleibt und Sie sich aus der Hüfte heraus beugen und nicht aus dem Rücken.) Stellen Sie Ihre Füße etwa 5 cm vor eine Kiste oder einen Stuhl.
- Halten Sie die Stange und machen Sie Kniebeugen. Achten Sie darauf, dass Sie Ihren Körper nicht von den wichtigen Kontaktpunkten wegbewegen.
- Machen Sie 20 Wiederholungen.

TIPP

Die Kiste oder der Stuhl sollen verhindern, dass Ihre Knie zu weit nach vorne kommen, was dazu führen kann, dass Ihre Hüfte zu weit nach hinten bewegt wird. So führen Sie die Kniebeugen korrekt aus der Hüfte heraus durch.

Erleichterung für Ihre Kniescheibe

Ein Versteifen des Bindegewebes am Knie (das iliotibiale Band, die Quadrizepssehne und das Retinakulum), auch als „Läuferknie" bekannt, verursacht bei vielen Läufern Schmerzen um die Kniescheibe herum. Statt mit Leichtigkeit im Gelenk zu gleiten, verschiebt sie sich im Gelenk, was zu starker Abnutzung und einer entsprechenden schmerzhaften Reizung führen kann.

Nutzen Sie die folgende korrigierende Übung, um die Mobilität des Gewebes rund um die Kniescheibe zu verbessern. Mit dem Ziel, das sie wieder nach unten gleiten und sich so bewegen kann, wie es für sie vorgesehen ist. Benutzen Sie dafür ein elastisches und dehnbares Band (z. B. Flossband).

- Beugen Sie Ihr Knie in einem 10-Grad-Winkel und platzieren Sie ein Ende des Bands genau über Ihrem Knie.
- Binden Sie das Band fest um Ihren Oberschenkel, indem Sie es langsam vom Knie bis zur Mitte des Oberschenkels wickeln. Stecken Sie das obere Ende des Bands in den Wickel, um es zu sichern.
- Absolvieren Sie 20 vollständige Kniebeugen und achten Sie dabei darauf, das Knie durchzustrecken, wenn Sie aufrecht stehen.

Entfernen Sie den Wickel und machen Sie eine Test-Kniebeuge, um zu sehen, wie es sich anfühlt. Wenn es hilft, machen Sie diese Übung ein paar Wochen lang vor dem Laufen, um Ihre Kniescheibe zu entlasten.

HÜFTSTRECKUNG

EINBEINIGES KREUZHEBEN MIT STANGE

- Stellen Sie sich auf ein Bein und halten Sie eine Stange vertikal an Ihrem Rücken entlang.
- Beugen Sie sich nach vorne und achten Sie darauf, dass Sie die Stange fest an den Kopf, den mittleren Rücken und das Steißbein halten, um sich dazu zu zwingen, die Bewegung aus der Hüfte und nicht aus der Wirbelsäule heraus durchzuführen. Strecken Sie Ihr freies Bein nach hinten, um das Gleichgewicht zu halten.
- Schieben Sie das Becken nach vorne, um das Gesäß zu aktivieren und kommen Sie zurück in eine stehende Position.
- Machen Sie 20 Wiederholungen auf jeder Seite.

KONZENTRIEREN SIE SICH AUF DIE FORM
Die ist eine sehr wichtige Grundlagenübung, die Sie beherrschen sollten, bevor Sie später zum Kreuzheben mit Gewichten übergehen.

TIPPS

Verteilen Sie den Druck gleichmäßig auf Ihrem Fußballen, um Ihre Haltungskontrolle zu verbessern.

Achten Sie darauf, dass der untere Rücken sich nicht rundet (was dazu führt, dass Ihr Steißbein sich von der Stange wegbewegt) und Sie kein Hohlkreuz machen (was dazu führt, dass der untere Rücken von der Stange wegbewegt wird) während Sie die Bewegung durchführen.

CURLS MIT GYMNASTIKBALL

- Legen Sie sich auf den Rücken mit einem Gymnastikball unter den Fersen. Heben Sie Ihre Hüften in eine Brücke und halten Sie Ihre Wirbelsäule dabei gerade.
- Beugen Sie Ihre Knie, während Sie die Hüfte anheben, ohne die Hüftstellung zu verändern.
- Wenn Sie ganz oben angekommen sind, sollten die Schuhsohlen auf dem Ball aufliegen und Ihre Oberschenkel parallel zu Ihrem Oberkörper bleiben. Die Hüfte sollte nicht einknicken. Falls Sie Spannung im unteren Rücken spüren, bewegen Sie die Rippen leicht nach unten.
- Machen Sie 3 Sätze zu je 10 Wiederholungen.

HÜFTSTRECKUNG

KNIENDES KREUZHEBEN MIT BAND

- Befestigen Sie ein Powerband an einem Punkt etwa 50 cm über dem Boden und legen Sie sich das Band um den Bauch. Schauen Sie in die dem Befestigungspunkt entgegengesetzte Richtung.
- Positionieren Sie das Band auf Taillenhöhe und knien Sie sich auf ein Kissen, das weit genug vom Befestigungspunkt weg liegt, dass Sie eine spürbare Spannung auf dem Band bemerken, die Ihre Hüften nach hinten zieht.
- Lassen Sie sich von dem Band nach hinten ziehen und kommen Sie auf die Fersen. Drücken Sie Ihre Hüften dann nach vorne in das Band, bis Ihre Hüften vollkommen gestreckt sind. Wölben Sie dabei nicht Ihren Rücken.
- Machen Sie 50 Wiederholungen.

TIPPS

Wenn Sie kein Powerband haben, ist ein Fahrradschlauch eine gute Alternative.

Falls Sie merken, dass Sie am Ende der Übung ein Hohlkreuz machen, bewegen Sie die Rippen leicht nach unten, um die Wirbelsäule in eine neutrale Position zu bringen.

DRIVE THRU MIT BAND

- Befestigen Sie ein Powerband an einem Punkt etwa auf Kniehöhe und legen Sie sich das Band um den Oberschenkel. Schauen Sie in die dem Befestigungspunkt entgegengesetzte Richtung.
- Ziehen Sie das Band ans obere Ende Ihres Oberschenkels bis zum Hüftansatz. Stehen Sie auf diesem Bein und lassen Sie Ihre Hüften von dem Band nach hinten ziehen, während Sie sich nach vorne lehnen. Die Bewegung sollte aus der Hüfte kommen, nicht aus dem unteren Rücken. Die Knie bleiben leicht gebeugt.
- Schieben Sie Ihre Hüfte gegen die Resistenz des Bands nach vorne. Nutzen Sie Ihre Gesäßmuskeln, um das gegenüberliegende Knie schnell nach vorne zu bewegen, wobei Ihr Oberkörper nach oben kommt. Kommen Sie auf den Boden zurück.
- Machen Sie 15 Wiederholungen auf jedem Bein.

TIPP

Vermeiden Sie es, am Ende der Bewegung ein Hohlkreuz zu machen. Das Ziel ist es, die Hüfte vorzuschieben, wobei die Wirbelsäule stabil bleibt.

HÜFTSTRECKUNG

HÜFTZUG MIT BAND

- Befestigen Sie ein Powerband an einem Punkt etwa auf Kniehöhe und legen Sie sich das Band um das Knie. Schauen Sie in Richtung des Befestigungspunkts. Stehen Sie so weit vom Befestigungspunkt weg, dass Sie eine leichte Spannung spüren, wenn Ihr Knie gebeugt ist.
- Strecken Sie mithilfe Ihres Gluteus die Hüfte nach hinten. Die Spannung sollte für einigen Widerstand sorgen, es Ihnen aber trotzdem noch erlauben, Ihren Oberschenkel hinter den Körper zu strecken.
- Es ist sehr wichtig, dass Sie Ihren Fuß am Boden entlang bewegen, um die Gesäßmuskeln zu aktivieren. Wenn Sie den Fuß anheben, aktivieren Sie die Kniesehne. Spannen Sie den Po weiter an, während Sie das Band Ihren Fuß nach vorne ziehen lassen.
- Machen Sie 15 Wiederholungen auf jeder Seite.

AUSFALLSCHRITTE MIT SCHLINGE

- Legen Sie Ihren Fuß etwa auf Kniehöhe in eine Schlinge, die Schnürsenkel zeigen nach unten, und stehen Sie auf dem anderen Bein. Die Schlinge befindet sich hinter Ihnen. Verschlingen Sie Ihre Finger vor der Brust ineinander.
- Beugen Sie Ihr stützendes Knie, um nach unten in einen Ausfallschritt zu kommen. Das Schienbein bleibt dabei so senkrecht wie möglich. Achten Sie auf eine neutrale Wirbelsäule, sodass Ihre Hüfte nach hinten gestreckt wird, Ihr Rücken jedoch gerade bleibt.
- Kommen Sie zurück in die Ausgangsposition, indem Sie Ihre Beine zusammenführen.
- Machen Sie 2 Sätze zu je 10 Wiederholungen auf jeder Seite.

TIPP

Falls Sie keine Schlinge haben, können Sie für diese Übung auch eine Kiste oder einen Stuhl nehmen.

HÜFTSTRECKUNG

PISTOLEN-KNIEBEUGEN MIT SCHLINGE

- Halten Sie die Griffe einer Schlinge etwa auf Brusthöhe mit beiden Händen und stehen Sie auf einem Bein.
- Strecken Sie das andere Bein vor sich durch, um in eine Kniebeuge zu kommen. Das Becken bleibt dabei völlig gerade. Achten Sie darauf, das der Fuß wie ein Stativ stabil auf dem Boden steht, während Sie sich auf- und ab bewegen.
- Machen Sie 2 Sätze zu je 10 Wiederholungen auf jeder Seite.

TIPP

Um diese Übung einfacher zu machen, können Sie die Übung weiter vom Befestigungspunkt weg durchführen. Um sie schwieriger zu machen, können Sie näher an den Befestigungspunkt herangehen.

BESSERES LAUFEN DURCH PRÄZISION UND PERFORMANCE

Persönliche Ausrichtung

Das Streben nach sportlichen Bestleistungen führt häufig zu der Annahme, dass es die eine „beste" Art und Weise gibt. Sprechen wir zum Beispiel über Laufform. Wenn Athlet X starke Leistungen erbringt, dann wird das als Beweis dafür angesehen, dass er alles genau richtig macht. Trainer fangen dann an, ihren Schützlingen aufzutragen, genauso zu trainieren, wie Athlet X. Alle werden über einen Kamm geschoren, dabei gibt es beträchtliche Unterschiede zwischen den verschiedenen Personen. Die meisten von uns haben schon einmal Trainer und Lehrer erlebt, die unseren Körper mit den besten Intentionen total verbogen haben, um in die „richtige" Position zu kommen. „Mach' die Füße beim Laufen gerade", sagen sie zu Kindern, die wie Enten daher gewatschelt kommen. „Kommen Sie nun ans Ende Ihrer Matte, Ihre Füße zeigen gerade nach vorne.", säuselt Ihre Yogalehrerin in ihrer sanften, beruhigenden Stimme. „Die Füße zeigen bei Kniebeugen nach vorne!", ruft der CrossFit®-Trainer seinen Athleten beim Gewichtheben zu.

Aber wie soll Ihnen jemand sagen, wie Sie Ihren Körper ausrichten sollen, wenn er nichts über Ihre persönliche Ausrichtung weiß? Es ist unmöglich, die richtige Ausrichtung festzulegen, ohne die Eigenarten des einzelnen Läufers mit einzubeziehen.

Denken Sie einmal daran, wie Ihre Tür funktioniert. Sie ziehen am Türgriff und die Tür schwingt an der Achse ihres Scharniers entlang auf. Sie können die Tür hundert oder tausend Mal auf- und zumachen. So weit so gut. Aber was passiert, wenn Sie nicht am Türgriff ziehen, sondern stattdessen zum Beispiel die Unterseite der Tür drehen, um sie zu öffnen. Nun ja, das Drehen würde eine ganz andere Belastung der Tür darstellen, und mit der Zeit würden Sie die Tür entweder verzerren, das Scharnier zerbrechen oder den Türrahmen beschädigen. Wenn Sie etwas auf eine Art und Weise bewegen wollen, für die dieser Gegenstand gar nicht gedacht ist, geht es am Ende kaputt. Wenn es darum geht, wie Ihre Füße und Hüften beim Laufen ausgerichtet sein sollten, denken Sie daran: Studieren geht über Probieren.

Ich kann gar nicht zählen, wie viele Patienten ich in meiner Karriere gesehen habe, die sich verletzt haben, weil jemand versucht hat, sie dazu zu bringen, ihre Beine gerade zu biegen. Genauso, wie Menschen unterschiedliche Augenfarben und Schuhgrößen haben, gibt es auch biomechanische Unterschiede. Wir bewegen uns nicht alle entlang derselben Achse. Das wäre auch total verrückt. Statt nach der einen, richtigen Art und Weise zu suchen, in der Läufer ihre Beine ausrichten sollten, schauen wir uns einmal an, wie Sie persönlich aufgebaut sind, um herauszufinden, wie Sie sich bewegen sollten.

Ihre Knochenposition hat nichts mit steifen oder schwachen Muskeln zu tun. Und das können Sie auch nicht einfach „wegdehnen". Manche Menschen werden mit einer bestimmten Knochenposition geboren und andere haben Sportarten gemacht, bei denen es zu vielen Drehungen kommt, während sie in der Schule waren und noch wuchsen. Es gibt sogar die Theorie, dass zu viel Sitzen in einer W-Form mit abgespreizten Knien etwas damit zu tun hat. Aber das macht keinen Unterschied mehr, denn Ihre Knochen sind jetzt so.

Wenn Sie die Rotationsausrichtung Ihrer Beine nicht mögen, können Sie Ihr Bein höchstens brechen und dann wieder schön geradebiegen. Keine so tolle Idee, oder? Aber was ich Ihnen damit eigentlich sagen will: Jemand mit 100 Prozent geraden Knochen läuft nicht unbedingt besser als jemand mit „verdrehten" Knochen. Ihr Knochenaufbau ist wie er ist. Und das wird nur zum Problem, wenn Sie Ihren Körper nicht respektieren.

VERINNERLICHEN SIE IHRE BEWEGUNGSABLÄUFE

Um herauszufinden, wie Ihr Körper sich ausrichten und bewegen sollte, müssen wir uns die Rotationsausrichtung Ihrer Knochen anschauen, und zwar besonders der Hüften und Schienbeine. Stellen Sie sich vor, Sie hätten eine Art Dönerspieß in Ihrem Bein. Wir wollen herausfinden, wie Ihre Oberschenkel und Schienbeine darauf positioniert sind.

Ausrichtung beginnt an der Hüfte. Ihr Oberschenkelknochen ist in einem bestimmten Winkel mit Ihrem Becken verbunden. Dieser Winkel kann entweder neutral (gerade ausgerichtet), antevertiert (nach innen geneigt) oder retrovertiert (nach außen geneigt) sein. Die Hüftrotation gibt stets vor, wie Ihre Knie sich verhalten werden, egal was weiter unten am Bein noch so passiert. Wenn wir einmal wissen, wie Ihre Hüfte ausgerichtet ist, können wir uns Ihre Schienbeinneigung ansehen. Genauso wie Ihre Hüfte kann Ihr Schienbein gerade, nach außen oder nach innen ausgerichtet sein. Ihre Schienbeinposition gibt wiederum vor, wie Ihre Füße ausgerichtet sein sollten.

Was heißt das nun in der Praxis? Susan und Megan sind zwei College-Läuferinnen, die auch an ein paar Tagen in der Woche zusammen Yoga machen. Sowohl ihr Laufcoach als auch Ihre Yogalehrerin sagen Ihnen, Sie sollen „ihre Füße gerade machen". Susan macht das auch und fühlt sich dabei super, aber Megan hat Knieschmerzen beim Laufen und beim Yoga. Wir stellen beide Läuferinnen vor einen Spiegel, um uns anzuschauen, wie sie sich bewegen.

Susan bemerkt, dass Ihre Oberschenkel und Füße so ziemlich nach vorne zeigen. Sie macht eine halbe Kniebeuge mit beiden Beinen und man sieht, dass ihre Knie immer noch nach vorne zeigen. Dann macht sie eine kleine Kniebeuge auf einem Bein, die etwa der Beugung entspricht, die ihr Knie beim Laufen durchführt. Auch dabei zeigt ihr Knie weiterhin nach vorne. Spoiler-Alarm: Susan hat eine neutrale Hüft- und Schienbeinausrichtung und ihre natürlichen Bewegungsabläufe respektieren ihre Gelenkausrichtung. Das heißt, sie bewegt sich genau so, wie sie sollte.

Nun steht Megan vor dem Spiegel. Sie sieht, dass ihre Füße nach vorne zeigen, genauso wie ihre Oberschenkel. Aber wenn sie eine Kniebeuge auf beiden Füßen macht, knicken ihre Knie nach innen. Genau wie Susan macht sie als Nächstes eine einbeinige Kniebeuge. Auch dabei zeigen ihre Knie wieder nach innen. Megan ist nun ganz schön frustriert. Sie hat haufenweise Übungen gemacht, um die Hüfte zu stärken, um ihre Knie gerade zu bekommen und sich endlich besser zu fühlen, aber das hat offensichtlich zu nichts geführt und sie hat weiterhin Schmerzen.

Megans Hüftposition ist neutral, genau wie bei Susan, aber Ihr Schienbein hat eine Außenneigung von etwa 15 Grad. Wenn sie sich natürlich bewegt und diese Ausrichtung berücksichtigt, dann führt sie ihr Knie gerade nach vorne, aber ihre Füße zeigen nach außen. So schlimm wie bei Fred Feuerstein ist es noch nicht, aber ihre Füße zeigen nicht wirklich gerade auf 12 Uhr, sondern mehr in Richtung 11 und 13 Uhr. Wir sagen Megan, dass sie ihre Füße ruhig nach außen zeigen lassen soll. Das fühlt sich ziemlich seltsam an, da sie während ihres gesamten Läuferinnenlebens gehört hat, sie solle die Füße gerademachen – und auch versucht hat, das irgendwie hinzubekommen. Sie macht eine Kniebeuge. Ihre Knie sind gerade. Sie macht eine Kniebeuge auf einem Bein, und ihre Knie sind wiederum gerade. Nichts tut weh. Megan ist happy.

Wenn wir sehen, dass jemand beim Laufen wackelig auf den Beinen ist oder sich irgendwie anders bewegt, nehmen wir oft vorschnell an, dass diese Person ein Problem mit ihrer Mobilität oder Stabilität hat. Das ist aber nicht immer der Fall. Megans Knie kippten nicht durch Steifheit oder Schwäche – sondern dadurch, dass sie ihr natürliches Bewegungsmuster überschreiben wollte. Sie muss ihre persönliche Ausrichtung bei allem, was sie tut, beachten: Laufen, Yoga, einbeinige Stabilitätsübungen, Kraft- und Sprungtraining. Jedes Mal, wenn Megan zu hören bekommt: „Mach' die Füße gerade!", weiß sie, dass sie sie auf 11 und 13 Uhr stellen muss. Sie werden erstaunt sein, wieviel effizienter Ihr Körper sich bewegen kann, wenn Sie ihn sich so bewegen lassen, wie es ursprünglich angedacht war.

STUDIEREN GEHT ÜBER PROBIEREN

Die Bewertung der Rotationsausrichtung oder Drehung Ihrer Beinknochen ist eine grundlegende Untersuchung, die Ärzte und Physiotherapeuten recht früh in ihrer Ausbildung lernen. Es ist schon ziemlich lange her, dass ein Arzt namens Craig feststellte, wie wichtig die Rotationsausrichtung ist. Er entwarf ein Test-Protokoll und benannte es nach sich selbst. In den letzten Jahren habe ich diesen Test so angepasst, dass eine DIY-Version daraus entstanden ist, und viele Athleten haben diesen Test bereits angewandt, um ihre Ausrichtung zu bewerten. Falls Sie sich selbst nicht zutrauen, diesen Test korrekt auszuführen, können Sie natürlich auch einen Arzt Ihres Vertrauens aufsuchen. Aber vielleicht sollten Sie es erst einmal versuchen: Sie werden wichtige Informationen darüber bekommen, wie Ihr Körper sich nun genau beim Laufen und allen anderen Sportarten bewegen sollte.

Finden Sie Ihren Trochanter

Ihr Trochanter major femoris ist ein Knochenvorsprung an der Seite Ihres Hüftknochens. Er sticht seitlich hervor. Schauen Sie sich die Illustration an, damit Sie sich besser vorstellen können, wie dieser Knochenvorsprung sich anfühlt. Wenn wir Leuten sagen, sie sollen ihre Hände auf die Hüften legen, legen die meisten von ihnen sie auf den Vorsprung, der auf dem Becken von vorne nach hinten verläuft (der Beckenkamm). Nun müssen Sie Folgendes tun, um sicherzustellen, dass Sie den richtigen Orientierungspunkt auf Ihrem Hüftknochen (Femur) finden.

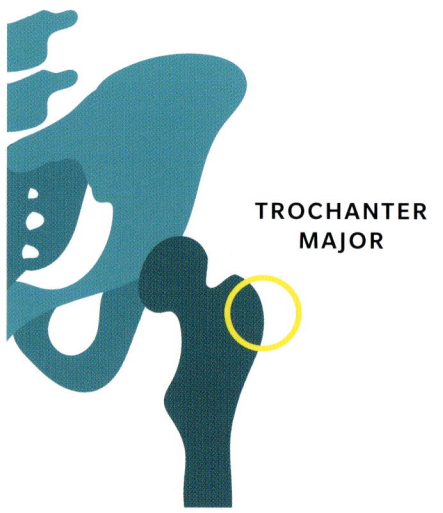

TROCHANTER MAJOR

- Stellen Sie sich in eine neutrale Position und verteilen Sie dabei das Gewicht gleichmäßig auf beiden Beinen. Legen Sie eine Hand auf Ihren Beckenkamm.
- Bewegen Sie nun Ihren Mittelfinger gerade nach unten zur seitlichen Mittellinie Ihres Oberschenkels.
- Während Ihr Finger die Außenseite Ihrer Hüfte berührt, drehen Sie die Hüfte ein und aus, so als wäre sie auf einem Spieß. Wahrscheinlich können Sie nun ein hartes Stück Knochen spüren, dass sich in Ihrer Hüfte unter Ihren Fingern hin- und her bewegt. Herzlichen Glückwunsch. Das ist Ihr Trochanter.

Überprüfen Sie Ihre Ausrichtung

Nun werden wir Ihren Trochanter benutzen, um die Rotationsausrichtung Ihrer Hüften herauszufinden.

- Stellen Sie sich aufrecht hin und finden Sie Ihren linken Trochanter noch einmal (wie auf S. 112 beschrieben).
- Halten Sie Ihre Hand direkt an der Hüftseite und drehen Sie Ihr Bein nach innen. Die Spitze des Trochanters wird unter Ihrer Hand nach vorne kommen.
- Drehen Sie die Hüfte auswärts wieder zurück und Sie werden spüren, wie der Trochanter unter Ihren Fingern und an Ihnen vorbei bewegt wird.
- Bewegen Sie die Hüfte weiter vor und zurück, bis Sie den Punkt in dem Bewegungsablauf spüren, an dem Ihr Trochanter seitlich nach außen zeigt.
- Sobald Ihr Trochanter sich am richtigen Punkt befindet, halten Sie Ihr Bein in dieser Position und verteilen Sie Ihr Gewicht gleichmäßig auf beide Füße. (Keine Sorge – es ist normal, wenn Sie ein wenig aus der ursprünglichen Hüftstellung herauskommen, um den Test leichter zu machen.) Schauen wir uns nun einmal Ihr linkes Bein an:

Wenn Ihr Fuß geradeaus zeigt,		dann sollte Ihr Fuß immer geradeaus zeigen.
Wenn Ihr Fuß in- oder auswärts zeigt,		dann haben Ihre Beine irgendeine Art von Abweichung – entweder in Ihrer Hüfte oder Ihren Schienbeinen. Das ist kein Problem, es ist einfach nur Teil Ihres Körpers.

- Als Nächstes wollen wir herausfinden, wie Ihre Knie sich vorwärtsbewegen sollten. Machen Sie so natürlich wie möglich eine kleine Kniebeuge und schauen Sie, in welche Richtung Ihre Kniescheibe zeigt.

Wenn Ihre Kniescheibe bei der Kniebeuge geradeaus zeigt,		dann sollte sie dasselbe auch beim Laufen, Fahrradfahren usw. tun.
Wenn Ihr Knie in- oder auswärts zeigt,		dann haben Sie eine Abweichung in Ihrer Hüfte, die Sie respektieren sollten.

Jetzt müssen Sie sich nur noch Tabelle 8.1 anschauen, um herauszufinden, wie Sie sich bewegen sollten. Achten Sie sowohl auf Ihre Fußposition als Ihre Kniescheibenausrichtung, um zu sehen, ob Ihre Knochen neutral ausgerichtet sind oder ob es irgendwelche Abweichungen in Ihrer Hüfte oder Ihren Schienbeinen gibt, die Sie beachten sollten. Ich gebe Ihnen mal ein Beispiel. Nehmen wir mal an, Sie haben herausgefunden, dass Ihre Knie auswärts zeigen und Ihre Füße nach vorne. Das bedeutet, Ihre Hüfte ist auswärts gedreht und Ihre Schienbeine inwärts. Sie können gerne auf Ihren Coach hören, der sagt, Sie sollen die „Füße gerade machen", denn das entspricht tatsächlich Ihrer persönlichen Ausrichtung. Achten Sie nur darauf, dass Sie bei Kniebeugen im Fitnesscenter, beim Fahrradfahren oder Laufen Ihre Knie ein wenig weiter als normal nach außen drehen werden. Falls Ihnen jemand sagt, Sie sollen die Knie gerade über Ihrem zweiten Zeh halten, dann wäre das wahrscheinlich problematisch, denn Ihr Körper bewegt sich nun mal nicht so.

Zu wissen, wie die richtige Ausrichtung für Sie aussieht, ist überaus wichtig. Wenn Sie in den *Entfesselt-Laufen-Workouts* mit Krafttraining anfangen, achten Sie darauf, sie entsprechend Ihrer Ausrichtung auszuführen, die Sie im Trochanter-Test herausgefunden haben. Achten Sie darauf, dass Sie beim Laufen Ihren Körper respektieren. Dieses kleine Stück neuen Wissens kann Ihnen viele Probleme ersparen.

TABELLE 8.1 Wie Ihre persönliche Ausrichtung aussieht

	Hüfte nach außen	Hüfte neutral	Hüfte nach innen
Schienbein nach außen			
Schienbein neutral			
Schienbein nach innen			

PERSÖNLICHE AUSRICHTUNG

**BESSERES LAUFEN DURCH
PRÄZISION UND PERFORMANCE**

Springen Sie weiter

Wenn Läufer mir sagen, sie können nicht springen, mache ich es mir zum Ziel, sie vom Boden abheben zu lassen, und ich sage Ihnen auch warum. Es wird manchmal gesagt, dass Laufen eine Serie von einbeinigen Kniebeugen ist. Aber niemand kann mehrere einbeinige Kniebeugen mit einer Belastung von 250 Prozent des eigenen Körpergewichts machen. Es muss noch etwas anderes dahinterstecken. In Wirklichkeit ist Laufen viel mehr wie eine Serie einbeiniger Sprünge. Kniebeugen und Springen stellen vollständig unterschiedliche Ansprüche an den Körper.

Beim Kniebeugen machen kommt es nicht auf die Zeit an. Sie starten aufrecht, mit dem Gewicht auf Ihrem Rücken, gehen bis zu einem bestimmten Punkt nach unten und kommen wieder nach oben. Sie konzentrieren sich dabei auf die Belastung und die Arbeit wird zu 100 Prozent durch Muskelkontraktion ausgeführt. Beim Springen hingegen hängt die Mechanik nicht vollständig von der Arbeit Ihrer Muskeln ab. Sie werden auch durch die gespeicherte und losgelassene Energie aus Ihren Sehnen angetrieben.

Wenn Sie in gleichmäßiger Geschwindigkeit laufen, tritt Ihr Fuß vor Ihrem Körperschwerpunkt auf dem Boden auf. Vom Fußkontakt bis zur mittleren Standphase (wenn der Fuß genau unter Ihrem Körperschwerpunkt ist) befinden Sie sich in der Energiespeicherphase. Von der mittleren Standphase bis zum Abdrücken lassen Sie diese Energie frei. Unter optimalen Bedingungen deckt die Energie, die in Ihren Sehnen gespeichert ist, etwa die Hälfte der mechanischen Laufanstrengung ab. Die andere Hälft ergibt sich aus Muskelarbeit. So muss jedes Bein also bei jedem Laufschritt Muskelkontraktionen durchführen, die 125 Prozent des Körpergewichts entsprechen. Das klingt schon ein bisschen besser, aber es stimmt schon: Laufen ist nicht einfach.

Das *Entfesselt-Laufen-Programm* ist darauf ausgelegt, Ihren Körper von Kopf bis Fuß präzisiert zu bewegen, sodass Sie die Belastung des Laufens aushalten können und ausdauernder werden. Dieser Plan beinhaltet auch Resistenzübungen und Schnelligkeitsübungen, um Ihrem Körper zu helfen, schneller zu werden. Ihren Absprung verbessern Sie am leichtesten durch sichere Übungen, die Bewegungsabläufe und nicht einzelne Muskeln trainieren. Diese Art von Training wird Ihren Körper und Ihr Schrittbild beim Laufen auf ungeahnte Weise verändern, wie Sie es allein durch Laufen niemals hinbekommen würden. Hier fängt der Spaß an und Ihre Leistungen gehen merklich nach oben. Keine Angst – das hier soll kein CrossFit® für Läufer und Läuferinnen sein. Dann würden wir ein riesen Übungsprogramm für allgemeine Fitness abfahren.

Unser Ziel ist es, Ihren Körper einer spezifischen Belastung auszusetzen, um spezifische Ergebnisse zu erreichen, die Sie besser laufen und schneller werden lassen.

LAUFÖKONOMIE VERSUS LEISTUNG

Wir sparen alle gerne. Egal ob bei den Finanzen, beim Einkauf oder der Laufform, wir freuen uns, wenn unsere Entscheidungen nicht zu viel Geld oder Anstrengung kosten. Und wie wir bereits gelernt haben, ist ein Schlüssel für verbessertes Laufen der Fokus auf die freie Speicherung und Freisetzung elastischer Energie. Wenn Sie Ihr Gangbild verbessern können, um bei jeder Geschwindigkeit weniger Muskelenergie zu verbrauchen, können Sie diese Geschwindigkeit viel länger durchhalten

Muskuläre Ausdauer entspricht nicht Geschwindigkeit

Beim Laufen entsteht eine Belastung, um die Muskelausdauer zu verbessern oder wenigstens aufrecht zu erhalten. Hierbei handelt es sich um die Fähigkeit, eine bestimmte Belastung über einen längeren Zeitraum immer und immer wieder auszuführen. Muskelausdauer hilft uns aber nicht unbedingt dabei, mehr Kraft zu generieren, um schneller und ökonomischer zu laufen. Die Forschung zeigt, dass die Stärke bei Streckenläufern mit dem Alter abnimmt. Aus diesem Grund können Sie alleine mit Ausdauertraining nicht alle Fähigkeiten entwickeln, die Sie zum Laufen brauchen. Wenn Sie außer dem Laufen kein anderes Training mehr machen, kommen Sie irgendwann aus der Form. Die gute Nachricht? Gezieltes Krafttraining hilft jüngeren Läufern, Läufern mittleren Alters und Läufern, die schon etwas älter sind. Falls Sie noch einen Ansporn brauchen: Eine Studie, an der mehr als 26.000 Sportler teilnahmen, zeigte, dass Krafttraining Sportverletzungen um 33 Prozent reduziert und Überbelastungsverletzungen um die Hälfte.

Gezieltes Krafttraining ist die Zeit auf jeden Fall wert.

ohne zu ermüden oder Sie können Ihre Energiereserven nutzen, um bei gleicher Anstrengung schneller zu laufen.

Aber es gibt einen Punkt, an dem wir die Ökonomie zugunsten von Schnelligkeit aufgeben: In der Formel 1 würden Sie mit einem VW Polo auch nicht gewinnen. Beim Laufen ist es dasselbe. Sie gewinnen durch Schnelligkeit, nicht durch Sparsamkeit.

Je schneller Sie laufen, desto weniger Kontakt haben Ihre Füße mit dem Boden. Um schneller zu laufen, müssen Sie also Ihren Körper so trainieren, dass er schneller Kraft generiert. Wenn ich einen untrainierten Läufer zu mir ins Labor hole und die Kraftmenge, die sein Körper produzieren kann, messe, sehen wir, dass er nur eine Sekunde braucht, bis er sein Kraftmaximum erreicht. Es braucht Zeit, um Spitzenkräfte zu entwickeln. Aber beim Laufen sind Sie nun mal nicht sehr lange auf dem Boden. Um genau zu sein verbringen die meisten Läufer nur eine Viertelsekunde (oder noch weniger) auf dem Boden. Deshalb müssen wir unsere Körper so trainieren, dass sie in diesem Zeitfenster die bestmöglichen Ergebnisse erzielen (s. Abbildung 9.1). Die Forschung zeigt, dass Läufer, die schneller mehr Kraft in Richtung Boden bewegen, auch schneller laufen. Die maximale Kraft in einem Zeitraum von einer halben Sekunde zu erhöhen, entspricht nicht der Laufschnelligkeit. Das ist die gesamte Grundlage dafür, dass wir Kraft- und Sprungtraining in unser Programm aufnehmen. Klingt verlockend? Schauen wir uns erst einmal an, wie das Ganze funktioniert.

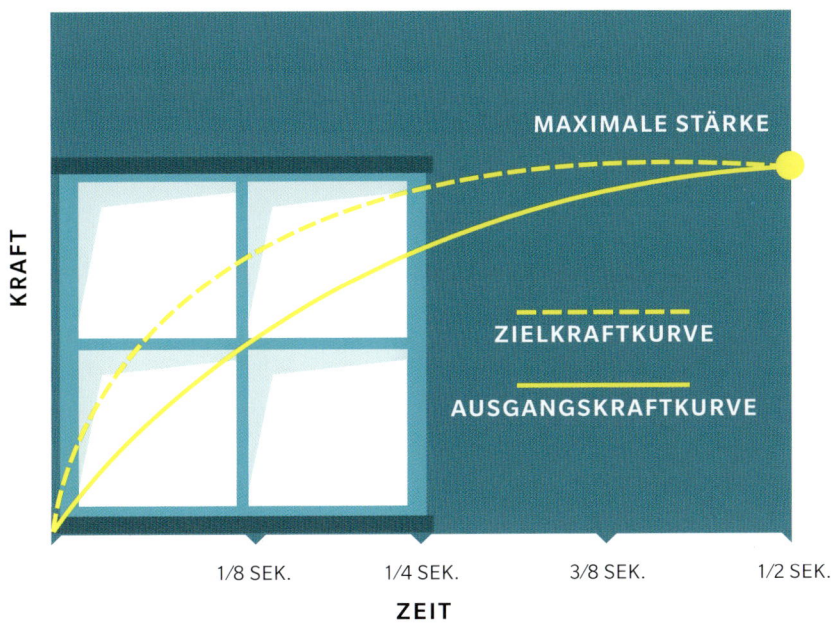

ABBILDUNG 9.1 Kraftkurve
Maximale Stärke ist nicht unser Ziel. Es geht vielmehr darum, wie viel Kraft Sie produzieren, den Anstieg der Kurve. Trainieren Sie Ihren Körper so, dass er schneller Kraft entwickelt, um schneller laufen zu können.

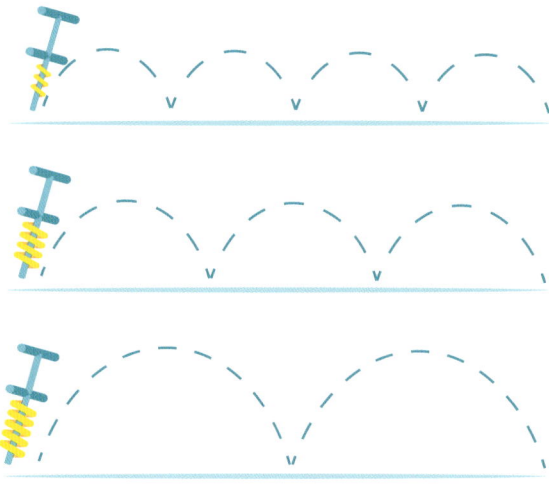

ABBILDUNG 9.2 Laufökonomie
Der Springstock illustriert, wie eine steifere Sprungfeder mehr Kraft an den Boden abgibt, was zu Vorteilen in Geschwindigkeit und Distanz führt.

VERBESSERN SIE IHREN SPRUNG FÜR EINEN BESSEREN ANTRIEB

Stellen wir uns einmal vor, Sie finden einen Springstock, der einem Ihrer Nachbarskinder gehört. Er ist ziemlich alt, und die Sprungfeder ist ausgeleiert. Sie sind auch nicht wirklich das 25-kg-schwere Kind, für das dieses Spielzeug gedacht war. Sie erinnern sich jedoch an Ihre Kindheit, nehmen den Sprungstock in die Hand und hüpfen ein wenig damit herum. Aber der Springstock kommt kaum noch vom Boden ab und Sie kommen nicht wirklich voran. Also kaufen Sie sich einen Springstock für Erwachsene. Die Feder ist viel größer und es gibt einen riesen Unterschied bei der Distanz, die Sie damit zurücklegen können. Sie sind noch ein bisschen unsicher, aber es klappt schon mal besser als mit dem Springstock des Nachbarkinds. Nachdem Sie eine Woche geübt haben, haben Sie den Dreh heraus: Sie kennen das Timing für die Energiespeicherung und -freisetzung. Sie stellen fest, dass wenn Sie „in die Sprungfeder hinein" springen, Sie wieder nach oben geschleudert werden. Nun kommen Sie pro Sprung viel weiter, als Sie es als Kind jemals konnten.

Die Distanz und Schnelligkeit Ihres Absprungs hängen stark davon ab, wie hoch die Belastung ist, die auf den Boden auftrifft. Dies wiederum hängt sowohl von der Energiespeicherung und -freisetzung der Sprungfeder des Springstocks als auch vom Timing Ihres Sprungs ab. So ähnlich läuft es auch ab, wenn Sie laufspezifisches Krafttraining machen. Indem Sie Kraft- und Sprungtraining in Ihr Trainingsprogramm einbauen, stärken Sie Ihre Sprungfeder. Diese besser aufgezogene Sprungfeder ermöglicht es Ihnen, bei jedem Absprung mehr Kraft in Richtung Boden zu lenken. Wenn Sie zusätzlich noch das Timing Ihres muskulären Outputs optimieren, verbessert sich das Ergebnis noch weiter. Zusätzliche Kraft wird Ihnen sowohl von Ihren Muskeln als auch den geladenen Sprungfedern zur Verfügung gestellt, was dafür sorgt, dass Sie länger in der Luft sind und Sie eine höhere Distanz pro Laufschritt abdecken können. Und so wird man schneller.

$$\text{Mehr Kraft} + \text{Höhere KER} = \text{Laufökonomie}$$

Um mehr aus Ihren Muskeln herauszuholen, müssen wir zunächst Ihre Kraftentwicklungsrate (KER) in Angriff nehmen. Hiermit hängen Ihre Geschwindigkeit beim Laufen und Ihre athletische Leistung direkt zusammen. Wir nutzen eine Mischung aus Kraft- und Sprungtraining, um die Fähigkeit zur Kraftentwicklung aufzubauen. Und das ist einer der Hauptunterschiede zwischen dem *Entfesselt-Laufen-Programm*, der Ihnen dabei helfen soll, besser zu laufen, und einem Trainingsplan, der nur dazu nützt, Ihren Wadenumfang zu vergrößern. Ob Sie eine konkrete Übung super hinbekommen ist halb so wichtig. Die Übungen in diesem Kapitel sind lediglich ein Mittel zum Zweck, um Ihrem Körper beizubringen, wie er mehr Kraft produzieren kann.

Zur Krafterzeugung müssen wir Änderungen sowohl an Ihren Muskeln als auch an Ihrer „Verkabelung" vornehmen. Muskeln stellen Kraft her. Wenn Sie eine Zeitlang im Fitnessstudio trainieren, werden Ihre Muskeln stärker und am Ende auch ein bisschen größer und dichter. Diesen Ablauf nennt man Hypertrophie. Ein größerer Muskel stellt mehr Kraft in seinem Bereich her. Dieses Programm zielt auf bestimmte Bewegungen ab, die Ihre Muskelkraftherstellung beim Laufen verbessern. Aber wir müssen auch Ihrem Gehirn beibringen, den Muskel richtig zu trainieren. Denken Sie daran, dass ein Muskel ein Nervensignal benötigt, um sich zusammenzuziehen.

Sie bringen mehren Muskelfasern (oder motorischen Einheiten) bei, sich gleichzeitig zu aktivieren. Ihr Muskel ist keine einheitliche Masse, sondern besteht vielmehr aus tausenden Muskelfasern. Wenn Sie aus dem Sitzen heraus Ihr Knie strecken wollen, brauchen Sie nur einen sehr kleinen Prozentsatz dieser Fasern, um das Bein nach oben zu bekommen. Um 100 Kilogramm vom Boden hochzustemmen, wird Ihr Körper mehrere Muskelfasern auf einmal aktivieren müssen, um mehr Kraft erzeugen zu können.

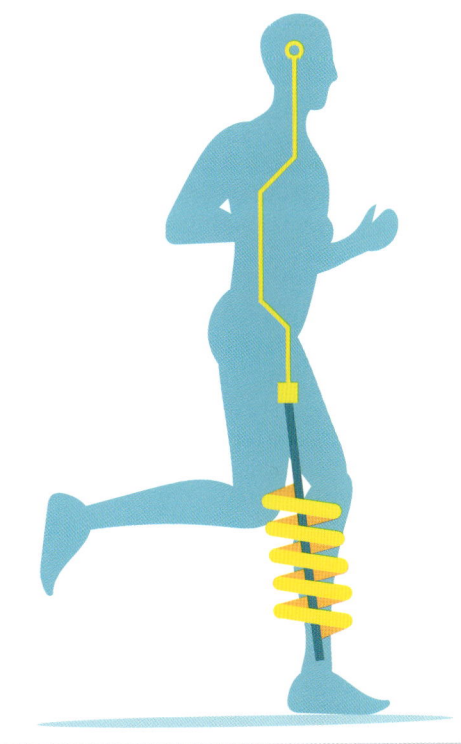

ABBILDUNG 9.3 Intermuskuläre Koordination und steife Gliedmaßen

Die Kraft zum Laufen kommt nicht nur aus isolierter Stärke, sondern auch Ihr Gehirn muss lernen, Ihren Körper zu stabilisieren, auszugleichen und die Muskelkontrolle für mehr Elastizität und schnellere Distanzüberwindung zu koordinieren.

Arbeiten Sie auf stärkere, längere Laufschritte hin

Wenn Sie die Kraftmenge, die Sie in Richtung Boden schicken, erhöhen können, werden Sie mit jedem Laufschritt eine größere Distanz überwinden, ohne auch nur darüber nachzudenken. Dies ist ein sicherer Weg Ihren Laufschritt zu verbessern. Sie könnten Ihrem Körper einfach eine längere Schrittdistanz aufzwingen, aber das würde Ihren Körper stark belasten. Stellen Sie sich das Ganze einmal so vor: Für einen Marathon brauchen Sie etwa 40.000 Schritte. Wenn Sie bei jedem Schritt 1 oder 2 Zentimeter gewinnen können, dann sind Sie der untrainierten Version Ihrer selbst weit voraus. Und Sie werden Ihren persönlichen Rekord mit Leichtigkeit übertreffen.

Jede Muskelfaser ist mit einem Nerv verbunden. Das nennt man eine motorische Einheit und sie zeigt dem Muskel, wie er effizient arbeiten und mehr Kraft aufbringen kann.

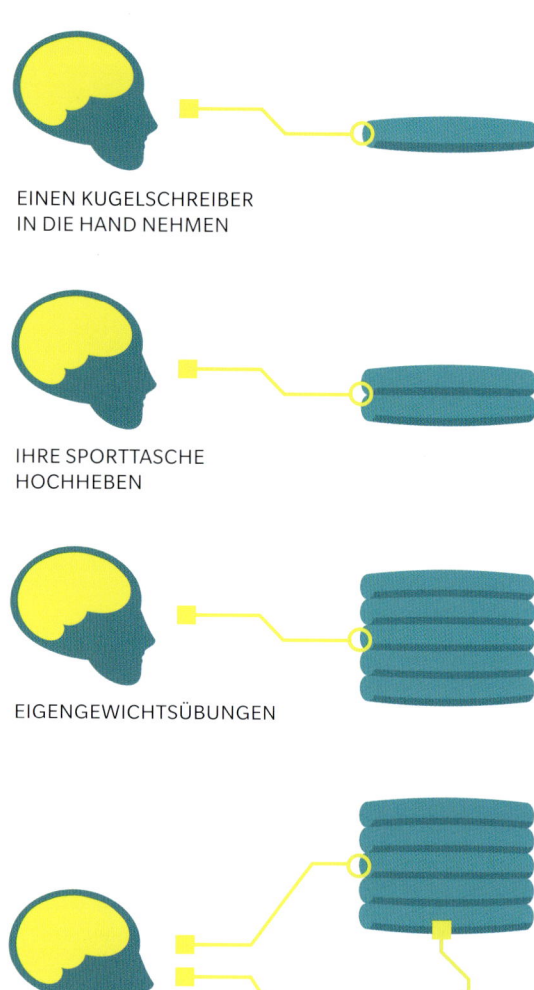

ABBILDUNG 9.4 Ihr Körper spricht auf Kraft an
Je größer die Belastung, desto mehr Muskelfasern müssen wir ansprechen und aktivieren. Aber Eigengewichtsübungen allein entsprechen nicht dem Kraftaufwand, den Sie zum Laufen benötigen. Die Leistungs- und Kraft-Workouts des Entfesselt-Laufen-Programms sorgen für die zusätzliche Belastung, die Ihren Muskel-Output optimal für die Ansprüche beim Laufen trainiert.

Nachrichten werden schneller an den Muskel weitergegeben. Schnelle und gleichzeitig kräftige Bewegungen sind beim laufspezifischen Training besonders wichtig, denn beim Laufen müssen Sie eine hohe Kraftmenge in kürzester Zeit in Richtung Boden bewegen. Wenn Ihre Nerven schneller kommunizieren, wird auch Ihr Muskel schneller aktiviert.

Muskelkoordination und -synchronisierung Muskeln arbeiten nicht isoliert. Mit diesem Trainingsplan entwickeln Sie Ihre intermuskuläre Koordination, um die richtigen Muskeln darauf vorzubereiten, sich im richtigen Moment gleichzeitig zu aktivieren und so dem gegenüberliegenden Muskel eine Pause zu gönnen. So kämpfen Sie nicht unnötig durch übertriebene gleichzeitige Muskelkontraktion gegen Ihre eigenen Bewegungen an.

Letzten Endes zielt der *Entfesselt-Laufen-Plan* sowohl auf Muskelintelligenz als auch auf Systemintelligenz ab, sodass Ihr Körper seine Bewegungen koordinieren kann und Sie Ihren Laufschritt verbessern können.

EIN STÄRKERER ABSPRUNG

Ein solider Plan zur Absprungverbesserung muss nicht unbedingt körperlich zermürbend oder zeitaufwendig sein. Wir brauchen auch nicht unbedingt Muskelkonfusion, Muskelokklusion oder irgendein anderes trendiges Schlagwort. Wir verwenden zusätzliches Gewicht bei der Durchführung der grundlegenden Übungen, um unserem Körper auf kontrollierte Art und Weise mehr abzuverlangen – und Ihr Körper wird darauf ansprechen.

Um Ihre laufspezifischen Fähigkeiten zu verbessern, müssen Sie Bewegungsabläufe üben, die Ihnen zu Folgendem verhelfen:

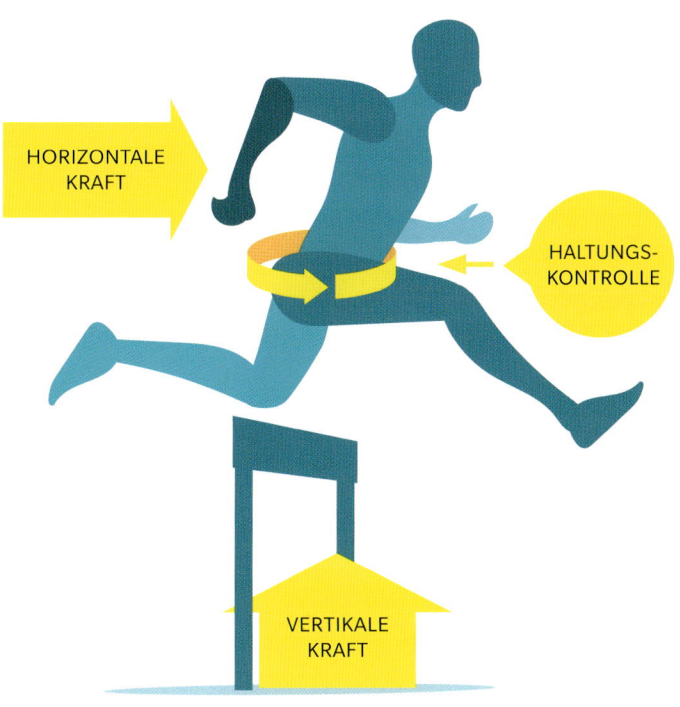

ABBILDUNG 9.5 Entfesselt Laufen
Die Kraft- und Sprungübungen in diesem Programm helfen Ihnen dabei, sich gezielt zu verbessern, um den Anforderungen beim Laufen standzuhalten.

1. **Erzeugung horizontaler Kraft durch wirksame Kreuzhebemuster.** Dies umfasst Bewegungen von vorne nach hinten, um die kräftige Hüftmuskulatur zu stärken.
2. **Erzeugung vertikaler Kraft durch flüssige Beugemuster.** Dies umfasst hauptsächlich Bewegungen von oben nach unten, die die Muskelarbeit auf die Muskeln um Ihre Knie und Hüften herum verteilen.
3. **Dreidimensionale Haltungskontrolle des Rumpfs.** Um schwere Gewichte zu bewegen, müssen Sie Ihren Rumpf aktivieren, um die Beine und den Oberkörper zu stabilisieren.

Jeder Bewegungsablauf gehört zu einer dieser drei Kategorien. Und jede Bewegung hat ein bestimmtes Ziel: Ihre Laufleistung zu verbessern. Variation und Wiederholung sind die Bausteine von motorischem Lernen und Fähigkeitenentwicklung. Wenn Sie stärker werden, werden Sie automatisch eher die Rückseite Ihres Körpers aktivieren als die Vorderseite (wie Sie es vielleicht jetzt tun). Dadurch wird Ihre Haltungskontrolle besser und Ihr Gangbild verbessert sich. Wenn Sie einmal Ihren Körper dazu gebracht haben, diese neuen Bewegungsabläufe zu verinnerlichen, wird sich Ihre Laufform wie durch Magie ebenfalls ändern.

Form ist Ihre erste Priorität

Korrekte Bewegungsabläufe beginnen mit Ihrer Fähigkeit, eine stabile Wirbelsäule beizubehalten, während Sie sich in einem Beuge- oder Kreuzhebemuster bewegen. Das haben wir in Kapitel 7 mit den sitzenden Kniebeugen (S. 110) und dem einbeinigen Kreuzheben mit Stange (S. 102) geübt. Hierbei haben wir noch eine Stange benutzt, um herauszufinden, ob Ihre Wirbelsäule neutral blieb. Wenn Ihr Körper sich während der sitzenden Kniebeugen an den kritischen Kontaktpunkten von der Stange wegbewegt, werden Sie nicht in der Lage sein, die vertikale Krafterzeugung anzukurbeln. Dasselbe gilt für das Kreuzheben mit Stange: Wenn Ihr Rücken sich rundet oder Ihr unterer Rücken sich von der Stange wegbewegt, wird es Ihnen schwerfallen, die horizontale Kraft zu erzeugen, die für richtiges Kreuzheben nötig ist. In beiden Fällen ist es vorzuziehen, erst einmal jeden Tag 10 Minuten darauf zu verwenden, diese beiden Bewegungsabläufe richtig hinzubekommen. Wenn Sie erst einmal Gewicht zu diesen Bewegungsabläufen hinzunehmen oder versuchen sich schneller zu bewegen, werden kleine Details einen riesen Unterschied machen. Wenn Sie sich bei erhöhter Belastung durch den Bewegungsablauf hindurchmogeln, riskieren Sie eine Überbelastung des Körpers und die Laufverbesserung, auf die wir hinarbeiten, wird sich kaum ergeben! Manche Läufer haben ein natürliches Körperbewusstsein und andere nicht. Manche werden schnell Fortschritte machen und zu den komplexeren Übungen unseres Plans übergeben, während andere die Dinge langsamer angehen lassen müssen. Wie auch immer Ihr Weg verläuft, jeder Athlet kann sich verbessern. Wenn Sie noch mit den Grundlagen hadern, konzentrieren Sie sich darauf, die Bewegungsabläufe zu verinnerlichen. Wenn Sie am Ball bleiben, werden auch Sie Fortschritte bemerken. Wenn Sie eine schlechte Form mit einer zusätzlichen Belastung durch Gewichte mischen, wird Ihnen das nicht wirklich etwas bringen.

Denken Sie daran, dass Sie Feedback brauchen, um Ihre Form zu verbessern. Schnappen Sie sich einen Freund, mit dem Sie diese Workouts zusammen machen können, sodass Sie sich gegenseitig helfen und korrigieren können. Oder benutzen Sie Ihr Smartphone, um sich selbst aufzunehmen und zu überprüfen, ob Sie die wichtigen Punkte jeder Übung umsetzen. Ich sage es noch einmal: Die richtige Formausführung ist der Schlüssel dazu, diese Bewegungsabläufe in Ihr Gangbild übergehen zu lassen.

Wie schwer ist zu schwer?

Eine gewisse Intensität ist grundlegend bei diesen Übungen. Nehmen Sie so viel Gewicht wie Sie können, ohne die Form zu verlieren. Das Ziel ist es, eine elastische Bewegungsstrategie auch unter Stress abfahren zu können, denn das wird Sie wirklich zu einem besseren Läufer oder einer besseren Läuferin machen. Je mehr Gewicht Sie hinzunehmen, desto mehr werden Sie Ihre Formfehler bemerken. Ihre Beine sind zum Beispiel vielleicht in der Lage, ein schweres Gewicht zu heben, aber Ihr Rumpf knickt dabei ein. Wenn Sie das Gewicht, das Ihre Beine heben, nicht stabilisieren können, dann ist das wie betrunken Auto zu fahren – es ist einfach nicht sicher! Wenn sich Ihr Rücken rundet, während Sie beim Kreuzheben mit 75 Kilogramm sind, versuchen Sie es zunächst mit 50 Kilogramm. Denken Sie daran, dass es eine ganz schöne Anpassung für Ihren Körper bedeutet, diese Bewegungsabläufe zu erlernen, um sich unter Stress richtig bewegen zu können.

Nutzen Sie diese Richtlinien, um zu entscheiden, wann Sie bereit für eine neue Gewichtsstufe sind: Wenn Ihre Form nicht einknickt und Ihre Hebegeschwindigkeit nicht mehr als 50 Prozent bei jedem Satz abnimmt, nehmen Sie ruhig Gewicht hinzu. Einige der Hebeübungen haben Zielgewichtsangaben, auf die Sie hinarbeiten können. Diese Ziele sind absolut erreichbar für Sie. Ich habe Leuten, die noch nie in einem Fitnessstudio waren, dabei geholfen, zu hüftdominanten Läufern und Läuferinnen zu werden, indem wir diesen Richtlinien gefolgt sind.

Sobald Sie Ihre Aktivierungsstrategie ändern, werden Sie überrascht sein, wie viel besser Sie sich beim Laufen fühlen – und wozu Ihr Körper in der Lage ist, wenn Sie sich wirklich anstrengen.

Glauben Sie nicht alles, was Sie über Krafttraining hören

Bevor wir richtig loslegen, müssen wir noch ein paar Mythen über Krafttraining ansprechen, die so nicht stimmen. Der Erste betrifft die sogenannte Stangenzeit. Es wird öfter mal gesagt, man solle die Stange ganz, ganz langsam hochheben oder man solle sich 5–10 Sekunden Zeit sowohl beim Heben als auch beim Ablegen der Stange lassen. Auch wenn Sie die Stange sehr langsam heben können, wird sich das nicht auf Ihre Laufleistung auswirken. Diesen Schritt können Sie also getrost überspringen. Viel wichtiger ist, dass Sie die Stange gleichmäßig und konsistent bewegen. Ihre Hebe- und Ablagebewegungen sollten nicht mehr als etwa 2,5 Sekunden dauern. Um genau zu sein, sollten Sie den aktuellen Satz beenden, wenn Ihre Stangenzeit sehr viel langsamer wird. Zugegeben, die letzten paar Bewegungen eines Satzes werden schwieriger, aber wir wollen hier nicht Gewichte heben, bis wir aufgeben müssen (d. h. bis zu dem Punkt, an dem Sie wirklich nicht mehr können). Wenn der Trainingsplan sagt, Sie sollen 6 Wiederholungen machen und Sie schaffen 4 bei einer konsistenten Bewegungsrate, aber die letzten beiden werden durch die zu hohe Belastung immer langsamer, dann müssen Sie das Gewicht reduzieren. Stellen Sie sich das Ganze vor, wie Ihr Training auf der Laufbahn. Wenn Sie einen neuen Rekord beim Sprinten aufstellen wollen, können Sie auch nicht kurz vor dem Ziel schlappmachen. Das Gewicht sollte eine Herausforderung darstellen, Ihnen aber auch erlauben, die nötigen Wiederholungen eines Satzes richtig auszuführen.

Viele Experten sagen, dass Sie beim Heben den Atem anhalten sollten, aber das ist kein guter Ratschlag. Die Theorie dahinter ist, dass die eingeschlossene Luft für mehr Stabilität sorgt. Die Rumpfmuskulatur des Rückens muss aktiviert werden, um für die Stabilität zu sorgen, die verhindert, dass Ihr Körper unter dem zusätzlichen Gewicht zusammenbricht. Ihr Rumpf wird beim Gewichtheben ganz schön angestrengt und dabei können Sie sich nicht auf eine Luftblase verlassen, um die Haltung zu bewahren. Beim Laufen haben Sie außerdem auch nicht konsistent eine Luftblase im Zwerchfell, deshalb hat es auch wenig Sinn, es beim Gewichtheben so zu üben. Wenn Sie bemerken, dass Sie bei allen Wiederholungen die Luft anhalten müssen, ist das vielmehr ein Zeichen dafür, dass Ihre Beine stärker sind als Ihr Rumpf. Verringern Sie das Gewicht, bis Sie die Bewegung mit guter Form und gleichmäßigem Atem ausführen können

$$\frac{(\text{Stärke} + \text{Kraft})}{\text{Körpergewicht}} = \text{Leistung}$$

Und zuletzt möchte ich noch einen häufigen Irrglauben ansprechen, demzufolge Sie durch Krafttraining an Umfang zulegen. Analysieren wir einmal die Risiko-Nutzen-Rechnung. Natürlich ist leichter besser, wenn es ums Laufen geht – weniger Masse, die Sie bei jedem Laufschritt antreiben müssen. Aber Masse ist nicht gleich Masse. Überschüssiges Fett mit sich herumzuschleppen wird Ihnen keinen Gefallen tun. Bei jedem Körpergewicht sollten Sie versuchen, so stark und kraftvoll wie möglich zu sein.

Durch das anspruchsvolle Training ist es für Läufer und Läuferinnen ohnehin eher unüblich, dass sie viel an Gewicht zulegen, aber nehmen wir einmal an, Sie arbeiten nach unserem Plan und legen in der Tat ein Pfund zu. Dieses Pfund reiner Muskelmasse wird zu einer massiven Verbesserung bei dem Versuch führen, Kraft in Richtung Erde zu bewegen. Und diese zusätzliche Stärke wirkt sich direkt auf Ihre Schrittlänge aus.

Eine weitere Schrittlänge ist besser… und schneller.

▷ TRAINING FÜR HORIZONTALE KRAFT

EINBEINIGES LANDMINEN-KREUZHEBEN

- Legen Sie das eine Ende einer 20 Kilogramm schweren olympischen Langhantelstange auf den Boden in eine Ecke, um Sie zu verankern.
- Das freie Ende der Stange liegt im rechten Winkel zu Ihrem Körper. Stellen Sie sich auf Ihr äußeres Bein und halten Sie die Stange in der gegenüberliegenden Hand. Lassen Sie Ihren Arm gerade herunterhängen. Wenn nötig, strecken Sie Ihren freien Arm zur Seite aus, um das Gleichgewicht zu halten.
- Schieben Sie Ihre Hüfte nach hinten und halten Sie Ihre Wirbelsäule vollkommen gerade. Bewegen Sie die Stange in Richtung Boden, während Sie Ihr Bein nach hinten und oben strecken.
- Schieben Sie Ihre Hüfte nach vorne in Richtung Stange, um in die Ausgangsposition zurückzukommen.
- Drehen Sie sich um, um die andere Seite zu trainieren.
- Machen Sie 3 Sätze zu je 8 Wiederholungen auf jedem Bein.

TIPP

Schauen Sie immer in dieselbe Richtung, in die auch Ihr Brustkorb zeigt. Wenn Sie Ihren Kopf bewegen, bevor Sie sich beugen, bringt das Ihre Wirbelsäule aus der neutralen Position heraus.

HORIZONTALE KRAFT

RUMÄNISCHES KREUZHEBEN

- Stellen Sie sich vor eine olympische Langhantelstange, Ihre Schienbeine berühren die Stange und Ihre Füße stehen schulterbreit auseinander. Machen Sie eine Kniebeuge und halten Sie die Stange. Mit der einen Seite greifen Sie von oben um die Stange herum, mit der anderen von unten. Stellen Sie sich vor, Sie würden Ihre Arme nach außen drehen, als ob Sie die Stange entzweibrechen wollten, um die Schulterblätter entlang der Rippen nach hinten und unten zu bringen.
- Halten Sie die Wirbelsäule gerade und bewegen Sie Ihre Hüfte nach oben, um in den Stand zu kommen.
- Schieben Sie Ihre Hüfte nach hinten und von der Stange weg und legen Sie diese in einer geraden Bewegung wieder auf dem Boden ab (sonst kommt es zu einem Ziehen in der Oberschenkelmuskulatur).
- Stemmen Sie Ihre Füße in den Boden, um Ihre Hüfte aus dem Gesäß heraus nach vorne zu bringen, und kommen Sie zurück in die stehende Position.
- Machen Sie 3 Sätze zu je 8 Wiederholungen. Das Zielgewicht für 8 Wiederholungen liegt bei dem 1,5- bis 1,8-fachen Ihres Körpergewichts.

HORIZONTALE KRAFT

TIPPS

Das Gewicht sollte so schwer wie möglich sein, ohne dass Sie beim Heben Ihren Rücken runden.

Die Stange muss gerade nach oben und unten bewegt werden, während Ihre Hüfte sich nach vorne schiebt.

Ihre Schultern bleiben während der gesamten Übung hinten und unten auf Ihren Rippen, um bei der Stabilisierung der Wirbelsäule zu helfen.

Ihre Kopfhaltung ist überaus wichtig für Ihre Wirbelsäulenstabilität. Stellen Sie sich eine Kamera auf Ihrer Brust vor, die nach vorne zeigt. Während des gesamten Bewegungsablauf sollten Sie immer nur dorthin schauen, wo die Kamera hinzeigt. Wenn Ihr Brustkorb unten ist, sollten Sie nach unten schauen. Heben Sie den Blick nicht zu früh, während Sie nach oben kommen.

MODIFIZIERTE AUSGANGSPOSITION

Wenn Ihre Oberschenkelmuskulatur versteift ist, versuchen Sie nicht, die Stange vom Boden aufzuheben. Heben Sie sie stattdessen von einem Ständer oder einigen Kisten aus mittlerer Höhe heraus auf. Steife Oberschenkel führen zu einem gerundeten unteren Rücken und verhindern, dass Sie die richtige Haltung einnehmen. Die Steifheit wird auch die Tiefe Ihrer Hüftbewegungen beeinflussen. Es ist besser, nur den halben Beugevorgang durchzuführen und dabei eine perfekte Haltungsausrichtung beizubehalten, statt die Stange aus einer tieferen Position hochzuheben und dabei den Rücken zu runden.

HORIZONTALE KRAFT

HÜFTSTOß

- Sitzen Sie mit einer olympischen Langhantelstange mit Gewichten über Ihren Hüften. Nutzen Sie Stangen-Pads oder eine zusammengerollte Gymnastikmatte als Puffer zwischen Ihrer Hüfte und der Stange.
- Legen Sie sich auf den Rücken, Ihr Kopf und Ihre Schultern liegen auf dem Boden auf, Ihre Hände auf der Stange sind mehrere Zentimeter über hüftbreit auseinander und Ihre Knie gebeugt.
- Drücken Sie Ihre Hüfte und die Stange gerade nach oben, wobei Sie eine vollkommen neutrale Wirbelsäule beibehalten.
- Das Zielgewicht für diese Übung ist das 2-fache Ihres Körpergewichts.
- Machen Sie 3 Sätze zu je 6 Wiederholungen.

TIPP

Gehen Sie nicht höher, als die neutrale Wirbelsäulenposition vorgibt, um Ihren unteren Rücken nicht zu reizen.

KETTLEBELL-SCHWINGEN

- Stellen Sie sich mit den Füßen etwas weiter als schulterweit auseinander hin und halten Sie ein Kettlebell-Gewicht mit beiden Händen vor sich. Die Arme sind dabei gestreckt.
- Drücken Sie Ihre Hüfte nach hinten, als würden Sie Kniebeugen machen, und lehnen Sie Ihren Oberkörper nach vorne, sodass Sie die Kettlebell zwischen Ihren Beinen hindurch nach unten und hinten führen können.
- Führen Sie eine schnelle Bewegung durch, um die Kettlebell auf Schulterhöhe zu bringen. Sie sollte nicht so schnell sein, dass Sie Ihren Oberkörper aktivieren müssen, um die Kettlebell „abzubremsen" (damit Sie nicht noch höher schwingt).
- Während das Gewicht wieder nach unten fällt, bewegen Sie die Hüften abermals rückwärts.
- Machen Sie 3 Sätze zu je 8 Wiederholungen.

TIPPS

Sie sollten diese Übung im Gesäß und den Oberschenkelmuskeln spüren, nicht im unteren Rücken.

Führen Sie eine sehr schnelle Bewegung durch, um das Gewicht auf Schulterhöhe zu bekommen, aber nicht so schnell, dass Sie Ihren Oberkörper aktivieren müssen, um das Gewicht „abzubremsen". Um die Schwierigkeit zu erhöhen, machen Sie die Übung zusammen mit einem Partner, der sich vor Sie stellt und das Gewicht bei jeder Wiederholung nach unten drückt.

Nehmen Sie ein Gewicht, das Sie recht schnell bewegen können.

▷ TRAINING FÜR VERTIKALES HEBEN

VERTIKALES HEBEN

KNIEBEUGEN MIT KETTLEBELL

- Halten Sie eine Kettlebell mit beiden Händen nah an Ihre Brust, die Schulterblätter weit geöffnet und nach unten gezogen. Ihre Füße sollten etwas weiter als schulterbreit auseinander stehen.
- Stellen Sie sich mittig auf Ihre Füße und bringen Sie Ihre Hüfte nach hinten und unten in eine Kniebeuge bis Ihre Ellbogen Ihre Knie berühren.
- Bewahren Sie eine neutrale Wirbelsäule und kommen Sie zurück in die stehende Ausgangsposition.
- Machen Sie 3 Sätze zu je 8 Wiederholungen.

TIPPS

Sie können auch eine Dumbbell, einen Sandsack oder ein anderes Gewicht für diese Übung benutzen.

Machen Sie kein Hohlkreuz als Gegengewicht auf der Höhe des Bewegungsablaufs. Eine neutrale Wirbelsäule während der gesamten Übung sorgt dafür, dass Ihr Oberkörper genauso viel arbeitet wie Ihre Beine.

BULGARISCHE KNIEBEUGEN

- Halten Sie in jeder Hand ein Gewicht, die Arme sind neben dem Körper gestreckt. Legen Sie einen Fuß hinter sich auf eine Bank und kommen Sie so in eine Schrittposition.
- Lassen Sie die Gewichte gerade nach unten hängen, während Sie eine einbeinige Kniebeuge machen.
- Versuchen Sie, Ihren Oberkörper so gerade wie möglich und Ihre Schultern unten und entlang der Rippen zu halten, während Sie sich nach unten in die Kniebeuge bewegen und wieder nach oben kommen.
- Machen Sie 3 Sätze zu je 8 Wiederholungen.

VERTIKALES HEBEN

KNIEBEUGEN

- Legen Sie die olympische Langhantelstange auf der Ablage ungefähr auf Höhe Ihrer Schulterblätter ab. Stellen Sie sich darunter, sodass die Stange kurz über Ihren Schultern und über Ihrem Trapezmuskel liegt.

- Bringen Sie Ihre Rippen nach unten, um eine neutrale Wirbelsäulenposition zu finden, und behalten Sie diese Haltung bei, während Sie mit den Händen nach oben reichen, um die Stange zu greifen.

- Konzentrieren Sie sich darauf, um Ihre Wirbelsäule herum zu atmen. Stellen Sie sich vor, Sie versuchen einzuatmen und dabei einen Gürtel um Ihre Taille weiter zu machen. Sie sollten den Atem nicht anhalten, sondern sich vielmehr darauf konzentrieren, Ihren Atem dazu zu nutzen, Spannung für Ihre Wirbelsäule zu schaffen.

- Machen Sie einen „Klimmzug", um die Stange nach unten in Ihren oberen Trapezmuskel zu heben. (Diese gesamte Sequenz wird eine solide Grundlage für Ihren Rumpf schaffen und Ihre Wirbelsäulenposition verbessern, während Sie die Kniebeugen durchführen.)

TIPPS

Der Schlüssel zu einer neutralen Wirbelsäulenposition bei Kniebeugen liegt in Ihrer Haltung. Achten Sie darauf bei jeder einzelnen Wiederholung. Korrekte Haltung zu Beginn der Kniebeuge ermöglicht eine korrekte Durchführung der gesamten Kniebeuge.

Lassen Sie sich von einem Trainingspartner beim Auf- und Ablegen der Stange helfen. Dieser kann Sie darauf hinweisen falls Ihnen die Stange zu schwer wird.

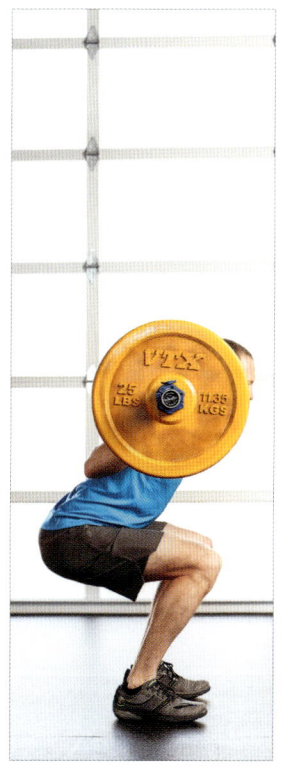

VERTIKALES HEBEN

- Stellen Sie sich nun gerade hin und gehen Sie einen Schritt vor, um den Satz zu beginnen.
- Schieben Sie Ihre Hüfte nach hinten, um eine Kniebeuge zu beginnen. Gehen Sie so weit nach unten, bis Ihre Oberschenkel parallel zum Boden sind.
- Stemmen Sie Ihre Füße in den Boden und kommen Sie zurück in den Stand.
- Machen Sie 3 Sätze zu je 6 Wiederholungen. Das Zielgewicht für 6 Wiederholungen liegt beim 1,3- bis 1,5-fachen Ihres Körpergewichts.

ANDERE KNIEBEUGENVARIATIONEN

Kniebeuge mit Kiste: Stellen Sie eine Bank hinter sich auf, sodass Sie diese bei jeder Wiederholung kurz berühren. So gewöhnen Sie sich an die richtige Kniebeugentiefe und gewährleisten einen korrekten Antrieb aus der Hüfte heraus.

Unausgeglichene Kniebeuge: Um Ihren Rumpf auf Vordermann zu bringen, können Sie zusätzliche 10 Prozent des Gesamtgewichts auf einer Seite der Stange auflegen. Die ungleiche Belastung kann Ihnen dabei helfen, Unausgeglichenheiten in Ihrem Bewegungsablauf aufzuspüren. Trainieren Sie beide Seiten auf diese Weise.

▷ HALTUNGSKONTROLLTRAINING FÜR EINEN BESSEREN ABSTOß

SLING ROW

- Halten Sie die Griffe Ihres Schlingentrainers mit jeweils einer Hand, lehnen Sie sich nach hinten, halten Sie den Körper dabei gerade und Ihre Ellbogen ganz ausgestreckt.
- Führen Sie Ihre Hände in Richtung Brust, ziehen Sie Ihre Schulterblätter zusammen und entspannen Sie Ihren Nacken und oberen Trapezmuskel.
- Machen Sie 2 Durchgänge zu je 10 Wiederholungen.

BOGENSCHÜTZENPRESSE IN DER BRÜCKE

- Hängen Sie den Schlingentrainer so auf, dass der Griff auf Brusthöhe ist. Halten Sie den Griff in einer Hand und ein leichtes Gewicht (2,5–7,5 kg) in der anderen.
- Bringen Sie Ihren Körper nach unten in eine Brückenposition und halten Sie dabei den Arm mit dem Gewicht parallel zu dem Arm, der die Schlinge hält.
- Drehen Sie Ihren Körper nach unten und von der Schlinge weg, als wären Sie ein Bogenschütze, der einen Pfeil nach hinten zieht.
- Ziehen Sie sich selbst mit der Hand, die die Schlinge hält, nach oben, sodass Sie Ihren Körper drehen, während Sie gleichzeitig das Gewicht nach vorne drücken.
- Machen Sie 3 Durchgänge zu je 6 Wiederholungen.

TIPPS

Falls sich Ihr unterer Rücken steif anfühlt, während Sie die Bewegung durchführen, bringen Sie Ihre Hüfte ein paar Zentimeter weiter nach unten.

Wenn Sie keine Schlinge haben, können Sie sich auch an einer Stange an der Wand festhalten.

HALTUNGSKONTROLLTRAINING

PUSH-UPS

- Platzieren Sie Ihre Hände auf dem Boden, Ihre Daumen zeigen nach vorne und Ihre Finger zeigen nach außen, um Ihnen dabei zu helfen, Ihre Schulterblätter flach auf dem Rücken zu halten. Beginnen Sie in einer hohen Armstützposition.
- Bringen Sie sich nach unten in einen Push-Up, aber lassen Sie Ihre Ellbogen nicht über den Oberkörper hinausragen. So bleiben Ihre Schultern gesund.
- Kommen Sie zurück in die Ausgangsposition.
- Machen Sie 3 Durchgänge zu je 10 Wiederholungen.

TIPPS

Um die Übung einfacher zu machen, können Sie auf die Knie kommen.

Um die Übung schwieriger zu machen, heben Sie ein Bein leicht vom Boden und wechseln Sie das Bein nach der Hälfte der Wiederholungen.

SCHLINGEN-PUSH-UPS

- Platzieren Sie Ihre Hände in der Schlinge und beginnen Sie in einer Armstützposition. Stellen Sie entweder beide oder jeweils einen Fuß auf den Boden.
- Bringen Sie sich nach unten in einen Push-Up, aber lassen Sie Ihre Ellbogen nicht über den Oberkörper hinausragen.
- Kommen Sie zurück in die Ausgangsposition.
- Machen Sie 3 Durchgänge zu je 10 Wiederholungen.

TIPP

Bewegen Sie Ihren Körper vor den Befestigungspunkt, um die Übung leichter zu machen, und genau darunter, um sie schwieriger zu machen.

HALTUNGSKONTROLLTRAINING

WAITER CARRY

- Halten Sie eine Kettlebell oder Dumbbell in einer Hand und heben Sie Ihren Arm, sodass Ihr Oberarm parallel zum Boden ist und Ihr Unterarm nach oben zeigt. Lassen Sie Ihre Schulterblätter von dem Gewicht nach unten ziehen.
- Halten Sie Ihre Rippen unten, um ein Hohlkreuz zu verhindern, und gehen Sie mindestens 30 Sekunden herum.
- Machen Sie 4 Wiederholungen.

TIPP

Das Ziel dieser Übung ist nicht, besonders viel Gewicht zu benutzen (2,5–7,5 kg), sondern eine stabile Haltung aufzubauen, indem Sie Ihr Schulterblatt flach nach hinten über Ihre Rippen ziehen und den Ellbogen anheben.

SUITCASE CARRY

- Halten Sie eine Kettlebell oder Dumbbell in einer Hand und lassen Sie die andere Hand neben Ihrem Körper herunterhängen.
- Halten Sie Ihre Schulterblätter nach unten auf Ihren Rippen und arbeiten Sie aktiv dagegen an, sich von der asymmetrischen Belastung wegzulehnen.
- Bleiben Sie vollständig vertikal und gehen Sie so mindestens 30 Sekunden herum.
- Machen Sie 4 Durchgänge zu je 30-Sekunden langen Carrys.

HALTUNGSKONTROLLTRAINING

FARMER CARRY

- Halten Sie ein Gewicht in jeder Hand und lassen Sie die Arme neben Ihrem Körper nach unten hängen. Halten Sie dabei Ihre Schulterblätter nach unten auf Ihren Rippen und den Hals gestreckt.
- Bleiben Sie 4 Sekunden lang in dieser Haltung und gehen Sie dabei vorwärts. Machen Sie vollständige, natürliche Schritte (keine kurzen und abgehackten).
- Machen Sie 3 Wiederholungen.

▷ TRAINING FÜR PLYOMETRISCHE SCHNELLE UND STÄRKE

Einige der Bewegungsabläufe, die wir durchführen, um einen besseren Absprung aufzubauen, bestehen darin, ein geringes Gewicht (und manchmal nur das eigene Körpergewicht) sehr schnell zu bewegen. Plyometrische Übungen sind Sprungbewegungen, die die Sehnenaktivität trainieren, um Ihre Elastizität zu optimieren. Um dies zu erreichen, muss die Zeit, die Sie auf dem Boden sind, sehr kurz sein. Dazu führen Sie eine flüssige Bewegung durch, bei der Sie sich explosionsartig vom Boden abstoßen, als hinge Ihr Leben davon ab. Um diese schnellen Bewegungen hinzubekommen, müssen Sie auch entsprechend ruhen.

Das Ziel, dass wir für die plyometrischen Übungen festlegen, ist die Gesamtanzahl der Wiederholungen, die Sie bei hoher Intensität durchführen, zu erhöhen. Wenn die Übung 10 Wiederholungen vorgibt und Sie nach 3 Wiederholungen eine Pause brauchen, um die intensive Arbeit aufrechtzuerhalten, ruhen Sie 15–20 Sekunden und machen Sie dann weiter. Wenn plyometrische Übungen für Sie noch neu sind, machen Sie bei jeder Übung nach 5 Wiederholungen eine Pause. Auch Athleten mit viel Erfahrung werden darauf achten müssen, wann sie sich ausruhen müssen. Wenn Sie bemerken, dass Sie beim Landen doppelte Sprünge machen, haben Sie den Antrieb verloren. Doppelsprünge bearbeiten den Muskel, nicht die Sehnenaktivität. Pausieren Sie so lange wie nötig, um qualitativ hochwertige Wiederholungen durchführen zu können, ohne an Schnelligkeit oder Intensität zu verlieren. Denken Sie daran, dass bei plyometrischen Übungen weniger oft mehr ist. Bei manchen Übungen springen Sie auf eine Kiste. Es sieht schon cool aus, auf eine Kiste zu springen, die Ihnen bis zur Brust reicht, aber beim Laufen wird Ihnen das eher weniger helfen. Wenn Sie diese Übungen mit einer zu großen Kiste durchführen, müssen Sie Ihre Muskeln während der gesamten Übung anstrengen, was dazu führt, dass Sie mehr Zeit auf dem Boden verbringen. Nochmal: In diesem Fall trainieren Sie nicht mehr den Absprung; Sie machen relativ unspezifisches Krafttraining. Die beste Höhe für eine Übung ist die, die es Ihnen erlaubt, sich schnell vom Boden abzustoßen. Für die meisten Athleten sollte die Kiste deshalb ungefähr bis zur Mitte des Schienbeins oder bis zum Knie reichen (etwa 35 bis 45 Zentimeter).

Sie sollten nur dann eine größere Kiste benutzen, wenn Sie so hoch springen können, dass Sie die Zeit, die Sie auf dem Boden verbringen, nicht verschlechtern. Aber selbst dann hat das Ganze kaum Vorteile. Ich habe noch nie eine Kiste benutzt, die höher als hüfthoch war, um einen Athleten zu trainieren. Anstatt zu versuchen, auf eine höhere Kiste zu springen, sollten Sie sich vornehmen, bei jedem Absprung schneller vom Boden wegzukommen. Falls Sie nicht über eine Sprungkiste verfügen, tun es auch Parkbänke, höhere Bordsteinkanten oder kleine Mauern.

Techniken für plyometrische Übungen

Bei plyometrischen Übungen ist die Form genauso wichtig wie die Intensität. Üben Sie vor dem Spiegel, um Feedback hinsichtlich Ihrer Ausführungsform zu bekommen.

- Lassen Sie Ihre Knie beim Landen nach dem Sprung nicht einknicken. Genauso wie der Rest Ihrer Beinausrichtung sollten Ihre Knie widerspiegeln, was Sie in Kapitel 8 gelesen haben (s. Tabelle 8.1 auf S. 115).

- Halten Sie Ihre Hüften beim Landen hinten. Wenn Ihre Knie etwa über Ihren Zehen sind, ist auch Ihre Hüfte, wo sie sein sollte.

- Landen Sie auf dem kompletten Fuß. Natürlich wird Ihr Vorderfuß zuerst aufkommen, aber Ihr gesamter Fuß sollte auf dem Boden aufsetzen. Das wird Ihnen dabei helfen, Ihre Hüfte hinten zu halten und es Ihnen ermöglichen, die Muskulatur Ihrer Hüfte, Knie und Fußgelenke gleichzeitig zu aktivieren. Wenn alle diese Gelenke zusammenarbeiten, nennt man das dreifache Extension, und diese ist der Schlüssel, um die Mechanik der Bewegung richtig hinzubekommen. Wenn Sie auf den Zehen stehen, schummeln Sie und springen nur unter Zuhilfenahme Ihrer Waden ab. Für plyometrische Übungen benutze ich oft den Ausdruck „stemmen Sie Ihre Füße tatsächlich in den Boden hinein", um zu gewährleisten, dass Ihre Gelenke richtig aktiviert werden, wenn Sie sich vom Boden abstoßen.

Wenn Sie einen Sprung nicht richtig landen können, konzentrieren Sie sich 3 Wochen lang auf die Kraft-Workouts und versuchen Sie es dann erneut mit den plyometrischen Übungen.

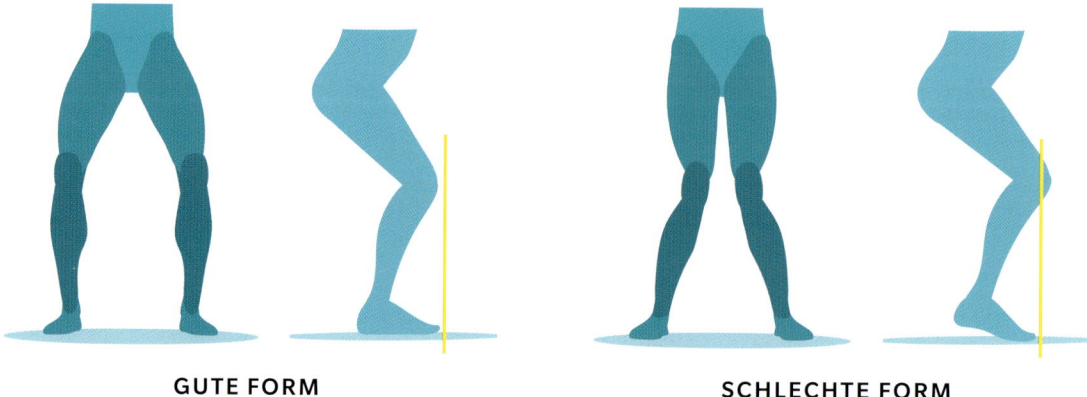

GUTE FORM **SCHLECHTE FORM**

ABBILDUNG 9.6 Ansicht und Position beachten
Beachten Sie die Knieposition in der Frontansicht und die Knie- und Hüftposition in der Profilansicht.

PUSH PRESS MIT DUMBBELL

- Beginnen Sie mit einem leichten Ausfallschritt, wobei ein Fuß vor dem anderen steht, und halten Sie eine Dumbbell-Hantel in jeder Hand genau vor Ihren Schultern.

- Gehen Sie leicht nach unten und führen Sie dann eine explosionsartige Bewegung nach oben durch, sodass die Gewichte nach oben geschwungen werden. Während Ihre Arme in der Luft sind, machen Sie einen Schritt nach vorne, bis der gegenüberliegende Fuß vor dem anderen steht.

- Das Ziel hierbei ist es, den Abstand zwischen den Knien recht gering zu halten, genauso wie beim Laufen. Es ist nicht nötig, einen sehr tiefen Ausfallschritt durchzuführen.

- Machen Sie 10 Wiederholungen mit jedem Bein.

TIPPS

Es handelt sich hierbei nicht um eine Schulterübung. Benutzen Sie nur ein leichtes Gewicht und führen Sie schnelle, nach oben gerichtete Bewegungen durch. Wenn Sie bemerken, dass Sie weit vor Ihrer Ausgangsposition landen, stellen Sie eine Kiste vor den vorderen Fuß, um sich besser auf die Aufwärtsbewegung konzentrieren zu können.

Die Hüftbewegung ist identisch mit der Bewegung, die Sie beim Hüftzug mit Band (S. 106) durchführen.

PLYOMETRISCHE SCHNELLE UND STÄRKE

NINJA-HOCKSPRUNG

- Stellen Sie sich vor eine Kiste oder eine Bank, die ungefähr bis zur Mitte Ihres Schienbeins reicht.
- Springen Sie mit beiden Füßen ab und landen Sie so weich wie möglich mit dem ganzen Fuß auf der Kiste (nicht nur mit dem Fußballen) und mit den Knien im 90-Grad-Winkel. Bleiben Sie unten und zählen Sie bis 1.
- Während Sie zurück auf den Boden springen, bewegen Sie Ihre Füße in Richtung Boden, um sofort wieder abspringen zu können.
- Machen Sie 20 Wiederholungen.

TIPP

Machen Sie keine Doppelsprünge. Falls Sie merken, dass Sie länger auf dem Boden bleiben, machen Sie eine Pause.
Das Ziel dieser Übung ist Elastizität!

HOCKSPRUNG MIT KISTE

- Stellen Sie eine Kiste oder eine Bank auf, die ungefähr bis zur Mitte Ihres Schienbeins reicht, und eine genauso große oder etwas größere Kiste ungefähr einen Meter davor.
- Ihre Ausgangsposition ist eine ruhige Sitzposition. Machen Sie dann eine explosionsartige Vorwärtsbewegung, sodass Sie auf der vorderen Kiste landen. Stehen Sie beim Landen aufrecht.
- Machen Sie einen Schritt von der Kiste herunter (nicht springen).
- Machen Sie 20 Wiederholungen.

PLYOMETRISCHE SCHNELLE UND STÄRKE

SEITLICHES HÜRDENHÜPFEN

- Platzieren Sie einen Balance Trainer, eine Faszienrolle oder ein anderes Objekt auf dem Boden und überwinden Sie es, indem Sie seitwärts von einem Fuß auf den anderen hüpfen.
- Springen Sie so 30 Sekunden lang. Machen Sie 3 Durchgänge.

TIPP

Behalten Sie stets Ihre Hüftposition bei – lassen Sie sie nicht nach innen kippen.

SPLIT-SPRUNG MIT KISTE

- Suchen Sie sich eine Kiste oder eine Bank, die ungefähr bis zur Mitte Ihres Schienbeins reicht.
- Platzieren Sie ein Bein auf der Kiste und machen Sie eine explosionsartige Aufwärtsbewegung, wobei Sie auf halbem Weg das Bein wechseln.
- Führen Sie dieselbe Bewegung noch einmal durch, sobald Sie auf dem Boden aufkommen.
- Machen Sie 30 Wiederholungen.

TIPP
Versuchen Sie, bei jedem Bein beide Beine gleichermaßen zu beanspruchen.

PLYOMETRISCHE SCHNELLE UND STÄRKE

BURPEES

- Kommen Sie aus dem Stand auf Hände und Füße und von dort in eine hohe Push-Up-Position mit den Daumen nach vorne und den Fingern nach außen.
- Gehen Sie soweit im Push-Up nach unten, bis Ihre Ellbogen neben Ihrem Oberkörper sind.

- Springen Sie in nur einer Bewegung so aufwärts, dass Ihre Beine unter Ihrem Körper zusammengezogen sind. Führen Sie dann eine explosionsartige Aufwärtsbewegung durch, wobei Ihre Arme nach oben reichen.
- Machen Sie 3 Durchgänge zu je 6 Wiederholungen.

▷ Übungen mit dem Medizinball

Wir können einen Medizinball benutzen, um die Fähigkeit der Krafterzeugung zu erlernen. Er hilft Ihnen dabei, den Bewegungsablauf in Gang zu setzen, sodass ihr Körper praktisch nur noch folgen muss. Wenn Sie sich darauf konzentrieren, den Ball so hart wie möglich abzustoßen, wird Ihnen das dabei helfen, sicherzustellen, dass Ihre Beine sich in die gleiche Richtung bewegen. Diese Übungen sind recht schwierig, aber auch sehr wirksam, und sie sind eine tolle Einführung in plyometrisches Training.

PUSH PRESS MIT MEDIZINBALL

- Halten Sie den Medizinball in beiden Händen auf Brusthöhe.
- Nutzen Sie Ihre Beine, um in einer explosionsartigen Bewegung nach oben zu kommen. Ihr Unterkörper sorgt für den Antrieb, um ihre Arme und den Medizinball über den Kopf zu bewegen.
- Machen Sie insgesamt 25 Wiederholungen. Jede sollte bei maximaler Intensität ausgeführt werden. Wenn nötig, ruhen Sie zwischen den Wiederholungen.

TIPP

Es handelt sich hierbei nicht um eine Schulterübung. Benutzen Sie nur einen leichten Medizinball (5–10 kg) und achten Sie auf die richtige Durchführung der explosionsartigen Aufwärtsbewegung.

GRANNY TOSS MIT MEDIZINBALL

- Halten Sie einen Medizinball in beiden Händen.
- Bewegen Sie Ihre Hüfte und den Medizinball schnell in Richtung Boden und führen Sie dann eine explosionsartige Aufwärtsbewegung durch, wobei Sie den Medizinball über Ihren Kopf so hoch wie möglich werfen. Ihre Beine leisten die gesamte Beschleunigungsarbeit.
- Machen Sie 25 Wiederholungen.

PLYOMETRISCHE SCHNELLE UND STÄRKE

TWIST'N'CUT MIT MEDIZINBALL

- Halten Sie einen Medizinball in beiden Händen und stehen Sie mit leicht angewinkelten Beinen.
- Bewegen Sie den Ball schnell auf eine Seite und drehen Sie sich dann in einer explosionsartigen Bewegung zur anderen Seite, wobei das Ziel ist, den Ball so weit wie möglich seitwärts zu werfen.
- Laufen Sie zu dem Ball, heben Sie ihn auf und wiederholen Sie die Bewegung, wobei Sie den Ball diesmal in die andere Richtung werfen.
- Machen Sie 20 Wiederholungen.

TRIPLE BOUND MIT MEDIZINBALL

- Halten Sie einen Medizinball in beiden Händen und lehnen Sie sich leicht vorwärts.
- Werfen Sie den Ball so hart wie möglich nach vorne und springen Sie dabei auch selbst vorwärts. Springen Sie danach noch zweimal ab, um eine höhere Distanz zu überwinden. Der Medizinball hilft Ihnen dabei, eine höhere horizontale Kraft aus den Hüften heraus in Gang zu setzen.
- Machen Sie 5 Wiederholungen.

PLYOMETRISCHE SCHNELLE UND STÄRKE

BESCHLEUNIGUNGS-SPRINT MIT MEDIZINBALL

- Halten Sie einen Medizinball in beiden Händen und lehnen Sie sich leicht vorwärts.
- Werfen Sie den Ball so hart wie möglich nach vorne und sprinten Sie ihm für 20 Meter hinterher. Der Medizinball hilft Ihnen dabei, die horizontale Beschleunigungskraft in Gang zu setzen.
- Machen Sie 6 Wiederholungen. Ruhen Sie nach jeder Wiederholung 1:30 Minuten.

DAS «ENTFESSELT-LAUFEN-PROGRAMM»

Ein Masterplan für meisterhaftes Laufen

Wenn Sie ein Haus bauen möchten, brauchen Sie einen Plan. Wenn Sie ein Kursprogramm für eine Hochschulklasse erstellen wollen, brauchen Sie einen Plan. Wenn Sie ein Trainingsprogramm erstellen wollen, um Ihre körperlichen Fähigkeiten zu entwickeln, brauchen Sie einen Plan. Und wenn Sie Ihr Muskelgedächtnis neu „verkabeln" und Ihre Kraftentwicklungsrate verbessern wollen, brauchen Sie einen Plan. Das *Entfesselt-Laufen-Programm* ist ein Workout-System, das erstellt wurde, um spezifische Änderungen an Ihrem Körper durchzuführen, um Ihre Laufleistung zu beeinflussen. Wenn Sie einfach nur zufällige Übungen und Workouts durchführen, wird Ihnen das nicht dabei helfen, ein spezifisches Ergebnis anzupeilen. Unsere Workouts helfen Ihnen dabei, Ihren Körper zu verändern und erfolgreicher zu laufen, indem Sie Ihre Bewegungspräzision verbessern und Ihren Absprung für bessere Leistung aufbauen.

Die Bewegungen in diesem Plan sind ungefährlich. Es stimmt schon, es gibt noch mehr Hebeübungen mit der olympischen Langhantelstange, die wir zu den Leistungs-Workouts hätten hinzunehmen können, wie etwa Cleans und Snatches, und die die laufspezifischen mechanischen Abläufe merklich beeinflussen können. Aber für diese Übungen braucht es auch eine beträchtliche und präzise Unterstützung durch einen Trainer, um sie korrekt auszuführen. Es lohnt sich nicht, zusätzliche Zeit zu investieren, um eine komplexe Übung zu lernen, wenn Sie die grundlegenden Übungen ganz einfach auch alleine hinbekommen können und praktisch denselben Nutzen daraus ziehen. Jede

Bewegung in den folgenden Workouts hat einen Sinn und Zweck, der genau auf Ihre spezifischen Anforderungen als Läufer oder Läuferin ausgelegt ist. Abwechslung und Wiederholung sind die Bausteine für motorisches Lernen. Der *Entfesselt-Laufen-Plan* hat genug von beidem, um zu soliden Ergebnissen zu führen. Aber es liegt an Ihnen, am Ball zu bleiben, um so die gewünschten Ziele zu erreichen und Ergebnisse hinsichtlich Ihrer Laufleistung zu erzielen.

PRÄZISIONS-WORKOUTS

Diese Workouts (1–6) sind darauf ausgelegt, geschmeidige Bewegungen und ein besseres Muskelgedächtnis aufzubauen. Sie können sie in nur 15–20 Minuten und mit minimalem Equipment durchführen. Workout 1 und 2 benutzen sogar nur Ihr eigenes Körpergewicht. Wenn Sie einen großen Gymnastikball, ein TheraBand, eine Schlinge oder ein anderes Suspensionssystem haben, können Sie diese Übungen als weitere Möglichkeiten in Ihr wöchentliches Präzisions-Workout aufnehmen.

TABELLE 10.1 Entfesselt-Laufen-Workouts

	Präzision	Leistung ❯ Stärke	Leistung ❯ Kraft
Ziel	Kontrollierte Körperbewegungen für mehr Ausdauer	Erhöhung Ihrer Krafterzeugungskapazität	Erhöhung ihrer Krafterzeugungsrate
Wann in der Saison	Immer	Immer, außer 6 Wochen vor wichtigen Wettläufen. Überspringen Sie diese Übungen während Trainingsauszeiten.	6 Wochen vor wichtigen Wettläufen
Wann in der Woche	An Tagen mit oder ohne Lauftraining, kann auch als dynamisches Aufwärmen genutzt werden	Entweder am Tag vor Ihrem Intervall-Workout, am selben Tag vor Ihrem Intervall-Workout oder mindestens 48 Stunden nach einem Intervall-Workout.	Entweder am Tag vor Ihrem Intervall-Workout, am selben Tag vor Ihrem Intervall-Workout oder mindestens 48 Stunden nach einem Intervall-Workout.
Häufigkeit	1–2 Mal pro Woche	1–2 Mal pro Woche	1 Mal pro Woche
Belastung	Geringe Belastung, kann bei der Genesung von Verletzungen helfen.	Hohe Belastung	Hohe Belastung bei geringem Volumen
Reduktion des Trainingsumfangs vor einer großen Ausdauerbelastung	Keine Änderungen	Intensität beibehalten, jedoch Volumen in der Woche vor dem Wettlauf halbieren. Wenn es weniger als sechs Wochen bis zum wichtigsten Wettlauf der Saison sind, gehen Sie zu Kraftübungen über.	Hohe Intensität beibehalten, Volumen in den zwei Wochen vor dem wichtigen Wettlauf halbieren und Übungen 96 Stunden vor dem Wettlauf ganz einstellen.

Ihr Körper lernt am besten bei einer Mischung aus Wiederholung und ein wenig Abwechslung. Machen Sie deshalb nicht bei jedem Präzisions-Workout dieselbe Übungsfolge, sondern wechseln Sie ab und zu.

- Der beste Moment für ein Präzisions-Workout ist vor einem Wettlauf. Stellen Sie es sich wie ein dynamisches Aufwärmen vor. Wenn Sie vor einem Lauf gezielt üben, um Ihre Muskeln anzusprechen, ist dies eine tolle Möglichkeit, diese während dem Laufen zu spüren.

- Es gibt einige Hinweise darauf, dass Präzisions-Workouts die Erholung von Ihren intensiveren wöchentlichen Workouts günstig beeinflussen können.

- Wenn Sie einen Lauf oder einen Besuch im Fitnessstudio zeitlich nicht unterbringen können, aber trotzdem aktiv bleiben möchten, machen Sie eines der Präzisions-Workouts zweimal.

Workout 6 (Laufen aus der Hüfte) umfasst auch Laufübungen, um ein hüftdominantes Laufmuster aufzubauen. Dazu machen Sie einen Satz, laufen dann, und wiederholen diesen Ablauf für etwa 5 km. Dies ist eine gute Option für einen leichten Tag und besonders für Läufer und Läuferinnen, denen es schwerfällt, ihre Gesäßmuskeln zu aktivieren.

LEISTUNGS-WORKOUTS

Diese Workouts sind um die Themen Überbelastung, Spezifizität und Variabilität herum aufgebaut. Sie sind in drei verschiedene Zielsetzungen unterteilt, um drei verschiedene Reaktionen hervorzurufen.

Workouts 7–10 bauen allgemeine Stärke und Muskelaktivierung auf. Dies sind Ihre Grundübungen. Je näher Sie an Workout 10 herankommen, desto schwieriger werden die Übungen. Wenn Gewichtheben für Sie noch ganz neu ist, führen Sie diese Workouts mindestens drei Monate lang durch, bevor Sie sich an den Workouts 11–14 versuchen. Für die nächsten Workouts werden Sie eine bessere Kraftgrundlage benötigen, um wirklich Resultate zu sehen. Wenn Sie die Intensität dieser Workouts erhöhen möchten, benutzen Sie ein höheres Gewicht.

Workouts 11–12 sind Übergangs-Workouts. Das Volumen dieser Workouts ist zwar nicht viel höher, aber die Kombination aus Kraft-und plyometrischen Sprungübungen verlangt Ihrem Körper einiges ab. Wenn Sie die Intensität dieser Workouts erhöhen möchten, können Sie versuchen, mehr Gewicht hinzuzunehmen. Erhöhen Sie aber gleichzeitig auch die Geschwindigkeit Ihrer Bewegungen. Diese Art Übung lohnt sich, aber sie ist nur zu spezifischen Zeitpunkten während der Saison sinnvoll.

Workouts 13–15 verbessern Ihren Kraftaufwand in Richtung Erde. In den Workouts 13 und 14 benutzen Sie nur Ihr eigenes Körpergewicht oder mittelschwere Gewichte, denn der Schwerpunkt liegt auf schnellen, explosionsartigen Bewegungen. Bei Workout 15 benutzen Sie nur den Medizinball, um Ihnen dabei zu helfen, Ihre horizontale Kraftanwendung spezifisch zu verbessern. Und das macht sogar auch noch richtig Spaß. Da die Belastung nur minimal ist, ist dies auch eine sichere Option für Personen, die gerade erst mit dem Laufen begonnen haben, da sie so schnelle Bewegungsabläufe besser lernen können.

Für die Leistungs-Workouts benötigen Sie etwa 45 Minuten. Darin sind sowohl Zeit für die einzelnen Übungen als auch Ruhepausen eingerechnet, aber was darin noch nicht vorkommt ist Zeit, die Sie verquatschen oder in der Sie Bilder Ihres Workout in den sozialen Medien posten! Zugegeben, die Übungen können ein wenig länger dauern, wenn Sie noch nicht mit den Bewegungsabläufen vertraut sind. Falls das bei Ihnen der Fall ist, machen Sie bei den ersten paar Workouts weniger Wiederholungen und achten Sie besonders auf die Form. Anders als die Präzisions-Workouts werden diese Übungseinheiten Sie ganz schön ermüden und wahrscheinlich beeinflussen, wie Sie laufen. Planen Sie Ihre Lauftraining mindestens 48 Stunden nach einem Leistungstrainings-Workout.

Es ist gute Praxis, Erholungswochen in Ihr Training einzubauen. Dies wird zwar von Coach zu Coach unterschiedlich gehandhabt, aber ein typischer Ansatz ist drei Wochen bei höherer Intensität und Volumen zu trainieren, und dann für Woche vier eine geringere Trainingsbelastung anzusetzen, damit der Körper sich erholen kann. Der *Entfesselt-Laufen-Plan* wird ebenfalls diesem Schema folgen: Machen Sie alle vier Wochen eine Pause von den Leistungs-Workouts, behalten Sie dabei aber die Präzisions-Workouts bei. In den sechs Wochen vor großen Wettläufen sollten Sie ein wöchentliches Krafttraining hinzunehmen.

SO INTEGRIEREN SIE DAS PROGRAMM IN IHREN LAUFPLAN

Erfolgreiche Trainingsprogramme sind so aufgebaut, dass sie die Trainingsart über die Saison hinweg und durch die Woche hindurch wechseln, um alle Schlüsselaspekte, die Sie zur Vorbereitung brauchen, anzusprechen. Es gibt Blöcke mit hohem Volumen und hoher Intensität, in denen wir uns wie Zombies fühlen, und leichtere Trainingseinheiten, um uns zu erholen. Aber all diese Einheiten greifen ineinander, um Sie mit einer verbesserten Fitness zu kompensieren und Ihnen dabei zu helfen, neue persönliche Rekorde aufzustellen. Da Ihr Kraft-und Konditionierungsplan Ihre körperliche Entwicklung vervollständigt, ist er ebenfalls periodisch aufgebaut.

Jede Aktivität ist nach Häufigkeit, Intensität und Dauer katalogisiert. Für jedes Workout sind Intensität und Dauer angegeben, damit Sie diese nicht selbst für sich herausfinden müssen. Aber Sie werden selbst wissen müssen, wie Sie diese Workouts über das Jahr verteilt und innerhalb einer Woche durchführen sollten.

Verlieren Sie das große Ganze nicht aus den Augen

Es braucht Übung, um sich diese neuen Fähigkeiten anzueignen. Wir trainieren weiterhin das Laufen an sich, aber wir „verkabeln" uns auch ganz neu. Um Ihre Bewegungspräzision zu verfeinern und Ihren Sprung weiter werden zu lassen, werden Sie die entsprechenden Übungen 2–3 Mal pro Woche durchführen müssen, und zwar zusätzlich zu Ihrem Lauftraining. In den Erholungswochen machen wir nur ein Präzisions-Workout.

- *In Zeiten mit höherer Trainingsbelastung* (spätere Aufbauphasen und Wettläufe) entspricht dies 2 Präzisions-Workouts und 1 Leistungs-Workout pro Woche, womit Sie auf insgesamt 1,5 Stunden pro Woche kommen.

- *In Zeiten allgemeinen Fitness- und Volumenaufbaus* (normalerweise in der Nebensaison und in den frühen Aufbauphasen) können Sie 1 Präzisions-Workout und 2 Leistungs-Workouts machen, was 2 Stunden pro Woche entspricht.

- *Wenn Sie wenig Zeit haben,* machen Sie 1 Präzisions-Workout und 1 Leistungs-Workout, was 70 Minuten Training entspricht.

Timing zwischen wöchentlichen Workouts

Gewichtheben und Laufen sind hingegen der landläufigen Meinung komplementär. Es ist jedoch wichtig, dass diese Workouts zur richtigen Zeit eingesetzt werden, um tatsächlich für eine bessere Fitness zu sorgen. Den maximalen Schmerz empfindet Ihr Körper 48 Stunden nach Stärke- und Krafttraining, es kann also sein, dass das nicht Ihr bester Tag ist.

Laufintensität und Kompatibilität

In jeder Trainingswoche fallen Ihre Trainingseinheiten typischerweise in eine der drei folgenden Kategorien:

Aerobische Intensität: Diese Workouts erhöhen die Durchblutung der arbeitenden Muskeln und verbessern die Körpereffizienz, die Sie am Laufen hält. Ein besserer aerobischer Motor ermöglicht es Ihnen, länger und bei höherer Intensität zu laufen, bevor Sie das anaerobische System anwerfen müssen. Denn dieses ist zwar sehr kraftvoll, lässt Sie aber auch sehr schnell ermüden. Das Hauptvolumen unseres Trainings fällt normalerweise in die aerobe Kategorie. Bis auf eine Ausnahme beeinflusst das aerobe Training das Timing Ihrer Leistungstrainings nicht. Marathon- und Ultraläufer können allerdings von einem Puffer zwischen längeren Läufen profitieren. Normalerweise ist es ok, ein Leistungs-Workout 48 Stunden vor einem längeren Lauf durchzuführen, aber machen Sie nach einem Lauf, der mehr als 2,5 Stunden dauert 48 Stunden lang erst einmal kein Leistungs-Workout.

Tempoarbeit. Milchsäure hat einen schlechten Ruf, aber letztendlich kommt Sie Ihnen zugute. Es handelt sich dabei um eine Energiequelle, die Sie anzapfen können, wenn Sie die Intensität hochschrauben müssen. Wenn Sie aber Milchsäure zur Energieherstellung benutzen, werden saure Wasserstoffionen produziert, die nachher wieder aus dem Körper ausgeschieden werden müssen. Ihre Muskeln mögen es nicht, wenn sie übersäuert sind. Bei den Tempoübungen geht es darum, die Säure aus Ihren Zellen zu bekommen, damit Sie schneller und länger laufen können. Diese Art Lauf liegt zwischen 7,5 und 10 auf der Intensitätsskala und dauert unter 40 Minuten. Daher sollte es kein Problem für Sie sein, ein Leistungs-Workout 48 Stunden um einen solchen Lauf herum zu planen.

Intervalle bei maximaler Sauerstoffaufnahme (VO$_2$max)/hoher Intensität. Einige erstaunliche Dinge geschehen mit Ihrem Körper, wenn Sie an Ihre aerobischen und anaerobischen Grenzen gelangen. Und es braucht kein hohes Volumen, um Veränderungen zu sehen. Weniger als 20 Minuten Ihres wöchentlichen Trainings sollten wirklich hart sein. Dieses wöchentliche Workout ist überaus wichtig und Sie sollten sowohl Kraft- als auch Konditions- und Lauftraining daran anpassen, um zu gewährleisten, dass Sie es ausgeruht und zu Höchstleistungen bereit angehen (10 von 10 auf der Intensitätsskala).

Im Optimalfall helfen Ihnen Kraft- und plyometrische Übungen dabei, Ihre Muskeln zu aktivieren.

Mehrere Studien unterstützen die Idee, das Gewichtheben noch am selben Tag vor dem Laufen die Qualität Ihrer wichtigen Läufe verbessert. Aus diesem Grund halte ich es mit meinen Eliteathleten wie folgt: Sie heben am Morgen Gewichte, essen dann Frühstück, ruhen sich für etwa 1 Stunde aus und gehen dann Laufen. Normalerweise sind das die schwierigeren Workouts der Woche, und sie umfassen Intervall-und Geschwindigkeitsarbeit. Wenn meine Sportler nicht genug Zeit für all diese Trainingseinheiten haben, dann machen wir die wichtigsten Lauf-Workouts mindestens 48 Stunden nach dem Fitnessstudio. Das verhindert, dass Ihr Körper zu sehr schmerzt, um später in der Woche richtig zu laufen.

Die meisten von uns arbeiten jedoch und besitzen nicht den Luxus, über so viel freie Zeit zu verfügen. Die Regeln sind jedoch dieselben. Halten Sie Ihre härteren Trainingseinheiten und Ihr Lauftraining 48 Stunden auseinander, um beim Laufen Ihr Bestes geben zu können. Wenn Ihre Beine schmerzen, ist es aber auch OK langsam und mit moderater Intensität zu laufen. Falls Ihr Laufplan vorsieht, dass Sie einen oder zwei Tage nach dem Fitnessstudio laufen gehen, gehen Sie es locker an, um Ihre Muskeln nicht zu sehr zu belasten und für eine schnelle Erholung zu sorgen.

EINE SOLIDE VERBIDNUNG ZIWSCHEN KÖRPER UND HIRN

Ich habe mal einen Sportpsychologen sagen gehört: „Sie bewegen sich so, wie Sie denken – mentale Bilder und Übungen verbessern tatsächlich die Art und Weise, in der Sie sich bewegen." Mentale Bilder sind tatsächlich ein unglaubliches und sehr starkes Werkzeug, dass schon seit Jahren genutzt wird, um das Muskelgedächtnis auf Vordermann zu bringen. Aber noch besser, als die reine Visualisierung von richtigen Bewegungsabläufen ist es, diese tatsächlich zu üben.

Jetzt sind wir schon recht weit in diesem Programm vorangekommen und haben damit begonnen, Ihre Körper-Hirn-Verbindung neu zu „verkabeln". Wenn Sie sich auf Ihr Training und Ihre Vorbereitung verlassen, müssen Sie nicht gegen Ihren eigenen Körper ankämpfen, um am Wettkampftag Höchstleistungen zu erbringen... oder noch schlimmer, einfach darauf zu hoffen, dass diese von alleine auftauchen. Jede neue Fähigkeit, die Sie geübt haben, hat für eine neue Verbindung gesorgt und Ihr Nervensystem auf bedachte Bewegungen eingestellt. Sie wissen, wie Sie Präzisionsbewegungen durchführen, um Ihren Körper kontrolliert voranzutreiben. Den hohen Belastungen, unter denen Ihr Körper früher gelitten hat, können Sie nun etwas entgegensetzen, um bei jedem Kilometer, den Sie laufen, stets eine perfekte und kraftvolle Körperhaltung beizubehalten. Jetzt ist es an der Zeit, Ihre Körper-Hirn-Verbindung dazu zu nutzen, Ihre Grenzen als Läufer oder Läuferin neu zu definieren.

Übung ⟩ Plastizität ⟩ Wachstum = neu verkabelt für hervorragende Ergebnisse

Drill-Workouts

Präzisions- und Leistungs-Workouts bilden die Grundlage für eine Verbesserung Ihrer Bewegungsabläufe. Wenn Sie spezifische Lauf-Drills und Schlüsselübungen in Ihr wöchentliches Training einbauen, wird Ihnen das dabei helfen, die Fähigkeiten, die Sie besser laufen lassen, noch weiter zu festigen. Hierbei handelt es sich um schnelle Krafttrainings, die richtig Spaß machen und sich ohne viel Aufwand auf Ihre Laufleistung auswirken werden. Sie können Sie vor, nach oder sogar während dem Laufen durchführen.

IN DIESEM ABSCHNITT

Drills zur Verbesserung der Mechanik von Präzisionsschritten 164

Drills für die Plyo- und Laufleistung 168

▷ DRILLS ZUR VERBESSERUNG DER MECHANIK VON PRÄZISIONSSCHRITTEN

HALTUNGSCHECK

- Halten Sie ungefähr alle 1,5 km an und stehen Sie auf einem Bein.
- Achten Sie darauf, dass Ihr Gewicht auf beiden Füßen gleichmäßig auf Ferse und Vorderfuß verteilt ist.
- Wenn die Belastung auf den Fersen größer ist, bewegen Sie Ihre Rippen leicht nach vorne und unten, bis Sie sich zentrierter fühlen. Lassen Sie dann Ihre Arme nach unten hängen, wobei die Handflächen nach vorne zeigen, um Ihre Schulterblätter nach unten zu bringen und flach auf dem Rücken zu positionieren.
- Laufen Sie in dieser Haltung weiter.

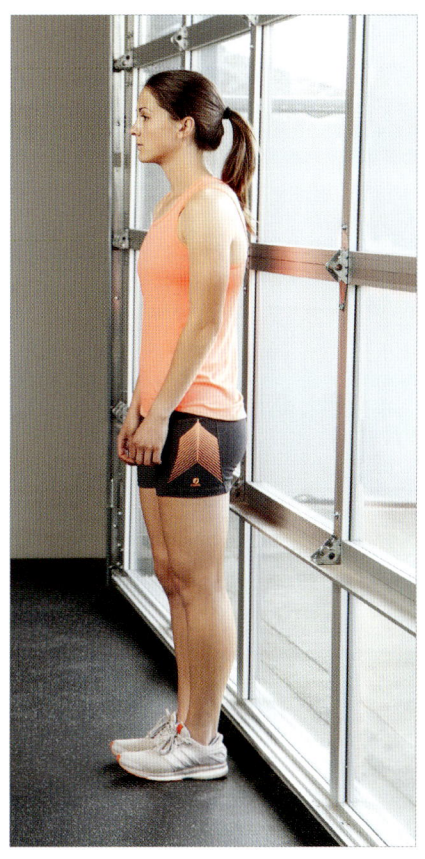 

ANSCHIEBEN STATT VORWÄRTSZIEHEN

- Stellen Sie sich mit dem Rücken zu einer Wand (linkes Foto) und gehen Sie dann einen Schritt vor. Spüren Sie, wie Ihr Bein sich in die Wand hinein stemmt, um sich abzustoßen (rechtes Foto).
- Üben Sie diesen Bewegungsablauf eine Minute lang bevor Sie loslaufen, um Ihren Körper an das Gefühl zu gewöhnen, angeschoben zu werden (und sich nicht selbst nach vorne zu ziehen). Dieses einfache Konzept wird Ihnen dabei helfen, zu einem hüftdominanten Laufschritt überzugehen, der viel effizienter ist.

NICHT VORWÄRTSZIEHEN

Widerstehen Sie der Tendenz sich nach vorne zu bewegen und zu treten, weil dies Ihren Körper eigentlich von der Wand wegziehen würde.

EINKAUFSWAGEN

- Stellen Sie sich vor, Sie veranstalten eine Party für 50 Ihrer engsten Freunde. Sie sind im Supermarkt und haben 150 kg an Speisen und Getränken in Ihrem Einkaufswagen. Um ihn anzuschieben, können Sie nicht einfach den Fuß heben und losgehen. Sie müssen sich mit dem hinteren Bein anschieben.
- Stellen Sie sich für einen besseren Abstoß beim Laufen vor, wie Sie den Einkaufswagen vor sich herschieben.

ELLBOGENSCHUB

- Stellen Sie sich einige Zentimeter entfernt vor einer Wand oder einem Baum.
- Schwingen Sie nun Ihre Arme. Sie werden schnell merken, dass Sie nicht weit nach vorne kommen.
- Konzentrieren Sie sich darauf, Ihre Arme weiter nach hinten zu schwingen. Stellen Sie sich vor, Sie wollten mit Ihren Ellbogen den Läufer oder die Läuferin hinter sich erreichen. Schieben Sie Ihren Ellbogen nach hinten, um den Bewegungsablauf zu beginnen, entspannen Sie sich dann und lassen Sie den Arm von der Schwerkraft nach unten ziehen.

SCHWINGEN SIE NICHT GANZ AUS

Wir versuchen in dieser Übung, die Position des Oberkörpers im Vergleich zu den Beinen auszugleichen. Die meisten Läufer, die Ihre Arme zu weit nach vorne schwingen, schreiten auch zu weit aus, um die Armbewegung auszugleichen. Wir laufen zwar nicht mit unseren Armen, aber diese Übung hilft Ihnen dabei, mit einer kompakteren Gesamthaltung zu laufen und Ihre Oberkörperposition zu verbessern.

DRILLS FÜR DIE PLYO- UND LAUFLEISTUNG

▷ DRILLS FÜR DIE PLYO- UND LAUFLEISTUNG

FLIP-FLOP UND PUSH-UP-SPRINTS

Dieser Drill kombiniert Körperkoordination mit Beschleunigung.

- Beginnen Sie die Übung auf dem Rücken liegend. Entspannen Sie sich, drehen Sie sich dann in eine Ausfallschrittposition und sprinten Sie sofort 20 Meter weit.

- Machen Sie 2 Minuten Pause zwischen jedem Sprint und machen Sie möglichst 6 Wiederholungen.

AUFWÄRTSSPRINTS

Bergaufwärts zu laufen hilft Ihnen dabei, die richtige Form zu finden. Sprinten Sie bei hoher Intensität 30 Meter weit auf einer leichten Steigung (2–4 Prozent) und pausieren Sie 2,5 Minuten zwischen den Sprints. Die Ruhepausen sind sehr wichtig, um zu gewährleisten, dass Sie bei jeder Wiederholung Ihre Höchstgeschwindigkeit erreichen, verkürzen Sie die Pausen also nicht. Machen Sie möglichst 4–6 Wiederholungen.

TREPPENSTEIGEN

Diesen Drill können Sie in einem Stadion oder an einem anderen Ort mit mehreren Treppen durchführen. Springen Sie mit beiden Füßen von Stufe zu Stufe, machen Sie dabei explosionsartige Vor- und Aufwärtsbewegungen. Springen Sie so 12 Sekunden lang. Machen Sie 5 Sätze mit mindestens 90 Sekunden Pause dazwischen. Sie können jede Stufe nehmen oder einzelne Stufen überspringen, aber bleiben Sie nur so kurz wie möglich auf dem Boden. Wenn Sie merken, dass Sie Doppelhüpfer machen, wenn Sie Stufen überspringen, nehmen Sie lieber wieder jede Stufe.

ANDERE PLYO-LAUF-DRILLS

Ninja-Hocksprünge und Burpees (S. 146 und 150) können ebenfalls in Ihre Laufroutine aufgenommen werden, um die Muskelfaseraktivierung besser zu integrieren. Benutzen Sie Parkbänke, Steine oder liegende Baumstämme als Kistenersatz für die Ninja-Hocksprünge. Machen Sie 2–4 Sätze zu je 6 Wiederholungen. Oder suchen Sie sich einfach ein Stück Rasen und streuen Sie dort Burpee-Sätze zu je 6 Wiederholungen ein.

Präzisions-Workouts

Diese Workouts sind nicht einfach noch ein neues Fitnessprogramm, das Sie schnell hinter sich bringen sollten. Üben Sie präzise Bewegungen durch Ihren kompletten Bewegungsumfang hindurch. Machen Sie 30 bis 45 Sekunden Pause zwischen den einzelnen Zirkelübungen.

IN DIESEM ABSCHNITT

1	Rumpfzirkel	172
2	Hüftzirkel	175
3	Bandzirkel	179
4	Schlingenzirkel	183
5	Ballzirkel	186
6	Hüftdominantes Laufen	189

1 RUMPFZIRKEL

ZEIT: 15–20 Minuten
EQUIPMENT: keins

3 Runden

Taube mit Hüftstreckung 10 Wiederholungen auf jeder Seite

Donkey Toes 20 Wiederholungen auf jedem Bein, abwechselnd

Einbeinige Hüftdrehung 8 Wiederholungen auf jeder Seite

Froschbrücke 20 Wiederholungen

Bear Walk 20 Schritte vorwärts und rückwärts

Seitliches Hürdenhüpfen 20 Mal hüpfen

Burpees 10 Wiederholungen

---

3 Runden

1

Taube mit Hüftstreckung 10 Wiederholungen auf jeder Seite (S. 98)

2

Donkey Toes 20 Wiederholungen auf jedem Bein, abwechselnd (S. 59)

3

Einbeinige Hüftdrehung 8 Wiederholungen auf jeder Seite (S. 84)

4

Froschbrücke 20 Wiederholungen (S. 99)

5

Bear Walk 20 Schritte vorwärts und rückwärts (S. 60)

RUMPFZIRKEL

6

Seitliches Hürdenhüpfen 20 Mal hüpfen (S. 148)

7

Burpees 10 Wiederholungen (S. 150)

ZEIT: 15–20 Minuten
EQUIPMENT: keins

HÜFTZIRKEL 2

2 Runden

Krieger mit Dreh 10 Wiederholungen auf jeder Seite
Hüft-Scoots 20 Wiederholungen auf jeder Seite
Taube mit Hüftstreckung 10 Wiederholungen auf jeder Seite
Gesäßmuskel-Rainbow 10 Wiederholungen auf jeder Seite

Stehende Hüftkreise 5 Wiederholungen auf jeder Seite
Einbeinige Hüftdrehung 8 Wiederholungen auf jeder Seite
Burpees 10 Wiederholungen
Froschbrücke 25 Wiederholungen
Seitliches Hürdenhüpfen 20 Mal hüpfen

---

2 Runden

1

Krieger mit Dreh 10 Wiederholungen auf jeder Seite (S. 63)

2

Hüft-Scoots 20 Wiederholungen auf jeder Seite (S. 67)

PRÄZISIONS-WORKOUTS | 175

HÜFTZIRKEL

3

Taube mit Hüftstreckung 10 Wiederholungen auf jeder Seite (S. 98)

4

Gesäßmuskel-Rainbow 10 Wiederholungen auf jeder Seite (S. 72)

5

Stehende Hüftkreise 5 Wiederholungen auf jeder Seite (S. 74)

6

Einbeinige Hüftdrehung 8 Wiederholungen auf jeder Seite (S. 84)

7

Burpees 10 Wiederholungen (S. 150)

8

Froschbrücke 25 Wiederholungen (S. 99)

HÜFTZIRKEL

9

Seitliches Hürdenhüpfen 20 Mal hüpfen (S. 148)

ZEIT: 15–20 Minuten
EQUIPMENT: TheraBand, Powerband

BANDZIRKEL 3

Armkreisen mit Band 20 Wiederholungen
Pull-Aparts 20 Wiederholungen

`ZIRKEL` **2 Runden**

Kniebeugen mit ausgestreckten Armen und Powerband 10 Wiederholungen auf jeder Seite
Hüftdrehung mit Band 20 Wiederholungen auf jeder Seite

Bear Walk 30 Schritte vorwärts und rückwärts
Drive Thru mit Band 10 Wiederholungen auf jeder Seite
Armstütz mit TheraBand 20 Wiederholungen auf jeder Seite

Fußschraube 30 Wiederholungen
Armkreisen mit Band 20 Wiederholungen
Pull-Aparts 20 Wiederholungen

1

Armkreisen mit Band 20 Wiederholungen (S. 47)

2

Pull-Aparts 20 Wiederholungen (S. 48)

PRÄZISIONS-WORKOUTS | 179

BANDZIRKEL

2 Runden Übungen 3–7

3

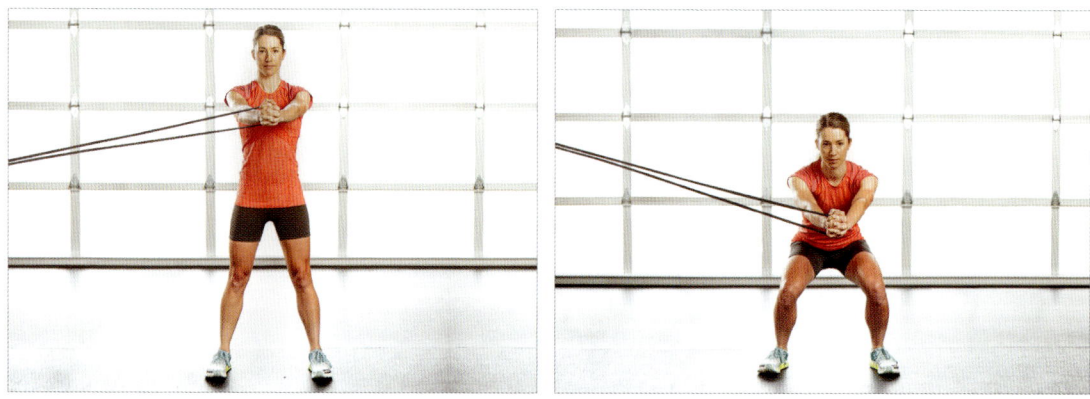

Kniebeugen mit ausgestreckten Armen und Powerband 10 Wiederholungen auf jeder Seite (S. 70)

4

Hüftdrehung mit Band 20 Wiederholungen auf jeder Seite (S. 73)

5

Bear Walk 30 Schritte vorwärts und rückwärts (S. 60)

3

BANDZIRKEL

6

Drive Thru mit Band 10 Wiederholungen auf jeder Seite (S. 105)

7

Armstütz mit TheraBand 20 Wiederholungen auf jeder Seite (S. 69)

8

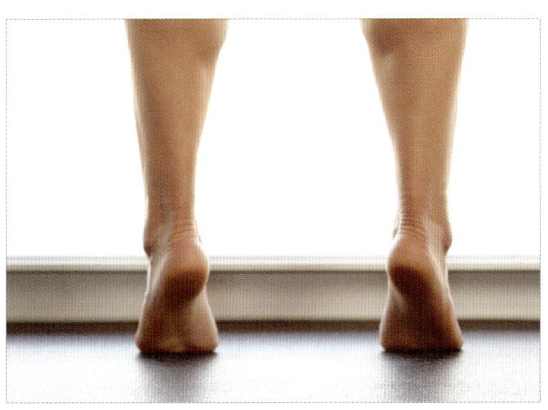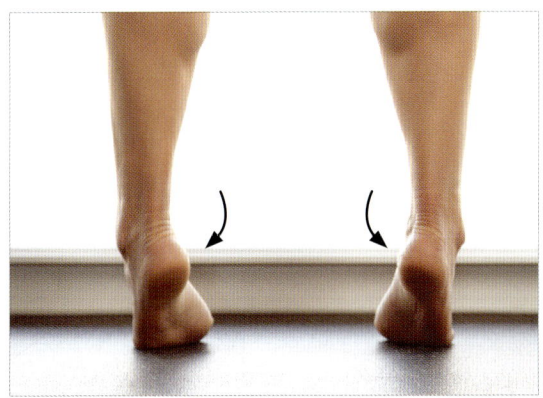

Fußschraube 30 Wiederholungen (S. 86)

PRÄZISIONS-WORKOUTS | 181

BANDZIRKEL

9

Armkreisen mit Band 20 Wiederholungen (S. 47)

10

Pull-Aparts 20 Wiederholungen (S. 48)

ZEIT: 15–20 Minuten
EQUIPMENT: Schlingen-/Suspensionstrainer

SCHLINGENZIRKEL 4

2 Runden

Abduktorenübung mit Schlinge 8 Wiederholungen auf jeder Seite
Adduktorenübung mit Schlinge 8 Wiederholungen auf jeder Seite
Brathähnchen 8 Wiederholungen auf jeder Seite
Vorstrecken 8 Wiederholungen

Schlingen-Push-Ups 8 Wiederholungen
Ausfallschritte mit Schlinge 8 Wiederholungen auf jeder Seite
Sling Row 8 Wiederholungen
Pistolen-Kniebeugen mit Schlinge 8 Wiederholungen auf jeder Seite

---

2 Runden

1

Abduktorenübung mit Schlinge 8 Wiederholungen auf jeder Seite (S. 97)

2

Adduktorenübung mit Schlinge 8 Wiederholungen auf jeder Seite (S. 96)

PRÄZISIONS-WORKOUTS | 183

SCHLINGENZIRKEL 4

3

Brathähnchen 8 Wiederholungen auf jeder Seite (S. 76)

4

Vorstrecken 8 Wiederholungen (S. 58)

5

Schlingen-Push-Ups 8 Wiederholungen (S. 139)

6

Ausfallschritte mit Schlinge 8 Wiederholungen auf jeder Seite (S. 107)

7

Sling Row 8 Wiederholungen (S. 136)

8

Pistolen-Kniebeugen mit Schlinge 8 Wiederholungen auf jeder Seite (S. 108)

PRÄZISIONS-WORKOUTS | 185

5 BALLZIRKEL

ZEIT: 15–18 Minuten
EQUIPMENT: Großer Gymnastikball

3 Runden

Krieger mit Dreh 10 Wiederholungen auf jeder Seite
Brückendrehung mit Ball 20 Wiederholungen
Donkey Toes 10 Wiederholungen auf jedem Bein, abwechselnd
Super-Seitstütz mit Ball 10 Wiederholungen auf jeder Seite
Stützdrehung mit Ball 10 Wiederholungen auf jeder Seite
Curls mit Gymnastikball 8 Wiederholungen
Push-Ups 10 Wiederholungen
Fußschraube 30 Wiederholungen

---

3 Runden

1

Krieger mit Dreh 10 Wiederholungen auf jeder Seite (S. 63)

2

Brückendrehung mit Ball 20 Wiederholungen (S. 65)

186 | ENTFESSELT LAUFEN

5 BALLZIRKEL

3

Donkey Toes 10 Wiederholungen auf jedem Bein, abwechselnd (S. 59)

4

Super-Seitstütz mit Ball 10 Wiederholungen auf jeder Seite (S. 68)

5

Stützdrehung mit Ball 10 Wiederholungen auf jeder Seite (S. 66)

BALLZIRKEL

6

Curls mit Gymnastikball 8 Wiederholungen   (S. 103)

7

Push-Ups 10 Wiederholungen   (S. 138)

8

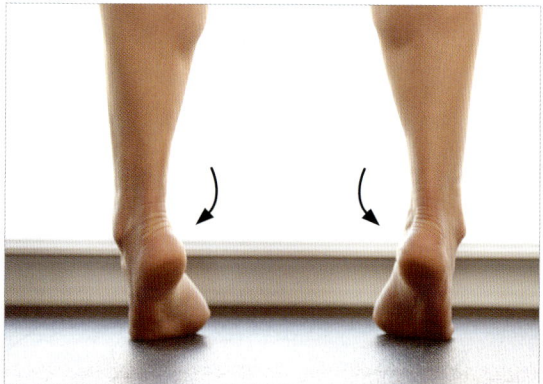

Fußschraube 30 Wiederholungen   (S. 86)

ZEIT: 30–45 Minuten
EQUIPMENT: Powerband

HÜFTDOMINANTES LAUFEN 6

AUFWÄRMEN
- Laufen Sie 1 km locker

HÜFTSERIE
Kniendes Kreuzheben mit Band 10 Wiederholungen
Drive Thru mit Band 8 Wiederholungen auf jeder Seite
Hüftzug mit Band 8 Wiederholungen auf jeder Seite
Krieger mit Dreh 8 Wiederholungen auf jeder Seite
Wiederholen Sie die Hüftserie zwischen den Läufen.

- Laufen Sie 400 m locker
- Laufen Sie 400 m locker, kommen Sie langsam auf 80% Ihrer Maximalgeschwindigkeit
- Laufen Sie 400 m locker, kommen Sie langsam auf 90% Ihrer Maximalgeschwindigkeit
- Laufen Sie 1 km locker, mit sechs 10 Sekunden langen Sprints bis 80%
- Laufen Sie 1 km locker, mit sechs 10 Sekunden langen Sprints bis 80%

- Achten Sie auf die Form, während Sie einen Gang hochschalten. Es geht hier nicht so sehr um Lauftraining, sondern um neuromuskuläre Arbeit.

AUFWÄRMEN
- Laufen Sie 1 km locker und machen Sie dann die Hüftserie. Dafür werden Sie etwa 2–3 Minuten brauchen.

HÜFTSERIE

1

Kniendes Kreuzheben mit Band 10 Wiederholungen (S. 104)

2

Drive Thru mit Band 8 Wiederholungen auf jeder Seite (S. 105)

6 HÜFTDOMINANTES LAUFEN

3

Hüftzug mit Band 8 Wiederholungen auf jeder Seite (S. 106)

4

Krieger mit Dreh 8 Wiederholungen auf jeder Seite (S. 63)

- Laufen Sie 400 m locker. Wiederholen Sie dann die Hüftserie.

- Laufen Sie 400 m locker, kommen Sie langsam auf 80 % Ihrer Maximalgeschwindigkeit. Wiederholen Sie dann die Hüftserie.

- Laufen Sie 400 m locker, kommen Sie langsam auf 90 % Ihrer Maximalgeschwindigkeit. Wiederholen Sie dann die Hüftserie.

- Laufen Sie 1 km locker, mit sechs 10 Sekunden langen Sprints bis 80 %. Wiederholen Sie dann die Hüftserie.

- Laufen Sie 1 km locker, mit sechs 10 Sekunden langen Sprints bis 80 %. Wiederholen Sie dann die Hüftserie.

Workouts für Leistungsstärke

Richtlinien für die Leistungs-Workouts:
- Wenn Sie noch nie Krafttraining gemacht haben, wechseln Sie mindestens drei Monate lang zwischen den Workouts 7–10 und 15 bis Sie die grundlegenden Fähigkeiten erworben haben.
- Wenn Sie schon Erfahrung mit dem Gewichtheben haben, können Sie zwischen den Workouts 7–15 wählen. Beachten Sie, dass die Workouts 11 und 12 recht anstrengend sind und daher nicht angewendet werden sollten, wenn Ihr Lauftraining gerade besonders intensiv oder umfangreich ist.
- Während der 11–14 Tage vor einem wichtigen Wettlauf können Sie die Leistungs-Workouts weiter durchführen, aber halbieren Sie dabei das Volumen. (Das Ziel der korrekten Reduktion des Trainingsumfangs vor einer großen Ausdauerbelastung ist es, die Intensität beizubehalten, dabei aber den Trainingsumfang zu verringern. Die Forschung zeigt, dass KER-Training bei der Reduktion des Trainingsumfangs hilfreich sein kann, um zu kompensieren.)

IN DIESEM ABSCHNITT

7	Leistungsvorbereitung	192
8	Einbeinige Übungen	198
9	Horizontale Kraft	202
10	Vertikale Kraft	206
11	Komplett-Workout A	211
12	Komplett-Workout B	216

7 LEISTUNGSVORBEREITUNG

ZEIT: 45 Minuten
EQUIPMENT: Fitnessstudio

AUFWÄRMEN

Basketball-Mobilitätsübung 2 Minuten
Armkreisen mit Band 20 Wiederholungen
Pull-Aparts 20 Wiederholungen
Overhead-Carry 1 Minute
Bear Walk 30 Schritte vorwärts und rückwärts
Sitzende Kniebeugen 25 Wiederholungen
Einbeiniges Kreuzheben mit Stange
25 Wiederholungen

HAUPTSATZ

Kniebeugen mit Kettlebell 20 Wiederholungen
Einbeiniges Landminen-Kreuzheben 3 × 8 Wiederholungen auf jeder Seite
Kniebeugen 3 × 8 Wiederholungen
Kettlebell-Schwingen 3 × 12 Wiederholungen
Push-Ups 10 × 3 Wiederholungen
Suitcase Carry 4 x 30 Sekunden Carrys mit 45 Sekunden Pause dazwischen

Fußschraube 30 Wiederholungen
Krieger mit Dreh 10 Wiederholungen auf jeder Seite

AUFWÄRMEN

- Machen Sie 30 Sekunden Pause zwischen den Aufwärmübungen

1

Basketball-Mobilitätsübung 2 Minuten   (S. 43)

2

Armkreisen mit Band 20 Wiederholungen   (S. 47)

3

Pull-Aparts 20 Wiederholungen (S. 48)

4

Overhead-Carry 1 Minute (S. 46)

5

Bear Walk 30 Schritte vorwärts und rückwärts (S. 60)

WORKOUTS FÜR LEISTUNGSSTÄRKE

LEISTUNGSVORBEREITUNG

6

Sitzende Kniebeugen 25 Wiederholungen (S. 100)

7

Einbeiniges Kreuzheben mit Stange 25 Wiederholungen (S. 102)

HAUPTSATZ

- Für die Übungen 8–15 ist das Ziel 90 Sekunden Pause zwischen den einzelnen Übungen, es sei denn, es ist etwas anderes angegeben.

8

Kniebeugen mit Kettlebell 20 Wiederholungen (S. 132)

9

Einbeiniges Landminen-Kreuzheben 3 × 8 Wiederholungen auf jeder Seite (S. 127)

10

Kniebeugen 3 × 8 Wiederholungen (S. 134)

7 LEISTUNGSVORBEREITUNG

11

Kettlebell-Schwingen 3 × 12 Wiederholungen (S. 131)

12

Push-Ups 10 × 3 Wiederholungen (S. 138)

13

Suitcase Carry 4 × 30 Sekunden Carrys mit 45 Sekunden Pause dazwischen (S. 141)

14

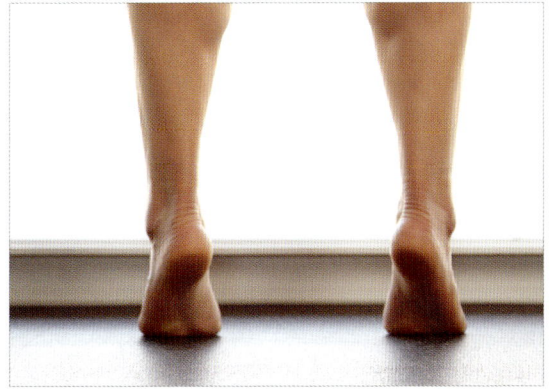 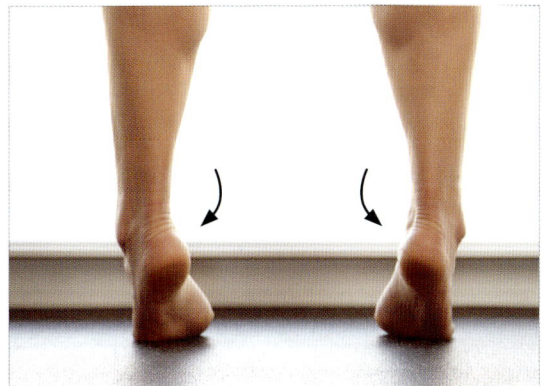

Fußschraube 30 Wiederholungen (S. 86)

15

Krieger mit Dreh 10 Wiederholungen auf jeder Seite (S. 63)

8 EINBEINIGE ÜBUNGEN

ZEIT: 45 Minuten
EQUIPMENT: Fitnessstudio

AUFWÄRMEN

Drehung mit Medizinball 80 Wiederholungen
Super-Seitstütz mit Ball 25 Wiederholungen auf jeder Seite
Kniebeugen mit ausgestreckten Armen und Powerband 20 Wiederholungen auf jeder Seite
Donkey Toes 2 Minuten, Beine abwechseln
Sling Row 2 × 10 Wiederholungen

HAUPTSATZ

Einbeiniges Landminen-Kreuzheben 3 × 8 Wiederholungen auf jeder Seite
Bulgarische Kniebeugen 3 × 8 Wiederholungen auf jeder Seite
Kettlebell-Schwingen 3 × 12 Wiederholungen
Hüftstoß 3 × 8 Wiederholungen
Bogenschützenpresse in der Brücke 2 × 8 Wiederholungen auf jeder Seite
Waiter Carry 2 × 30 Sekunden Wiederholungen auf jeder Seite

AUFWÄRMEN

■ Machen Sie 30 Sekunden Pause zwischen den Aufwärmübungen

1

Drehung mit Medizinball 80 Wiederholungen (S. 64)

2

Super-Seitstütz mit Ball 25 Wiederholungen auf jeder Seite (S. 68)

3

Kniebeugen mit ausgestreckten Armen und Powerband 20 Wiederholungen auf jeder Seite (S. 70)

4

Donkey Toes 2 Minuten, Beine abwechseln (S. 59)

5

Sling Row 2 × 10 Wiederholungen (S. 57)

EINBEINIGE ÜBUNGEN

EINBEINIGE ÜBUNGEN

HAUPTSATZ

- Für die Übungen 6–11 ist das Ziel 90 Sekunden Pause zwischen den einzelnen Übungen, es sei denn, es ist etwas anderes angegeben.

6

Einbeiniges Landminen-Kreuzheben 3 × 8 Wiederholungen auf jeder Seite (S. 127)

7

Bulgarische Kniebeugen 3 × 8 Wiederholungen auf jeder Seite (S. 133)

8

Kettlebell-Schwingen 3 × 12 Wiederholungen (S. 131)

200 | ENTFESSELT LAUFEN

9

Hüftstoß 3 × 8 Wiederholungen (S. 130)

10

Bogenschützenpresse in der Brücke 2 × 8 Wiederholungen auf jeder Seite (S. 137)

11

Waiter Carry 2 × 30 Sekunden Wiederholungen auf jeder Seite (S. 140)

9 HORIZONTALE KRAFT

ZEIT: 45 Minuten
EQUIPMENT: Fitnessstudio

AUFWÄRMEN
Kniebeugen mit ausgestreckten Armen und Powerband 20 Wiederholungen auf jeder Seite
Armstütz mit TheraBand 20 Wiederholungen auf jeder Seite

HAUPTSATZ
Hängende Wirbelsäulendrehung 40 Wiederholungen
Rumänisches Kreuzheben 3 × 8 Wiederholungen
Split-Sprung mit Kiste 10 Wiederholungen auf jedem Bein, abwechselnd
Kettlebell-Schwingen 3 × 8 Wiederholungen
Bogenschützenpresse in der Brücke 2 × 8 Wiederholungen auf jeder Seite
Einbeiniges Schulterdrücken 2 × 8 Wiederholungen auf jeder Seite
Farmer Carry 3 × 40 Sekunden gehen
Hüftstoß 3 × 8 Wiederholungen

AUFWÄRMEN

- Machen Sie 30 Sekunden Pause zwischen den Aufwärmübungen

Kniebeugen mit ausgestreckten Armen und Powerband 20 Wiederholungen auf jeder Seite (S. 70)

Armstütz mit TheraBand 20 Wiederholungen auf jeder Seite (S. 69)

HAUPTSATZ

- Für die Übungen 3–10 ist das Ziel 90 Sekunden Pause zwischen den einzelnen Übungen, es sei denn, es ist etwas anderes angegeben.

Hängende Wirbelsäulendrehung 40 Wiederholungen (S. 71)

Rumänisches Kreuzheben 3 × 8 Wiederholungen (S. 128)

Split-Sprung mit Kiste 10 Wiederholungen auf jedem Bein, abwechselnd (S. 149)

HORIZONTALE KRAFT

9

6

Kettlebell-Schwingen 3 × 8 Wiederholungen (S. 131)

7

Bogenschützenpresse in der Brücke 2 × 8 Wiederholungen auf jeder Seite (S. 137)

8

Einbeiniges Schulterdrücken 2 × 8 Wiederholungen auf jeder Seite (S. 83)

9

Farmer Carry 3 × 40 Sekunden gehen (S. 142)

10

Hüftstoß 3 × 8 Wiederholungen (S. 130)

10 VERTIKALE KRAFT

ZEIT: 45 Minuten
EQUIPMENT: Fitnessstudio

AUFWÄRMEN

Drehung mit Medizinball 80 Wiederholungen
Kniebeugen mit Kettlebell 12 Wiederholungen
Vorstrecken 20 Wiederholungen
Bear Walk 30 Schritte vorwärts und rückwärts
Bulgarische Kniebeugen 10 Wiederholungen auf jeder Seite

HAUPTSATZ

Kniebeugen 3 × 8 Wiederholungen
Sling Row 2 × 12 Wiederholungen
Burpee 8 Wiederholungen
Einbeiniges Landminen-Kreuzheben 2 × 8 Wiederholungen auf jeder Seite
Hocksprung mit Kiste 3 × 5 Wiederholungen
Suitcase Carry 4 × 30 Sekunden Wiederholungen auf jeder Seite
Curls mit Gymnastikball 3 × 10 Wiederholungen

AUFWÄRMEN

■ Machen Sie 30 Sekunden Pause zwischen den Aufwärmübungen

1

Drehung mit Medizinball 80 Wiederholungen (S. 64)

2

Kniebeugen mit Kettlebell 12 Wiederholungen (S. 132)

3

Vorstrecken 20 Wiederholungen (S. 58)

4

Bear Walk 30 Schritte vorwärts und rückwärts (S. 60)

5

Bulgarische Kniebeugen 10 Wiederholungen auf jeder Seite (S. 133)

HAUPTSATZ

- Für die Übungen 6–12 ist das Ziel 90 Sekunden Pause zwischen den einzelnen Übungen, es sei denn, es ist etwas anderes angegeben.

VERTIKALE KRAFT

6

Kniebeugen 3 × 8 Wiederholungen (S. 134)

7

Sling Row 2 × 12 Wiederholungen (S. 136)

8

Burpee 8 Wiederholungen (S. 150)

9

Einbeiniges Landminen-Kreuzheben 2 × 8 Wiederholungen auf jeder Seite (S. 127)

10

Hocksprung mit Kiste 3 × 5 Wiederholungen (S. 147)

11

Suitcase Carry 4 × 30 Sekunden Wiederholungen auf jeder Seite (S. 141)

12

Curls mit Gymnastikball 3 × 10 Wiederholungen (S. 103)

ZEIT: 45 Minuten
EQUIPMENT: Fitnessstudio

KOMPLETT-WORKOUT A 11

AUFWÄRMEN

Krieger mit Dreh 10 Wiederholungen auf jeder Seite
Super-Seitstütz mit Ball 25 Wiederholungen
Armstütz mit TheraBand 12 Wiederholungen auf jeder Seite
Sling Row 2 × 10 Wiederholungen

HAUPTSATZ 1 4 Runden

Kniebeugen mit Kettlebell 6 Wiederholungen
Rumänisches Kreuzheben 8 Wiederholungen
Seitliches Hürdenhüpfen 20 Mal hüpfen, dann 1 Minute Pause

Ninja-Hocksprung 3 × 6 Wiederholungen

HAUPTSATZ 2 3 Runden

Einbeiniges Landminen-Kreuzheben 8 Wiederholungen auf jeder Seite
Kettlebell-Schwingen 10 Wiederholungen
Split-Sprung mit Kiste 5 Wiederholungen auf jeder Seite, dann 1 Minute Pause

Vorstrecken 20 Wiederholungen
Ausfallschritte mit Schlinge 2 × 8 Wiederholungen auf jeder Seite

---

AUFWÄRMEN

■ Machen Sie 30 Sekunden Pause zwischen den Aufwärmübungen

1

Krieger mit Dreh 10 Wiederholungen auf jeder Seite (S. 63)

2

Super-Seitstütz mit Ball 25 Wiederholungen auf jeder Seite (S. 68)

KOMPLETT-WORKOUT A

3

Armstütz mit TheraBand 12 Wiederholungen auf jeder Seite (S. 69)

4

Sling Row 2 × 10 Wiederholungen (S. 57)

HAUPTSATZ 1 4 Runden der Übungen 5–7

- Für die Übungen 5–13 ist das Ziel 90 Sekunden Pause zwischen den einzelnen Übungen, es sei denn, es ist etwas anderes angegeben.

5

Kniebeugen mit Kettlebell 6 Wiederholungen (S. 132)

Rumänisches Kreuzheben 8 Wiederholungen (S. 128)

Seitliches Hürdenhüpfen 20 Mal hüpfen, dann 1 Minute Pause (S. 148)

Ninja-Hocksprung 3 × 6 Wiederholungen (S. 146)

HAUPTSATZ 2   3 Runden der Übungen 9–11

9

Einbeiniges Landminen-Kreuzheben   8 Wiederholungen auf jeder Seite   (S. 127)

10

Kettlebell-Schwingen   10 Wiederholungen   (S. 131)

11

Split-Sprung mit Kiste   5 Wiederholungen auf jeder Seite, dann 1 Minute Pause   (S. 149)

Vorstrecken 20 Wiederholungen (S. 58)

Ausfallschritte mit Schlinge 2 × 8 Wiederholungen auf jeder Seite (S. 107)

12 KOMPLETT-WORKOUT B

ZEIT: 45 Minuten
EQUIPMENT: Fitnessstudio

AUFWÄRMEN
Drehung mit Medizinball 80 Wiederholungen
Stützdrehung mit Ball 3 × 30 Sekunden
Donkey Toes 2 Minuten, Beine abwechseln
Armkreisen mit Band 20 Wiederholungen
Pull-Aparts 20 Wiederholungen

HAUPTSATZ 1 3 Runden
Rumänisches Kreuzheben 6 Wiederholungen, 30 Sekunden Pause
Hocksprung mit Kiste 6 Wiederholungen, 90 Sekunden Pause

HAUPTSATZ 2 3 Runden
Bulgarische Kniebeugen 6 Wiederholungen auf jeder Seite, 30 Sekunden Pause
Ninja-Hocksprung 6 Wiederholungen, 1 Minute Pause

Kettlebell-Schwingen 2 × 10 Wiederholungen
Bogenschützenpresse in der Brücke 2 × 8 Wiederholungen auf jeder Seite
Waiter Carry 2 × 30 Sekunden auf jeder Seite
Hüft-Jacks mit Band 3 × 30 Sekunden auf jeder Seite, mit 10 Jacks dazwischen

---

AUFWÄRMEN

■ Machen Sie 30 Sekunden Pause zwischen den Aufwärmübungen

1

Drehung mit Medizinball 80 Wiederholungen (S. 64)

2

Stützdrehung mit Ball 3 × 30 Sekunden (S. 66)

3

Donkey Toes 2 Minuten, Beine abwechseln (S. 59)

4

Armkreisen mit Band 20 Wiederholungen (S. 47)

5

Pull-Aparts 20 Wiederholungen (S. 48)

HAUPTSATZ 1 3 Runden der Übungen 6–7

■ Für die Übungen 6–13 ist das Ziel 90 Sekunden Pause zwischen den einzelnen Übungen, es sei denn, es ist etwas anderes angegeben.

6

Rumänisches Kreuzheben 6 Wiederholungen, 30 Sekunden Pause (S. 128)

7

Hocksprung mit Kiste 6 Wiederholungen, 90 Sekunden Pause (S. 147)

HAUPTSATZ 2 3 Runden der Übungen 8–9

8

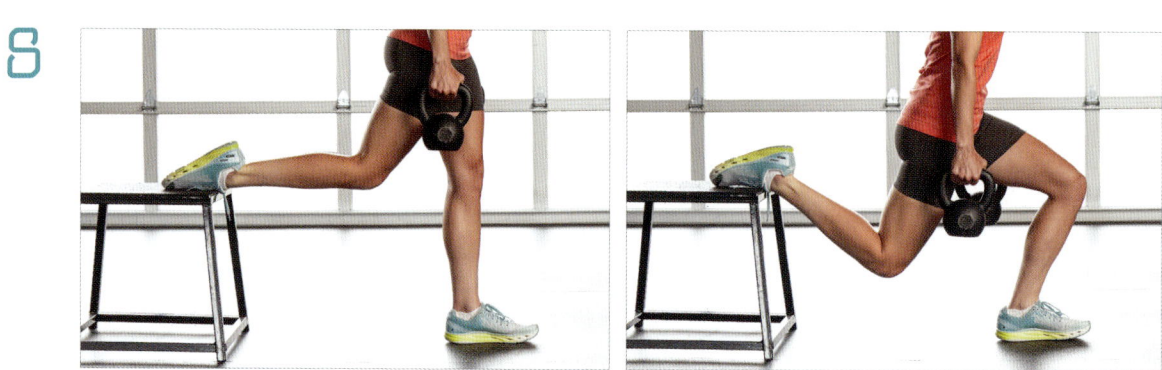

Bulgarische Kniebeugen 6 Wiederholungen auf jeder Seite, 30 Sekunden Pause (S. 133)

9

Ninja-Hocksprung 6 Wiederholungen, 1 Minute Pause (S. 146)

10

Kettlebell-Schwingen 2 × 10 Wiederholungen (S. 131)

11

Bogenschützenpresse in der Brücke 2 × 8 Wiederholungen auf jeder Seite (S. 137)

WORKOUTS FÜR LEISTUNGSSTÄRKE | 219

KOMPLETT-WORKOUT B

12

Waiter Carry 2 × 30 Sekunden auf jeder Seite   (S. 140)

13

Hüft-Jacks mit Band 3 × 30 Sekunden auf jeder Seite, mit 10 Jacks dazwischen   (S. 94)

Workouts für Leistungskraft

Kraft-Workouts werden am besten 6 Wochen vor dem wichtigsten Lauf der Hauptsaison in die Trainingsrotation aufgenommen.

IN DIESEM ABSCHNITT

13	**Krafttraining A**	222
14	**Krafttraining B**	226
15	**Powerball**	230

13 KRAFTTRAINING A

ZEIT: 45 Minuten
EQUIPMENT: Fitnessstudio

AUFWÄRMEN

Kniebeugen mit ausgestreckten Armen und Powerband 20 Wiederholungen auf jeder Seite

Hängende Wirbelsäulendrehung 25 Wiederholungen auf jeder Seite

Stützdrehung mit Ball 3 × 30 Sekunden

Hocksprung mit Kiste 3 × 4 Wiederholungen

Split-Sprung mit Kiste 5 Wiederholungen auf jeder Seite

KRAFT-/SCHNELLIGKEITSSATZ

- Machen Sie diese Hebeübungen bei 40 % des Maximalgewichts

Rumänisches Kreuzheben 3 × 5 Wiederholungen

Push Press mit Dumbbell 3 × 4 Wiederholungen auf jedem Bein

Hüftstoß 3 × 6 Wiederholungen

Push-Ups 3 × 6 Wiederholungen

Krieger mit Dreh 10 Wiederholungen auf jeder Seite

AUFWÄRMEN

1

Kniebeugen mit ausgestreckten Armen und Powerband 20 Wiederholungen auf jeder Seite (S. 70)

2

Hängende Wirbelsäulendrehung 25 Wiederholungen auf jeder Seite (S. 71)

3

Stützdrehung mit Ball 3 × 30 Sekunden (S. 66)

4

Hocksprung mit Kiste 3 × 4 Wiederholungen (S. 147)

5

Split-Sprung mit Kiste 5 Wiederholungen auf jeder Seite (S. 149)

WORKOUTS FÜR LEISTUNGSKRAFT | 223

KRAFT-/SCHNELLIGKEITSSATZ

- Machen Sie diese Hebeübungen bei 40 % des Maximalgewichts

6

Rumänisches Kreuzheben 3 × 5 Wiederholungen (S. 128)

7

Push Press mit Dumbbell 3 × 4 Wiederholungen auf jedem Bein (S. 145)

8

Hüftstoß 3 × 6 Wiederholungen (S. 130)

9

Push-Ups 3 × 6 Wiederholungen (S. 138)

10

Krieger mit Dreh 10 Wiederholungen auf jeder Seite (S. 63)

14 KRAFTTRAINING B

ZEIT: 45 Minuten
EQUIPMENT: Fitnessstudio

AUFWÄRMEN

Hüft-Scoots 3 × 10 Wiederholungen
Gesäßmuskel-Rainbow 5 Wiederholungen auf jeder Seite
Stehende Hüftkreise 5 Wiederholungen auf jeder Seite
Kniendes Kreuzheben mit Band 30 Wiederholungen
Drive Thru mit Band 8 Wiederholungen auf jeder Seite
Push Press mit Dumbbell 3 × 5 Wiederholungen auf jedem Bein

HAUPTSATZ 5 RUNDEN

Kniebeugen 5 Wiederholungen bei 40 % des Maximalgewichts, 30 Sekunden Pause
Hocksprung mit Kiste 3 Wiederholungen, 90 Sekunden Pause

Kettlebell-Schwingen 3 × 6 Wiederholungen
Burpee 6 Wiederholungen
Ausfallschritte mit Schlinge 8 Wiederholungen auf jeder Seite

AUFWÄRMEN

1

Hüft-Scoots 3 × 10 Wiederholungen (S. 67)

2

Gesäßmuskel-Rainbow 5 Wiederholungen auf jeder Seite (S. 72)

226 | ENTFESSELT LAUFEN

3

Stehende Hüftkreise 5 Wiederholungen auf jeder Seite (S. 74)

4

Kniendes Kreuzheben mit Band 30 Wiederholungen (S. 104)

5

Drive Thru mit Band 8 Wiederholungen auf jeder Seite (S. 105)

KRAFTTRAINING B

6

Push Press mit Dumbbell 3 × 5 Wiederholungen auf jedem Bein (S. 145)

HAUPTSATZ   5 Runden der Übungen 7–8

7

Kniebeugen 5 Wiederholungen bei 40 % des Maximalgewichts, 30 Sekunden Pause; (S. 134)

8

Hocksprung mit Kiste 3 Wiederholungen, 90 Sekunden Pause (S. 147)

9

Kettlebell-Schwingen 3 × 6 Wiederholungen (S. 131)

10

Burpees 6 Wiederholungen (S. 150)

11

Ausfallschritte mit Schlinge 8 Wiederholungen auf jeder Seite (S. 107)

15 POWERBALL

ZEIT: 45 Minuten
EQUIPMENT: Medizinball

AUFWÄRMEN
- 5 Minuten locker laufen
Drehung mit Medizinball 40 Wiederholungen

HAUPTSATZ
- Machen Sie 3 Sätze jeder Übung, ruhen Sie dann 1 Minute bevor Sie mit der nächsten Übung weitermachen.

Twist'n'Cut mit Medizinball 3 × 8 Würfe
Triple Bound mit Medizinball 3 × 2 Wiederholungen
Beschleunigungssprint mit Medizinball 3 × 2 Wiederholungen
Push Press mit Medizinball 3 × 5 Würfe
Granny Toss mit Medizinball 3 × 5 Würfe

AUFWÄRMEN

- 5 Minuten locker laufen.

1

Drehung mit Medizinball 40 Wiederholungen (S. 64)

HAUPTSATZ

- Machen Sie 3 Sätze jeder Übung, ruhen Sie dann 1 Minute bevor Sie mit der nächsten Übung weitermachen.

2

Twist'n'Cut mit Medizinball 3 × 8 Würfe (S. 154)

15

POWERBALL

3

Triple Bound mit Medizinball 3 × 2 Wiederholungen (S. 155)

4

Beschleunigungssprint mit Medizinball 3 × 2 Wiederholungen (S. 156)

5

Push Press mit Medizinball 3 × 5 Würfe (S. 152)

15 POWERBALL

6

Granny Toss mit Medizinball 3 × 5 Würfe (S. 153)

Danksagung

Mein Dad sagte mir mal, mein Interesse am Schreiben sei „es wert, weiterverfolgt zu werden". Zu diesem Zeitpunkt hatte ich noch keine Idee, wo mich das Ganze hinführen würde, welche Möglichkeiten ich bekommen und worüber ich schreiben sollte – und ob das Ergebnis überhaupt etwas taugen würde. Aber seine Worte blieben stets in meinem Kopf. Danke für die Inspiration, Dad.

Ich möchte gerne Dr. Ron Smith, Dr. Robert Rowe und dem kürzlich verstorbenen Dr. David Pariser danken – alle haben mein Gehirn während des Studiums gefordert und trainiert. Sie haben mich nicht nur als Studenten beeindruckt, sondern auch meine Vision geprägt, welche Art Lehrer und Arzt ich später sein wollte. Ich möchte auch dem Anatomie-Professor aus meinem Grundstudium danken. Ich habe die Vorlesung gehasst und ernsthaft an meiner Berufswahl gezweifelt. Aber diese Erfahrung hat mir zugleich den Wunsch vermittelt, zu beweisen, dass Lernen keine eindimensionale Angelegenheit sein muss, in der wir versuchen, irgendwie 200 Wörter pro Minute auf Papier festzuhalten. Jahre später, als ich selbst die Einführung in die Anatomie unterrichtete, war meine Mission klar: Die klinische Wissenschaft ansprechend, innovativ, realitätsnah und gleichsam unterhaltsam zu lehren. An meine Professoren: Danke für Ihre Leidenschaft.

Meine Praxis und meine gesamte Karriere verdanke ich der Entscheidung von Dr. Casey Kerrigan, Dr. Bob Wilder und James Myers, meine Ideen und radikalen Konzepte in der Sportmedizin umsetzen zu wollen. Zusammen haben wir die SPEED-Klinik der University of Virginia gegründet, in der wir biomechanische Untersuchungsergebnisse nutzen, um Probleme von Ausdauerathleten lösen zu können. Die Arbeit mit Dr. Ugo Della Croce, Eric Magrum, Dr. Jay Hertel, Gabriele Paolini, Dr. Jason Franz, Dr. Corey Rynders, dem kürzlich verstorbenen Jim Beazell und vielen anderen wissenschaftlichen Mitarbeitern US-amerikanischer und weiterer Universitäten hat mich für immer verändert. Wir haben uns gegenseitig herausgefordert, indem wir die richtigen Fragen gestellt haben, um uns dabei zu helfen, bessere Lösungsansätze für Athleten zu finden. Ebenfalls ein großes Danke an das REP Lab, Rebound Physical Therapy und Boss Sports Performance dafür, dass sie diesen Traum weiterleben und integrierte Lösungen schaffen, um Athleten dabei zu helfen, ihr volles Potenzial zu entdecken und auszuschöpfen. Diese Erfahrung hat meinen Ansatz zum Rehabilitations- und Leistungstraining nachhaltig geprägt und stellt die Grundlage von *Entfesselt Laufen* dar.

Somit wir zu diesem Buch kommen. Meinen allerherzlichsten Dank an Renee Jardine, Kara Mannix, Vicki Hopewell, Andy Read und das gesamte Team von *VeloPress* für seine Vision. Danke an Jeff Clark und Livingston MacLake, die diese wunderbaren Bilder gemacht haben. Danke an die Fotomodels Jen Luebke, Mel Lawrence und Michael Olsen, die allen Übungen Leben eingehaucht haben. Am Anfang sagte meine Lektorin Renee, dass dieses Buch als Komplettpaket außergewöhnlich werden würde. Und das ist es auch. Danke.

An alle Patienten, Athleten, Trainer, Ärzte und Sportwissenschaftler: Stellt weiter Fragen. Zusammen arbeiten wir weiter an unserer Mission, die Antworten darauf zu finden.

Literatur

GRUNDLAGEN

Chinn L, Dicharry J, Hart J, Saliba S, Wilder R, Hertel J. Gait Kinematics After Taping in Subjects with Chronic Ankle Instability. Journal of Athletic Training 2014;49(3):322–330.

Chinn L, Dicharry J, Hertel J. Ankle Kinematics of Individuals with Chronic Ankle Instability While Walking and Jogging on a Treadmill with Shoes. Physical Therapy in Sport 2013;14(4):232–239.

Dicharry J. Anatomy for Runners. Unlocking Your Athletic Potential for Health, Speed, and Injury Prevention. New York: Sky Horse Publishing, 2012.

Dicharry J. Clinical Gait Analysis. In: Robert Wilder, Francis O'Connor und Eric Magrum, Running Medicine, 2. Ausgabe. Monterey, CA: Healthy Learning, 2014.

Dicharry J. Kinematics and Kinetics of Gait: From Lab to Clinic. Clinical Sports Medicine 2010;29(3):347–364.

Dugan SA, Bhat KP. Biomechanics and Analysis of Running Gait. Physical Medicine and Rehabilitation Clinics of North America 2005;16(3):603–621.

Fletcher JR, Esau SP, MacIntosh BR. Changes in Tendon Stiffness and Running Economy in Highly Trained Distance Runners. European Journal of Applied Physiology 2010;110(5):1037–1046.

Herb C, Chin CL, Dicharry J, McKeon PO, Hart J, Hertel J. Shank-Rearfoot Coupling with Ankle Instability. Journal of Applied Biomechanics 2014;30(3):366–372.

Hreljac A. Impact and Overuse Injuries in Runners. Medicine and Science in Sports and Exercise 2004;36(5):845–859.

Hreljac A, Marshall RN, Hume PA. Evaluation of Lower Extremity Overuse Injury Potential in Runners. Medicine and Science in Sports and Exercise 2000;32(9):1635–1641.

Kerdok AE, Biewener AA, McMahon TA, Weyand PG, Herr HM. Energetics and Mechanics of Human Running on Surfaces of Different Stiffnesses. Journal of Applied Physiology 2002;92(2):469–478.

Kerrigan DC, Della Croce U. Gait Analysis. In: O'Conner FG, Sallis R, Wilder R, St. Pierre P, Hrsg., Sports Medicine: Just the Facts. New York: McGraw Hill, 2004:126–130.

Kram R. Bouncing to Conclusions: Clear Evidence for the Metabolic Cost of Generating Muscular Force. Journal of Applied Physiology 1985;110(4):865–866.

Kram R, Taylor CR. Energetics of Running: A New Perspective. Nature 1990;346:265-267.

Martin PE, Morgan DW. Biomechanical Considerations for Economical Walking and Running. Medicine and Science in Sports and Exercise 1992;24:407-474.

Novacheck TF. The Biomechanics of Running. Gait and Posture 1998;7:77-95.

Riley PO, Dicharry J, Franz J, Croce UD, Wilder RP, Kerrigan DC. A Kinematics and Kinetic Comparison of Overground and Treadmill Running. Medicine and Science in Sports and Exercise 2008;40(6):1093-1100.

Riley PO, Franz J, Dicharry J, Kerrigan DC. Changes in Hip Joint Muscle-Tendon Lengths with Mode of Locomotion. Gait and Posture 2010;31(2):279-283.

Roberts TJ, Marsh RL, Weyand PG, Taylor CR. Muscular Force in Running Turkeys: The Economy of Minimizing Work. Science 1997;275:1113-1115.

Saunders PU, Pyne DB, Telford RD, Hawley JA. Factors Affecting Running Economy in Trained DistanceRunners. Sports Medicine 2004;34(7):465-485.

Saunders PU, Pyne DB, Telford RD, Hawley JA. Reliability and Variability of Running Economy in Elite Distance Runners. Medicine and Science in Sports and Exercise 2004;36(11):1972-1976.

Telhan G, Franz J, Dicharry J, Wilder RP, Riley PO, Kerrigan DC. Lower Limb Joint Kinetics During Moderately Sloped Running. Journal of Athletic Training 2010;45(1):16-21.

Watt JR, Franz J, Jackson K, Dicharry J, Kerrigan DC. A Three-Dimensional Kinematic and Kinetic Comparison of Over Ground and Treadmill Walking in Elderly Subjects. Clinical Biomechanics 2010;25(5):444-449.

Zelik KE, Kuo AD. Human Walking Isn't All Hard Work: Evidence of Soft TisSie Contributions to Energy Dissipation and Return. Journal of Experimental Biology 2010;213:4257-4264.

LAUFFÄHIGKEITEN

Biewener AA, Farley CT, Roberts T, Temaner M. Muscle Mechanical Advantage of Human Walking and Running: Implications for Energy Cost. Journal of Applied Physiology 2004;97:2266-2274.

Birrer RB, Buzermanis S, DelaCorte MP et al. Biomechanics of Running. In: O'Connor F, Wilder R (Hrsg.) The Textbook of Running Medicine. New York: McGraw Hill, 2001: 11-19.

Brown, AM, Zifchock RA, Hillstrom HJ. The Effects of Limb Dominance and Fatigue on Running Biomechanics. Gait and Posture 2014;39(3):915-919.

Crowell HP, Davis IS. Gait Retraining to Reduce Lower Extremity Loading in Runners. Clinical Biomechanics 2011;26(1):78-83.

Crowell HP, Milner CE, Hamill J, Davis IS. Reducing Impact Loading During Running with the Use of Real-Time Visual Feedback. Journal of Orthopaedic and Sports Physical Therapy 2010;40(4):206-213.

Davis I. Gait Retraining in Runners. Orthopaedic Practice 2005;17(2):8-13.

Dean JC, Kuo AD. Energetic Costs of Producing Muscle Work and Force in a Cyclical Human Bouncing Task. Journal of Applied Physiology 2011;110(4):873-880.

Dicharry J. Anatomy for Runners: Unlocking Your Athletic Potential for Health, Speed, and Injury Prevention. New York: Sky Horse Publishing, 2012.

Dicharry J. Clinical Gait Analysis. In: Robert Wilder, Francis O'Connor und Eric Magrum, Running Medicine, 2. Ausgabe. Monterey, CA: Healthy Learning, 2014.

Dicharry J. Kinematics and Kinetics of Gait: From Lab to Clinic. Clinical Sports Medicine 2010;29(3):347-364.

Dicharry J, Franz JR, Wilder RP, Riley PO, Kerrigan DC. Differences in Static & Dynamic Measures in Evaluation of Talonavicular Mobility in Gait." Journal of Orthopaedic and Sports Physical Therapy 2009;39(8):628-634.

Franz JR, Paylo KW, Dicharry J, Riley PO, Kerrigan DC. Changes in the Coordination of Hip and Pelvis Kinematics with Mode of Locomotion. Gait and Posture 2009;29(3):494–498.

Hart JM, Kerrigan DC, Fritz JM, Saliba EN, Gansneder B Ingersoll CD. Jogging Gait Kinetics Following Fatiguing Lumbar Paraspinal Exercise. Journal of Electromyography and Kinesiology 2009;19(6):458–464.

Ireland ML. The Female ACL: Why Is It More Prone to Injury? Orthopedic Clinics of North America 2002;33(4):637–651.

Ireland ML, Ott SM. Special Concerns of the Female Athlete. Clinical Sports Medicine 2005;23(2):281–298.

Leetun DT, Ireland ML, Willson JD, Ballantyne BT, Davis IM. Core Stability Measures as Risk Factors for Lower Extremity Injury in Athletes. Medicine and Science in Sports and Exercise 2004;36(6):926–934.

McCann DJ, Higginson BK. Training to Maximize Economy of Motion in Running Gait. Current Sports Medicine Reports 2008;7(3):158–162.

Milner CE, Ferber R, Pollard CD, Hamill J, Davis IS. Biomechanical Factors Associated with Tibial Stress Fracture in Female Runners. Medicine and Science in Sports and Exercise 2006;38(2):323–328.

Milner CE, Hamill J, Davis I. Are Knee Mechanics During Early Stance Related to Tibial Stress Fracture in Runners? Clinical Biomechanics 2007;22(6):697–703.

Nigg BM. The Role of Impact Forces and Foot Pronation: A New Paradigm. Clinical Journal of Sports Medicine 2001;11(1):2–9.

Noehren B, Scholz J, Davis I. The Effect of Real-Time Gait Retraining on Hip Kinematics, Pain and Function in Subjects with Patellofemoral Pain Syndrome. British Journal of Sports Medicine 2011;45(9):691–696.

Rendos NK, Harrison BC, Dicharry J, Sauer LD, Hart JM. Sagittal Plane Kinematics During the Transition Run in Triathletes. Journal of Science and Medicine in Sport 2013;16(3):259–265.

Souza RB, Powers CM. Differences in Hip Kinematics, Muscle Strength, and Muscle Activation Between Subjects with and without Patellofemoral Pain. Journal of Orthopaedic and Sports Physical Therapy 2009;239(1):12–19.

Souza RB, Powers CM. Predictors of Hip Internal Rotation During Running: An Evaluation of Hip Strength and Femoral Structure in Women with and without Patellofemoral Pain. American Journal of Sports Medicine 2009;37(3):579–587.

Teng HL, Powers CM. Influence of Trunk Posture on Lower Extremity Energetics During Running. Medicine and Science in Sports and Exercise 2015;47(3):625–630.

Teng HL, Powers CM. Sagittal Plane Trunk Posture Influences Patellofemoral Joint Stress During Running. Journal of Orthopaedic and Sports Physical Therapy 2014;44(10):785–792.

Teunissen L, Grabowski A, Kram R. The Effects of Independently Altering Body Weight and Body Mass on the Metabolic Cost of Running. Journal of Experimental Biology 2007;210:4418–4427.

Watt JR, Jackson K, Franz JR, Dicharry J, Evans J, Kerrigan DC. Effect of a Supervised Hip Flexor Stretching Program on Gait in Frail Elderly Patients. PM & R: The Journal of Injury, Function, and Rehabilitation 2011;3(4):330–335.

Wright S, Weyland PS. The Application of Ground Force Explains the Energetic Cost of Running Backward and Forward. Journal of Experimental Biology 2001;204:1805–1815.

Zifchock RA, Davis I, Hamill J. Kinetic Asymmetry in Female Runners with and without Retrospective Tibial Stress Fractures. Journal of Biomechanics 2006;39(15):2792–2797.

STÄRKE

Berryman N, Maurel DB, Bosquet R. Effect of Plyometric vs. Dynamic Weight Training on the Energy Cost of Running. Journal of Strength and Conditioning Research 2010;24:1818–1825.

Creer AR, Ricard MD, Conlee RK, Hoyt GL, Parcell AC. Neural, Metabolic, and Performance Adaptations to Four Weeks of High Intensity Sprint-Interval Training in Trained Cyclists. International Journal of Sports Medicine 2004;25(2):92–98.

DeWeese BH, Hornsby G, Stone M, Stone MH. The Training Process: Planning for Strength-Power Training in Track and Field. Part 1: Theoretical Aspects. Journal of Sport and Health Science 2015;4(4):308–317.

DeWeese BH, Hornsby G, Stone M, Stone MH. The Training Process: Planning for Strength-Power Training in Track and Field. Part 2: Practical and Applied Aspects. Journal of Sport and Health Science 2015;4(4):318–324.

Dicharry J. Kinematics and Kinetics of Gait: From Lab to Clinic. Clinical Sports Medicine 2010;29(3):347–364.

Dumke CL, Pfaffenroth CM, McBride JM, McCauley GO. Relationship Between Muscle Strength, Power and Stiffness and Running Economy in Trained Male Runners. International Journal of Sports and Physiological Performance 2010;5(2):249–261.

Farley CT, González O. Leg Stiffness and Stride Frequency in Human Running. Journal of Biomechanics 1996;29(2):181–186.

Heiderschiet BC, Chomanov ES, Michalski MP, Wille CM, Ryan MB. Effects of Step Rate Manipulation on Joint Mechanics During Running. Medicine and Science in Sports and Exercise 2011;43(2):296–302.

Hoff J, Helgerud J, Wisloff W. Maximal Strength Training Improves Work Economy in Trained Female Cross-Country Skiers. Medicine and Science in Sports and Exercise 1999;31(6):870–877.

Iaia F. Speed Endurance Training Is a Powerful Stimulus for Physiological Adaptations and Performance Improvements of Athletes. Scandinavian Journal of Medicine and Science in Sports 2010:11–23.

Lauersen JB, Bertelsen DM, Andersen LB. The Effectiveness of Exercise Interventions to Prevent Sports Injuries: A Systematic Review and Meta-analysis of Randomised Controlled Trials. British Journal of Sports Medicine 2013;48(11):871–877.

Marcell T, Hawkins S, Wiswell R. Leg Strength Declines with Advancing Age Despite Habitual Endurance Exercise in Active Older Adults. Journal of Strength Conditioning Research 2014;28(2):504–513.

Mikkola, J, Rusko H, Nummela A, Pollari T, Häkkinen K. Concurrent Endurance and Explosive Type Strength Training Improves Neuromuscular and Anaerobic Characteristics in Young Distance Runners. International Journal of Sports Medicine 2007;28(7):602–611.

Paton CD, Hopkins WG. Combining Explosive and High-Resistance Training Improves Performance in Competitive Cyclists. Journal of Strength and Conditioning Research 2005;19(4):826–830.

Ramírez-Campillo R, et al. „Effects of Plyometric Training on Endurance and Explosive Strength Performance in Competitive Middle- and Long-Distance Runners." Journal of Strength and Conditioning Research 28 (2014):97–104.

Saunders PU, Pyne DB, Telford RD, Hawley JA. Factors Affecting Running Economy in Trained Distance Runners. Sports Medicine 2004;34(7):465–485.

Schache AG, Dorn TW, Williams GP, Brown NA, Pandy NA. Lower-Limb Muscular Strategies for Increasing Running Speed. Journal of Orthopaedic and Sports Physical Therapy 2014;44(10):813–824.

Sedano S, et al. Concurrent Training in Elite Male Runners: The Influence of Strength versus Muscular Endurance Training on Performance Outcomes. Journal of Strength and Conditioning Research 2013;27:2433–2443.

Stone MH, Pierce KC, Sands WA, Stone ME. Weightlifting: Program Design. Strength and Conditioning Journal 2006;28(2):10–17.

Spurrs RW, Murphy AJ, Watsford ML. The Effect of Plyometric Training on Distance Running Performance. European Journal of Applied Physiology 2003;89(1):1–7.

Støren O, Helgerud J, Støa EM, Hoff J. Maximal Strength Training Improves Running Economy in Distance Runners. Medicine and Science in Sports and Exercise 2008;40(6):1087–1092.

Taipale RS, Mikkola J, Nummela A, et al. Strength Training in Endurance Runners. International Journal of Sports Medicine 2010;31(7):468–476.

Weyand PG, Sandell RF, Prime DNL, Bund le MW. The Biological Limits to Running Speed Are Imposed from the Ground Up. Journal of Applied Physiology 2010;108(4):950–961.

Weyand PG, Sternlight DB, Bellizzi MJ, Wright S. Faster Top Running Speeds Are Achieved with Greater Ground Forces not More Rapid Leg Movements. Journal of Applied Physiology 2000;89:1991–1999.

Yamamoto LM, Lopez RM, Klau JF, Casa DJ, Kraemer WJ, Maresh CM. The Effects of Resistance Training on Endurance Distance Running Performance Among Highly Trained Runners: A Systematic Review. Journal of Strength and Conditioning Research 2008;22(6):2036–2044.

Index

A

Abduktorenübung mit Schlinge   97
Absprung   117 f., 120
Abstoß   11 f., 28
Adduktorenübung mit Schlinge   96
aerobische Intensität   161
anatomische Orientierungspunkt   112
Anschieben statt Vorwärtsziehen   165
Armkreisen mit Band   47
Armstütz mit TheraBand   69
assoziative Phase   14
Atmung   41, 126
Aufwärmübungen   17–19
Aufwärtssprints   169
Ausfallschritte mit Schlinge   107
autonome Phase   14

B

Ballzirkel   186–188
Bänder   4, 19
Bandübungen   47 f., 69 f., 73
Bandzirkel   179–182
Basketball-Mobilitätsübung   43
Bauchmuskeln   55
Bear Walk   60
Beckenkamm   112
Beckenneigung   49
Beinschwung   11, 35, 49
Beinumsatz   33 f.
Belastung
    auf Gelenke   5, 25
    bei Kraftübungen   125 f.
    Belastungsrate   29, 31, 92
    Kräfte beim Laufen   3
    pro Schritt   29–33
    Schwerpunkt   29
    und Körpergewicht   2
    verringern   41, 101
Belastungen   27, 33
Bewegung
    Fähigkeiten   7, 16
    kontrolliert   5, 23–25
    mit Schwerpunkt auf Form   124
    Programme   5
    Ökonomie   27 f., 30
    Qualität   5 f.
    Sicherheit   5
    System   4 f.
Bewegungsqualität   5 f., 10
Bewegungsspielraum   18, 62
Bodenkontaktzeit   13, 119
Bodenreaktionskraft   28
Bogenschützenpresse in der Brücke   137
Brathähnchen   76
Brückendrehung mit Ball   65
Brustöffnung   45

Bulgarische Kniebeugen   133
Burpees   150 f.
Burrito-Wadenstretch   53

C
CrossFit®   109, 118
Crosstraining   15 f.
Curls mit Gymnastikball   103

D
Dehnen
    dynamisches Aufwärmen   18 f.
    des kleinen Brustmuskels   45
    Faszien-Hemmung / Gleit-Restriktion   22
    für Mobilität   18
    Gewebeverlängerung   21
    Hüftflexoren   50
    Timing   21
    Wadendehnung   17–19, 53
Donkey Toes   59
Dosenmetapher   38
    Belastung der Oberseite verringern   41 f.
    zerdrücken der Dose   40 f.
Drill Work   163
Drive Thru mit Band   105
dynamische Aufwärmübungen   18, 19
dynamische Kontrolle   24, 25

E
Effizienz   6, 11, 28, 161
einbeinige Hüftdrehung   84 f.
einbeinige Übungen   198–201
einbeiniges Kreuzheben mit Stange   102
einbeiniges Landminen-Kreuzheben   127
einbeiniges Schulterdrücken   83
Einkaufswagen   166
Einschränkungen   6, 11, 18, 40
elastische Energie   28 f., 32, 117 f.
Ellbogenschub   167
Energieaufwand   28 f., 38, 41
Entfesselt-Laufen-Workouts
    für Leistung   159 f.
        für Leistungskraft   221
        für Leistungsstärke   191
    für Präzision   158 f., 171
    Häufigkeit des Trainings   160
    Integration mit Lauftraining   160
    Programmübersicht   158
    Timing zwischen den Workouts   160, 162
    Verbindung zwischen Körper und Gehirn   162
erlernte Bewegungen   10
Ermüdung   30, 38, 90

F
Farmer Carry   142
Faszien   21 f.
Faszienrollen   18, 22, 53, 82
Feedback   124
Flexibilität   18 f., 24, 93
Form   *s. Laufform*
freie Bewegung   61
freiwillige Bewegung   12
Froschbrücke   99
Fußgelenk
    Gelenksteifheit   10, 17
    Mobilitätstests   51
    Mobilitätsübungen   52 f.
    Verstauchungen   19
Füße
    Ausrichtung zu den Hüften   82, 110 f., 113 f.
    einbeinige Hüftdrehung   84 f.
    einbeiniges Schulterdrücken   83
    Einwärtsdrehung   80
    Fußschraube   86
    Gewichtsverteilung   54
    Kontrolltest   80 f.
    Mittelfußtyp   80
    Mobilität des Vorderfußvarus'   78 f.
    Mobilitätstest   77
    Übung mit der Faszienrolle   82
Fußschraube   86

G
Gangart   10, 12 f., 34
Gangbild   28–30, 32
Gegenrotation   61 f.

Gehirn   4–6
Gelenke
   Gleichgewicht vs. Ungleichgewicht   24
   Stabilität   23–25
   Struktur   4
   Belastung   5, 25
   Steifheit   10 f., 17, 51
   Probleme   18, 20 f., 25
   Gleiten   21–23, 25, 41
Gesäßmuskel-Rainbow   72
Gesäßmuskeln
   Fasertyp   90
   Haltungskontrolle   91 f.
   Hemmung   89, 91 f.
   primäre Funktionen   91
   Rotationskontrolle   91
   Stärkung   10
   Übung   72
Geschwindigkeit   33
   und Schrittfrequenz   33
   und Muskelausdauer   118
   Ökonomie   119
Gewebe
   Mobilisierung   21–23
   Verlängerung   21
Gewichtheben   *s. Krafttrainingsprogramme und Entfesselt-Laufen-Workouts*
Golgi Sehnenorgane   18, 20

H

Haltung
   Energieaufwand   38
   Gesäßmuskeln   91 f.
   gute Praxis   109 f.
   Hüften   110 f., 113–115
   im Stehen   13
   Laufökonomie   28, 32
   Lebensstilfaktoren   10, 39
   neutrale   39, 54
   Rotation   110, 112
   Rumpfkontrolle   123
   Schienbeine   114 f.
   schlechte Angewohnheiten   35, 38 f.
   Test   54
   vorgeschobenes Steißbein   49, 54 f.
   Vorlehnen   32, 91
   Wölbung des unteren Rückens   31, 40 f., 49, 54
Haltungscheck   164
Haltungsübungen
   Brustöffnung   45
   Rippenöffnung   43 f.
   Schulterblätter   46–48
   Wirbelsäulenöffnung   43 f.
hängende Wirbelsäulendrehung   71
Heilen   21
Hinterfuß   *s. Füße*
Hocksprung mit Kiste   147
horizontales Krafttraining   202–205
Hüft-Jacks mit Band   94 f.
Hüft-Scoots   67
Hüftdrehung mit Band   73
Hüften
   Ausrichtung   82, 110 f., 113 f.
   Beuger   91
   Dehnen   50
   externe Rotatoren   14, 82, 91
   Mobilität   40
   Mobilitätstest   49
   Stabilisierungsübungen   94–97
   Stärkung   39, 111
   Steuerung   72, 93
   Streckmuskeln   91
Hüftstoß   130
Hüftübungen
   Abduktorenübung mit Schlinge   96
   Adduktorenübung mit Schlinge   97
   Ausfallschritte mit Schlinge   107
   Brathähnchen   76
   Curls mit Gymnastikball   103
   Drive Thru mit Band   105
   einbeiniges Kreuzheben mit Stange   102
   Froschbrücke   99
   Gesäßmuskel-Rainbow   72
   Hüft-Jacks mit Band   94 f.
   Hüftdrehung mit Band   73
   Hüftzug mit Band   106

kniendes Kreuzheben mit Band   104
Pistolen-Kniebeugen mit Schlinge   108
sitzende Kniebeugen   100
stehende Hüftkreise   74 f.
Taube mit Hüftstreckung   98
Hüftzirkel   175–178
Hüftzug mit Band   106

I
Instabilität   *s. Stabilität*
intermuskuläre Koordination   15, 87, 93, 121 f.
Intervalle mit hoher Intensität   161
Interventionen   23
intramuskuläre Koordination   15, 87

J
Janda, Vladimir   89

K
Kettlebell-Übungen
Kniebeugen   132
Schwingen   131
Suitcase Carry   141
Waiter Carry   140
Knie
Kniescheibenentlastung   101
Tracking   91, 110 f., 114
Verletzungen   20, 90
Kniebeugen
Ausrichtung   111
Belastung   117
Bulgarische Kniebeugen   133
Form   124
Grundvarianten   134 f.
Kniebeugen mit ausgestreckten Armen und Powerband   70
Kniebeugen mit Kettlebell   132
Muskelkompensierung   10
Pistolen-Kniebeugen mit Schlinge   108
sitzende Kniebeugen   100
Kniebeugen mit ausgestreckten Armen und Powerband   70
Kniebeugensprünge   146 f.

kniende Hüftflexorendehnung   50
kniendes Kreuzheben mit Band   104
Knochen   4, 41, 110
kognitives Stadium   14
Kompensationen   6, 9–11, 41
komplementäre Arbeit   15 f.
Komplett-Workout A   211–215
Komplett-Workout B   216–220
Koordination   15 f., 93
Körperbewusstsein   5, 33, 124
Körpergewebe   *s. Gewebe*
Körpergewicht
Belastung während des Laufens   2 f., 29
Gegenrotation   62
Muskelmasse und Leistung   126
Körperschwerpunkt   29, 32, 117
Körpersymmetrie   7
Kräfte
Bodenkräfte   3, 28, 120
Federsteifheit   120 f.
horizontale   3, 123
Kraftentwicklungsrate   120
Produktion   4, 29, 121 f.
Rotation   61
steuernde   24
vertikale   3, 123
Kraftkurve   119
Krafttraining
für Systemintelligenz   15
isolierter Muskeln   15, 40
Laufökonomie   118
Mythen   125 f.
Krafttraining A   222–225
Krafttraining B   226–229
einbeinige Übungen   198–201
horizontale Kraft   202–205
Komplett-Workout A   211–215
Komplett-Workout B   216–220
Leistungsvorbereitung   192–197
vertikale Kraft   206–210
Kreuzbandriss, vorderer   20
Kreuzheben   123 f., 127–129
Krieger mit Dreh   63

L

Lacrosse-Ball 44
Laufen aus der Hüfte 189 f.
Laufen bei geringer Belastung 29
Läuferknie 9
Laufform
    ändern 13 f.
    aus dem Gleichgewicht 31 f.
    eigene Auswahl 6
    individuelle Unterschiede 27
    optimale 6
    und Ermüden 38
    vom Körper angetrieben 33
    Zielesetzungen 27
Laufintensität 161
Laufökonomie 28
    Springstock-Analogie 120
    und Form 32 f.
    und Kraftkurve 119
    und Krafttraining 118
    und Schrittmuster 30
    versus Leistung 118 f.
Laufschritt *s. auch Overstriding*
    Belastung pro Schritt 29–33
    Distanz pro Schrit 121
    optimaler 10
    Qualität 5
Lebensstilfaktoren 10, 39
Leistung
    eingeschränkte 5
    Quadrizeps 90
    Übungen 168 f.
    versus Laufökonomie 118 f.
    Vorbereitung 192–197
    Workouts 159 f., 191, 221
Lernen 6, 10

M

Manuelle Therapie 21
Medizinballübungen 152
    Beschleunigungssprint 156
    Drehung 64
    Granny Toss 153
    Push Press 152
    Triple Bound 155
    Twist'n'Cut 154
Mittelfuß *s. Fuß*
Mobilität 7
    Blockaden 11, 18, 32, 35, 40
    Gelenkprobleme 20 f.
    Gewebemobilisation 21–23
    propriozeptives Bewusstsein 19 f.
    Richtlinien zur Verbesserung 22
    Tests 49, 51
    versus Flexibilität 18 f., 24, 93
Motorische Einheiten 121
Muskelausdauer 118
Muskelfasern 90, 122
Muskelgedächtnis 14, 35, 89, 92
Muskeln
    Aktivierung 122 f.
    Dominanz 90
    Hemmung 10, 15, 90–92
    Hypertrophie 121
    Koordination 15, 93, 121, 123
    Krafterzeugung 4, 121 f.
    Schwäche 9, 14, 110
    Steifheit 20, 110
    Unausgeglichenheiten 89
Muskelspindeln 18

N

Narbengewebe 21
Nervensystem 5 f.
neurale Plastizität 6, 11, 13, 16
neuromuskuläres Training 15 f.
Neuverkabelung 5 f., 12, 14, 118 (*s. auch Entfesselt-Laufen-Workouts*)
Ninja-Hocksprung 146

O

Oberkörperhaltung 32, 41
Oberschenkelmuskulatur 91
Ökonomie *s. Laufökonomie*
optimale Form 6

optimaler Schritt   10
Overhead-Carry   46
Overstriding
    Belastungsrate   29
    Haltung   40
    Pendelbeispiel   32
    per Schritt   30
    Schrittfrequenz   33
    und unteres gekreuztes Syndrom   89 f., 92

P

patellafemorales Schmerzsyndrom   90
Pendelschwingen   32 f.
Pistolen-Kniebeugen mit Schlinge   108
Plan-A-Strategie   6 f., 10 f., 35
Plan-B-Strategie   6 f., 10 f., 25, 35, 93
plyometrische Laufleistungsübungen   168
    Aufwärtssprints   169
    Flip-Flop- & Push-Up-Sprints   168
    Treppensteigen   169
Plyometrisches Training   143 f.
    Beschleunigungssprint mit Medizinball   156
    Burpees   150 f.
    Granny Toss mit Medizinball   153
    Hocksprung mit Kiste   147
    Ninja-Hocksprung   146
    Push Press mit Dumbbell   145
    Push Press mit Medizinball   152
    seitliches Hürdenhüpfen   148
    Split-Sprung mit Kiste   149
    Triple Bound mit Medizinball   155
    Twist'n'Cut mit Medizinball   154
Powerball-Workout   230–232
Präzision   5, 7, 15, 25
Präzisions-Workouts   158 f., 171
    Anschieben statt Vorwärtsziehen   165
    aus der Hüfte laufen   189 f.
    Ballzirkel   186–188
    Bandzirkel   179–182
    Einkaufswagen   166
    Ellbogenschub   167
    Haltungscheck   164
    Hüftzirkel   175–178
    Rumpfzirkel   172–174
    Schlingenzirkel   183–185
Problemkorrektur   9
Propriozeption   18–20, 24
Pull-Aparts   48
Push Press mit Dumbbell   145
Push-Ups   138

Q

Quadrizeps-Abhängigkeit   90 f.

R

reflexartige Bewegungen   12–14
Rippenöffnung   43 f.
Rotationsausrichtung   110, 112
Rotationskontrolle   62, 87, 91
Rückenmark   12
Rumänisches Kreuzheben   128 f.
Rumpf
    Dreidimensionale Haltungskontrolle   123
    Muskeln   10
    Stabilität   38 f., 56
    Stärke   40
Rumpfzirkel   172–174

S

Schienbeine
    Ausrichtung   111, 114 f.
    Stressfrakturen   29, 31
Schlingen-Push-Ups   139
Schlingentrainer   57
Schlingenzirkel   183–185
Schrittfrequenz   13, 33 f.
Schulterbeweglichkeit   40
Schulterblätter   41 f., 46–48
Sehnen   25, 28 f.
seitliche Kräfte   3, 62
seitliches Hürdenhüpfen   148
sichere Bewegungen   5, 23
sitzende Kniebeugen   100
Sling Row   57, 136
Split-Sprung mit Kiste   149
Springstock-Analogie   120

Sprinten   29, 168
Sprungmechanik   7, 117, 120
Stabilität   7
    Gelenkausgleich   24 f.
    Mangel   31
    Rumpf   38 f.
    sichere Bewegungen   23
    statisch versus dynamisch   24 f.
stehende Hüftekreise   74 f.
Steifheit
    Fußgelenk   11, 51
    Hüften   10 f., 90
    Muskeln   20, 110
    Schultern   41
    und Haltung   110 f.
    Wirbelsäule   41
Steißbein   49, 54 f.
Stoßdämpfung   29, 31, 54
Stressfrakturen   29, 31
Stütz-Übungen   24, 68 f.
Stützdrehung mit Ball   66
Suitcase Carry   141
Super-Seitstütz mit Ball   68
Symmetrie   27, 31 f.
Systemintelligenz   15

T

Taube mit Hüftstreckung   98
Tempo   *s. Geschwindigkeit*
Tempoarbeit   161
TheraBand   *s. Bandübungen*
Travolta-Erdnussballübung   44
Treppensteigen   169
Trochanter   112

U

Überbelastung   29, 31, 122
überkompensieren   9
Überlastungsverletzungen   29, 118
Übung mit der Faszienrolle   82
üben / trainieren   6, 7, 11 f., 35
Übungen für die Wirbelsäulendrehung
    Armstütz mit TheraBand   69

Brückendrehung mit Ball   65
Drehung mit Medizinball   64
hängende Wirbelsäulendrehung   71
Hüft-Scoots   67
Kniebeugen mit ausgestreckten Armen und Powerband   70
Krieger mit Dreh   63
Stützdrehung mit Ball   66
Super-Seitstütz mit Ball   68
Übungen für horizontale Kraft
    einbeiniges Landminen-Kreuzheben   127
    Hüftstoß   130
    Kettlebell-Schwingen   131
    Rumänisches Kreuzheben   128 f.
Übungen zur Haltungskontrolle
    Bear Walk   60
    Bogenschützenpresse in der Brücke   137
    Donkey Toes   59
    Farmer Carry   142
    Push-Ups   138
    Schlingen-Push-Ups   139
    Sling Row   57, 136
    Suitcase Carry   141
    Vorstrecken   58
    Waiter Carry   140
Unausgeglichenheiten   18
unterer Rücken
    Hohlkreuz / Wölbung   31, 40 f., 49, 54
    Schmerzen   37
unteres gekreuztes Syndrom   89 f.

V

Verbindung zwischen Körper und Gehirn   162
Verlangsamung   3
Verletzungen
    Knie   20, 90
    Krafttraining   118
    Laufformänderungen   13
    Propriozeptionsprobleme   19 f.
    Stabilität   23, 31, 62
    Überbelastung   29, 118
    und Körperkontrolle   5, 24
Zyklen   7

vertikale Belastung   3
vertikale Gewichthebeübungen
    Bulgarische Kniebeugen   133
    Kniebeugen   134 f.
    Kniebeugen mit Kettlebell   132
vertikales Krafttraining   206–210
VO2max   161
Volumen   5
Vorbereitung   1
Vorderfuß   s. Füße
Vorstrecken   58

W

Wadendehnung   18 f., 53
Wadenrolle   53
Waiter Carry   140
Wirbel   41
Wirbelsäule
    neutrale Position   54
    Öffnung   43 f.
    Rotationskontrolle   62
    Steifheit   41

Y

Yoga   18, 111

Z

zentrale Mustergeneratoren   12 f.

Über den Autor

Jay Dicharry ist einer der bedeutendsten Physiotherapeuten der USA und zertifizierter klinischer Spezialist im Bereich Sport. Er ist bekannt für seine Erfahrungen in der Diagnose und Rehabilitation von verletzten Ausdauerathleten an seinem REP Lab in Bend, Oregon.

Seine Karriere begann Jay Dicharry als Experte in biomechanischer Analyse in seiner Funktion als Leiter der SPEED-Klinik an der University of Virginia, wo er die Bereiche der klinischen Praxis und der Ingenieurswissenschaft miteinander verknüpfte, um auf innovative Weise Überbelastungsverletzungen bei Ausdauerathleten besser zu verstehen und deren Ursachen zu beseitigen. Sein einzigartiger neuer Ansatz bewegt sich außerhalb der traditionellen Behandlungsmodelle, indem er Unausgeglichenheiten korrigiert, bevor sie die Leistung des Sportlers/der Sportlerin beeinträchtigen oder Verletzungen hervorrufen können. In Anwendung dieses Behandlungsprinzips arbeitet er unter anderem als Berater mit mehreren Sportschuhherstellern in deren Produktentwicklungsphase zusammen. Jay Dicharry ist Autor des Buches *Anatomy for Runners (Anatomie für Läufer)* und veröffentlicht regelmäßig Beiträge in Fachmagazinen und wissenschaftlichen Zeitschriften. Er wurde unter anderem in den folgenden Publikationen interviewt oder zitiert: *The New York Times, WIRED, ESPN, Outside, The Atlantic, Runner's World, Competitor, Running Times, Men's Health, Men's Fitness, Shape, Military Times, Reader's Digest*.

Jay Dicharry ist Mitbegründer der University of Virginia Running Medicine Conference. Er lehrt landesweit in den USA Spezialisten aus der

Laufindustrie, den Pflegestandard heutiger Athleten und Patienten zu verbessern und zu optimieren.

Dicharry ist ein durch USA Track and Field und USA Cycling zertifizierter Coach. Er hat professionelle und Hobbyathleten sowohl auf lokaler als auch auf nationaler Wettkampfebene trainiert. Zudem arbeitet er eng mit der US Air Force und USA Track and Field zusammen. Dicharrys persönliche athletische Ambitionen ermöglichen ihm die Teilnahme an mehreren nationalen Wettkämpfen im Triathlon, Schwimmen, Radfahren und Laufen. In seiner Freizeit ist er gerne in der Natur unterwegs, und zwar nicht nur zu Fuß, sondern auch auf Rädern, auf dem Surfbrett oder auf Skiern. Er nutzt diese Zeit, solange er noch schneller ist als seine Kinder.